安藤忠雄　建築を生きる

三宅理一

みすず書房

安藤忠雄　建築を生きる　目次

安藤忠雄　建築を生きる

第1章　生い立ち

大阪市旭区という土地柄

現在、大阪市では平野区などいくつかの区で地元を究めるという目的から「区検定」なる試験をおこなっている。安藤忠雄が幼少期から長く住んでいた旭区では、彼の名前は地元のヒーローとして讃えられており、当然検定試験にも登場する。

「旭区内で青少年期を過ごした世界的に著名な建築家は誰でしょうか？」（二〇一二年）

解答は選択式で、「丹下健三」「黒川紀章」「安藤忠雄」といった具合に建築家名が四つ並び、そのなかから正解ひとつを選ぶ。安藤すなわち大阪人ということはたいがいの人が知っているので、そうむずかしい問題ではない。

ところが、翌年の旭区検定ではこんな問題が出た。

「安藤忠雄氏はプロボクサーとしても活躍されたことで知られていますが、さてプロボクサー時代のリングネームはなんだったでしょうか？」

選択式の解答欄には「ストロング安藤」「サンダー安藤」など四つの名が並んでいる。

かなりひねった問題だ。ウィキペディアを見ると安藤忠雄の項のなかで「グレート安藤」がリングネームとして紹介されているのでこれが正解かと思うが、じつは安藤にはこのようなリングネームはなかった。誰が間違えたのか事実確認をしないまま設問としたようで、幻の安藤像を区が率先してつくってしまったようだ。ボクサーであった安藤の経歴をことさら強調し、ヒーローの誕生を伝説としたい気持ちはわかるが、勇み足であった。

大阪人が安藤忠雄のことをどう思っているかを示すエピソードとして、建築家石山修武《おさむ》が安藤と一緒に大阪市内でタクシーに乗ったときの話を紹介している。車を降りる際に安藤が支払いをしようとすると、「あなたからお金をもらうわけにはいかない。大阪のためにほんとうにやってくれているのだから」(1)と運転手がタクシー代の受けとりを辞退したというのだ。たしかに街を歩いていると、誰彼となく安藤のところに寄ってきて、「安藤さん！」と声をかけたり握手を求めたり、ほんとうに庶民のアイドルとなっている。「がんばってや」と言いながら、安藤の存在が嬉しくてたまらないのである。

安藤と親交を結び、何かにつけてその相談に乗っていたサントリー元社長の佐治敬三に言わせれば「天衣無縫」「一〇〇パーセント大阪人」(2)の安藤忠雄こそ、大阪をこよなく愛し、真の意味で大阪文化の体現者であった。安藤自身は兵庫県生まれであるが、戦後すぐに転居し、それから数十年にわたって暮らし、骨の髄まで安藤を大阪人に仕立てあげたのが大阪二十四区のひとつ旭区という場所なのである。

一九四一年生まれの安藤の幼少期を語るにあたって押さえておかなければならない点がふたつある。ひとつは淀川沿いに大阪の東端を形成する旭区という土地柄であり、他のひとつは第二次大戦と敗戦にともなう混乱期という時代背景である。

彼が生まれた一九四一年は太平洋戦争の始まり、つまり日本が米英などの連合国に宣戦布告をした年であり、古い世代にとっては西暦よりも「昭和十六年」といったほうがイメージしやすい。その年の九月十三日に生を受けた安藤は、双子の兄弟の兄にあたる。兄は「忠雄」、弟は「孝雄」と名づけられた。「忠孝」とくれば間違いなく儒教的な命名であり、より踏みこんで考えれば忠臣愛国、孝行恩愛といったやや時代がかった報国のイデオロギーが見え隠れしているといってよい。ただこれは時代のなせる業であって、それが安藤忠雄の精神性を形成したわけでないことは、同年生まれの建築家伊東豊雄や六角鬼丈《ろっかくきじょう》（旧名・正廣）らがやはり時代を背負った名前を背負いながらも、あっけらかんとした人生を送ってきたことからもわかるだろう。

1943 年、2 歳の忠雄（左）と弟・孝雄

　多くの日本人がそうであったように、戦争は人生のありかたを根底から変えてしまった。安藤は兵庫県西宮で貿易商を営む北山貢・朝子夫妻のもとに生まれたが、直後に母方の祖父母の家に養子に出される。ひとり娘を嫁に出した祖父母とのあいだで最初の子どもは実家に戻して家を継がせるという約束があり、そうなったという。祖母安藤キクエ（一九〇一―一九七七）はそのころ四十歳。いまの感覚からいえば、少し年上ではあってもふつうの母親の年齢であり、老境に達したお祖母さんと孫という構図ではない。その年の暮れに日本は太平洋戦争に突入、やがて一家は戦火を避けるため兵庫県の山中に疎開することになる。安藤には当時の記憶はほとんどない。祖父安藤彦一は元来物静かな人だったようで、これといった職業にもつかず、代書などをしていた。一方、祖母キクエは男勝りで「濱のおキクさん」と呼ばれるほど闊達な働き者で、戦前、大阪天保山の近くで軍を相手に食糧供給の会社を営んでいた。当時としてはめずらしいタクシーの第一号の自動車を乗りまわし、動物好きでシェパードを何頭も飼っていたことでもわかるように、けっこう羽振りのいい生活を送っていたという。世が世であれば忠雄少年は実業家安藤家の跡取りたるべく大阪のボンボンとして育てられたかもしれないが、家は空襲で焼失したため、一家は兵庫県の山奥に疎開し、終戦後まもなく現在の旭区に移り

住む。敗戦にともなって資産は接収され、一家は財産すべてを失っていた。安藤忠雄四歳のときであった。

長屋に住まう

日本の経済を担い軍需産業が多く立地している大阪は米軍の戦略爆撃の格好の標的となり、一九四五年三月以降、繰り返し空襲がなされた。焼失面積は四〇平方キロメートルにおよび、全住戸の三割近くを失うにいたる。焼けだされた人々は、焼け跡にバラックを建てて住むか、被害が比較的少なかった生野区や平野など周縁部の区域に代わりの家を見つけて移り住むかを迫られた。旭区は六月七日の大空襲で淀川沿いの城北《しろきた》公園を中心として被災したが、それでもまだ住居が残っているほうだった。

大阪は戦前から長屋の町として知られている。道路沿いに四軒、五軒と横に連続した住居をつくるもので、それぞれが鰻の寝床状になった奥行きのあるプランとなっている。間口は二間がふつうで、場合によっては一間のほんとうに狭いものもある。一戸の規模は十五坪程度で、地割の上では短冊状となっている。仕舞屋《しもたや》風の戸建て小住宅が一般的であった関東の人間にはあまりなじみがないようだが、江戸後半から昭和の半ばまで大阪の庶民は伝統的にほとんどそのような長屋に住んでいたといってもよい。

安藤一家が移り住んだのは旭区の中ほどの中宮《なかみや》と呼ばれる一画である。そのなかの三軒長屋が新たな住まいであった。長屋の規模は平屋で間口二間、奥行き八間、昭和のはじめに建てられたごくふつうの長屋であるが、現在ではインターネット上に「安藤忠雄生家」と出てくるほどで、旭区のなかでの聖地扱いである。安藤がここで生まれていない以上、生家というのは間違いであるが、偉人の旧居という扱いには偽りがなく、そのうち行政としても保存のためになんらかの策を講じざるをえないだろう。東隣の地区が大宮で、たしかに江戸時代から大宮神社があるので、社寺にちなんだ由緒正しい名前であることがわかる。

田畑が広がるこの地域が東成区《ひがしなり》として郡部から大阪市に編入されたのは大正末期の一九二五年、さらに人口増加が顕著となった旭区が分離するのは昭和はじめの一九三二年のことである。むかしの大阪の市域はそれほど広くなく、このあたりは農村風景のまっただなかにあったが、ちょうど大阪から京都に向かう京街道の通り道となっていたことで、それなりの格があったようだ。加えて淀川を航行する三十石船も上流の京都に向かうには船曳が堤防を伝って船を曳くことになるので、その意味でも交通の要であった。現在の淀川は明治から大正にかけての河川改修の結果、流路を変えており、それまでは安藤家の少し北側まで淀川が南に大きく蛇行していたので、まさにこのエリアを堤防が貫き、その上にいくつかの集落が並んでいた。中宮のあたりは中《なか》と呼ばれる村だったので、この名前になったのだろう。幕末に刊行された『淀川両岸一覧』（河内屋喜兵衛刊、一八六一）にかつてのこのあたりの風情がよく描きだされている。

安藤一家が住んでいた中宮はそこに描かれた古い集落（中村）とその南側の後背湿地からなり、現在の町筋を見ても、農業集落ならではの街路が曲がりくねったエリアと区画整理の結果、碁盤目状となったかつての耕地エリアとが峻別でき、安藤家はその境目に建つ。いまでもところどころに旧家が残り、その間を長屋と町工場が埋めている。安藤家のまわりには木工所、碁盤屋、碁石屋、鉄工所、ガラス屋などが散らばり、少し歩けば葱畑などの畑が広がっていた。

「職住近接のとてもにぎやかな環境だった。朝になるとカンカンカンカンと鉄を叩く音、木を削る音、野菜や食べ物を売る物売りの声など、町が徐々に生命を帯びてくる音が聞こえてくる。そういうところで、私は育った。そこでは、文学や音楽といった文化的な気配は微塵も感じられなかった。だいたい本棚がある家など一軒もなかったし、音楽といえばラジオから聞こえてくる歌謡曲がせいぜい。クラシック音楽なんて子どもの頃は存在すら知らなかった(3)」

大阪市旭区、「安藤忠雄生家」

祖父彦一は一九四八年に亡くなり、それからは祖母キクエと忠雄のふたり暮らしとなる。生粋の大阪人たる安藤キクエは自由闊達であることの価値、何事にも合理的たらんとの生活信条を忠雄に教え、そしてときには厳しく人生のあり方を諭した。安藤忠雄の生き方に決定的な影響を与えたといってもよい。日々の生活はキクエが日用雑貨を扱うささやかな商売をして支えていた。家の外に出れば十年一日のごとく木を切りつづける木工職人、にぎやかなたこ焼き屋のおばちゃん、床几を路地にもちだして夕涼みをとる近所の親爺たちがいて、そこが人生の学び場でもあった。ランドマークとなっていたのは街角の地蔵堂、高い煙突が目印の銭湯といったところだろうか。少し歩けば深い緑に包まれた神社や仏閣もあった。安普請で建築基準法に照らせば明らかに違法な建築がまかり通っていたが、逆に建築史家の伊藤ていじ言うところの「人間の生活力のほうが建築行政を圧倒しているといった住宅群」(4)が彼を勇気づけ、人間の生き方の基本を植えつけることになる。

学校では喧嘩大将

小学校は近くの大宮西小学校に入学した。一九四七年四月、敗戦から一年半あまり、世間はまだ混乱期であった。近所には戦災被災者、引揚者たちがバラックを建てて住み、廃車となった木炭バスの車体を並べた「バス住宅」も並んでいた。校舎といっても木造平屋が四棟、兵舎のような粗末な中廊下式の建物で、それも空襲で焼けたものをようやく復旧させての利用である。戦後のベビーブーム世代の登場にはこの後何年かを待たなければならないが、それでも疎開から多くの人々が戻ってきたせいで児童数は多く、一クラス四十名あまり、一学年四クラスからなっていた。男子は丸刈り、女子はおかっぱがふつうの格好、みな貧乏で一張羅の標準服が制服代わりだった。

近所の大人たちは自分の仕事のことで手いっぱいだったので、子どもに「勉強せえ」などと言っている余裕はない。だから、子どもはほんとうに自由気ままな生活を送り、放課後は街なかや近くの淀川河川敷に足を運んで好き勝手に遊んでいた。遊びたいさかりの忠雄も例外ではない。それでも、キクエの「遊ぶならきちんと宿題をしてからにしぃ」との言いつけを守り、学校でわずかばかりの宿題を終えてはじめて外に出る。ただし、教科書は教室に置きっぱなしであった。遊びのなかでもとくに気に入っていたのは、向かいの木工所にもぐりこみ、木端をもらって何かをつくる工作遊びであったという。そして陽が傾くころ、正確には毎日午後四時四十分から流れるＮＨＫの「尋ね人の時間」を誰の家からとなく耳にして帰宅するという生活だった。舞鶴などの港に着いた海外からの引揚者の消息を伝えるラジオ番組であり、日本中で多くの人が聴いていた。

体力はあった。仲間を集めては野球、チャンバラに精を出す。運動会ではいつも一等でゴールインするので、祖母はそれを喜んだ。真っ黒に日焼けした忠雄が走りだすと観衆のなかから「あの黒いのは誰や」と声があがる。学業の成績では下から数えたほうが早い忠雄が見せる運動会での活躍に、キクエは胸がスーとして嬉しかったと後年、忠雄の妻に語っている。ワンパク少年で、缶ケリ、メンコはかわいいほう、近所の旭警察で柔道を習い、身につけた格闘技が高じてほんとうの喧嘩になることもしばしばであった。まわりから「安藤の喧嘩大将」と呼ばれて男子からは一目を置かれたが、女子からは冷ややかな視線を浴びていたようだ。とっくみあいの喧嘩をしていて、キクエからバケツの水を浴びせられたこともあったようだ。

1949 年、小学 2 年生のころ。2 列目左から 3 人目

家から小学校までは歩いて数分の短い距離である。沿道の建物はいずれも狭小で貧弱であったが、それに反比例するかのように自然は美しかった。校舎に沿って桜の木が並び、民家の裏手には柿の木が植わる。春になれば満開の桜に心を躍らせ、秋は秋で柿を食するといった体験が子どもごころをかきたてた。幼少期に焼きついた桜のイメージは強烈だったようで、成人し建築家としてス

テップアップしていくにしたがって、そのイメージは少年期の心象風景をともなって増幅されていく。

こんな出来事もあった。小学校六年生のある日、扁桃腺をはらし、とうとう扁桃腺炎で摘出手術を受けることとなったが、日々の生活に追われるキクエには小さな店を休んで孫の手術に付き添う余裕はない。忠雄に保険証と現金を渡し、「私が行ったところで痛みがわかるものではない。ひとりで行ってらっしゃい」と送りだす。つらく心細くてもひとりで行かなければならないと覚悟を決めた経験は、大人になって何か決断をおこない行動しなければならないときにフラッシュバックのように思い出すという。

同級生にも恵まれた。そのひとり、京田菊三は小学校と中学校を一緒に過ごした仲である。進学校の大手前高校に進んで京都大学に入学したので、成績はずいぶんと違ったようだ。高校の同級生と結婚したが、その相手が後に衆議院議員になる児童文学者の肥田美代子、子どもの話となると夢中になる安藤と意気投合し、子どもの図書館づくりで安藤と一緒に奔走した。「安藤クン、いくつになっても子どもの心を失わないのよね」と児童文学者はいう。

一九五四年四月、市立大宮中学校に進む。大阪大空襲後に新設された中学校で、通学時間は少し延びて七、八分くらいか。GHQのもと学制改革が進められ、六・三制下で急増する就学児童のために校舎建設も進められた。大宮中学校もそのような理由で新設され、周囲の三小学校からの児童を集めた。開校時に木造二階建ての校舎が二棟建てられ、忠雄が入学する前年には鉄筋コンクリートの校舎も新築されていたので、当時としては意外とモダンだったのだろう。卒業時（一九五七年）の生徒数が同窓会誌に六百五十二人と記録されている。一四クラスあったので、一クラスあたり五十名弱、たいした人数だ。

中学でも忠雄の勉強嫌いは続いていたが、そこに異変が起こったのは数学の授業に際してであった。何を思ったか「数学は美しい」との境地にいたったというのだ。熱血の数学教師のおかげである。三年生のとき、数学の特訓のため、通常の授業の開始前に各クラスから数学の才能のありそうな生徒四十名を選抜して猛烈な授業がおこなわれた。忠雄の才能を見越して下から何番目かの彼をその枠に加えたのがこの教師である。同窓会誌を手がかりに当時の数学教師を探してみると、たしかにあった。杉本七左衛門、受講した生徒たちによる似顔絵が残っており、「x（エックス）にハローをたした数学教師」と説明がつけられている。時代がかった名前とは裏腹にいまふうで明晰さをモットーとした教え方で生徒たちを惹きつけた。思考の論理性、幾何学の美しさが頭のなかを駆けめぐり、たちまちにして虜になった。

ものづくりの歓びも中学生になると本格的に味わった。建築家安藤忠雄の原点としてなかば伝説的に語られる実家の増改築がまさにそれだ。中学二年のときにキクエは平屋だった自宅に二階を建て増しし、二階貸しの下宿屋を営むことを決心する。そこで大工が呼ばれ、その工事にあたった。安藤家は三軒長屋のまんなかにあたるので、その部分だけが工事の対象となる。棟梁が指図して人工が屋根を切りとると、「大きな青空から一筋の光が差しこんできました」。陰鬱で圧迫感のある長屋の空間が、降り注ぐ光の渦で満たされていく。この予期せぬ、そしてどこか儀式めいた体験が忠雄少年に決定的なインスピレーションを与えた。まだ建築家という職能を知らない忠雄はこう心に決める。「中学を終えたら大工になろう」。昼抜きでコッペパンひとつをほおばりながら一心不乱に働く若い大工の姿は感動的で、宙を舞う薄い鉋屑に包まれるその姿に神職を見た。

現存する中宮の家は、増改築後の姿を伝え、平屋となった隣の家に対して、屋根ひとつぶん高くなっている。安藤忠雄は結婚後もこの家に住みつづけ、じつに四十年をここで過ごすこととなった。幼少期の原体験だけではなく、建築家として大成した後も、この家から事務所に通っていた。その意味では中宮の家は彼の人生そのものであった。

水辺で虫や魚と戯れる

大阪はしばしば緑が少ないといわれる。しかし、安藤忠雄の緑へのこだわりは尋常ではない。ないものねだりではなく、彼の生い立ちをひもといていくと、どうやら幼少期の原体験にあることがわかってくる。いかにも大阪的な長屋の風景から豊かな緑を連想するのはむずかしいが、場所を旭区に絞ってその点を考えていくと腑に落ちる。

先にも記したように旭区は淀川沿いに大阪の東端をかたちづくっている。安藤家から淀川の堤防までは北に一キロ程度、子どもの足でも十五分あれば到着する。この淀川の河川敷が特別で、当時は一面葦原だった。現在、淀川を管理する国交省と大阪市は「城北ワンド」としてここ一帯の保全に努めている。耳慣れない言葉であるが、漢字では当て字で「湾処」と記し、オランダ語起源の説もある。河川改修の際に川幅を狭めて流れを速くするため、河岸に近いところに人工の堰を並行してつくり、池が連続したように溜まりをつくっていく。専門用語では「粗朶《そだ》沈床工」、すなわち雑木を用いてマットレスをつくり、その上に石を載せて沈め堰にする。明治期にお雇い外国人のオランダ人土木技術者ヨハネス・デ・レーケが水制工として建設を始めたもので、旭区のものは明治末の淀川改良工事にともなって設置された。時間とともにそこに土がたまって溜まりとなり、川の水位が上がれば浸水し、下がれば乾く冠水帯をかたちづくるようになる。要は河川敷一帯が湿地帯となって葦が生い茂り、その間にさまざまな生物が生息する。

忠雄たちが足しげく通っていたのは、まさにこのエリアなのであった。環境教育など存在しないその当時の小学生にとって、このような土木とエコロジーの組みあわせは理解の範囲をこえていたにちがいないが、緑に包まれた水辺空間として大いに楽しんだことは想像にかたくない。戦後まもないこの時期であれば、まだ環境汚染にはいたらず、澄んだ水流に恵まれてフナ、モロコ、タナゴ、イタセンパラ、ハヤといった魚種がそこかしこに泳いでいた。トンボ、バッタ、キリギリスなど昆虫類も豊富である。いま流にいうなら生物多様性のモデルともいうべきビオトープの世界である。旭区の地域研究会の会誌を眺めていると、年長の市民たちの水辺での経験談が収録されており、この地区の住人なら誰しもワンドで遊んだ経験を共有していることがわかる。ランニングシャツに裸足で葦原のなかを走り抜け、虫とりや魚釣りに興ずる忠雄少年とその仲間たちの姿が髣髴される。

高度成長の時代になって、工場排水などで水質汚染が進み、川辺で遊ぶこと自体が規制の対象となってしまう。だから、都会の若い世代の人たちはそんな汚く危なっかしい場所に出入りすることなど考えもしなくなる。しかしワンパク時代を十分に堪能した安藤忠雄であれば、かつて自身が経験した淀川べりの湿地帯こそ人間性を開花させ、自然とのふれあいを十全に楽しむことのできる場所なのである。その点をふまえると、彼の後の緑へのこだわりがわかるような気がする。そう考えると旭区という生活空間のもつ両義性、つまり狭隘な長屋という圧縮された居住スペースとともに緑にあふれ広々とした水辺の空間という一見異なった次元のふたつの世界が併存していることがわかってくる。安藤忠雄の人格形成においてこの両義性は大きな意味をもつのである。

プロボクサーとしてタイ遠征に

中学を出たら大工になろうとひそかに心に決めていた安藤ではあったが、実際は工業高校に進学している。家庭の経済的事情からみれば、祖母にこれ以上の負担はかけたくないとの思いがあったが、そのキクエから「高校だけは出ておきなさい」と強く諭され、結局、高校進学の道を選ぶ。河内市（現在の東大阪市）にある城東工業高校機械科に入学し三年間を過ごした。図面を描くことはそこで覚えたが、機械製図の類で、後に必要となる建築製図とは大きく異なる。図面を引いて旋盤をまわす生活が続くが、それも悪くなかった。

高校時代で最大の出来事は、なんといってもプロボクサーになったことであろう。高校二年生のとき、双子の弟の北山孝雄がプロボクサーになったのを見て、自分もその才があることに気がつく。そこで京橋に弟とは違うジム（大真ジム）を見つけて通いだし、一ヵ月ほどでプロのライセンスを取得した。フェザー級で体重上限一二六ポンド（五七・一五キロ）であったから、実際の試合のときはかなり減量しなければならない。当時のルールからいうと、デビューしたプロボクサーはまず四回戦（四ラウンド）を闘うことを義務づけられていたが、気がつ

1958年、高校2年生でプロボクサーに

いたら六回戦まで進み、西日本新人王になっていた。ファイトマネーは一試合あたり四千円と、大卒公務員の初任給が一万円ほどであった当時の給与水準ではかなりの高額だったので、「喧嘩で稼げるとはこんなにけっこうなことはない」と大いにほくそえんだという。

はじめての海外旅行はこのときである。ただひとりでタイ遠征を経験した。この遠征話がジムに来たとき、まわりのみなが尻込みするので仕方なく自分が行く羽目になったというが、何事にも積極的な安藤のこと、自分に賭ける意味もあって手をあげたのだろう。タイからの招待ではあったものの、バンコクまでの往復に飛行機などという贅沢な乗り物を使う余裕はない。当然、船で往復する。しかもセコンドもマネージャーもつかず、十七歳の身で孤独なひとり旅に甘んじた。誰も助けてくれないという状況のなかで面倒な手続きもすべてひとりでこなしたうえ、試合に向けて肉体をコントロールし、最後は精神を集中させてリングに上がって闘う。いくら喧嘩好きとはいっても、並の人間に務まる仕事ではない。激しい闘争心を支える究極の精神性が要求される。「リングに飛び出していくときの緊迫感、誰にも頼らずに、たったひとりで闘わなければならない孤独感」はその後の安藤の仕事の仕方そのものとなった。

バンコクでは四回戦をこなし、試合の結果は引き分けであった。ほどほどの成績である。その調子でプロの道を進んでいけば将来はトップをうかがうこともできそうだと思った矢先、思いがけない出来事に出くわす。ファイティング原田との邂逅であった。十六歳でデビューしたばかりの原田はまだ無名のボクサーにすぎなかったが、その圧倒的な攻撃力はすでにプロのあいだで話題となっていた。その彼が来阪し、たまたま大真ジムで公開スパーリングをおこなう場面に安藤は立ち会ったのだ。リング上をダッシュする彼の動きを見て、そのスピード、パワー、心肺能力の高さ、回復力の速さに驚愕した。二歳年下のファイティング原田が見せる圧倒的なエネルギーにもう自分ではかなわないことを悟り、プロボクサーの道をあきらめる。ボクシングを始めて二年であったが、辞める決断も早かった。

ファイティング原田に対する安藤の見立ては正しかった。原田はまたたくまにリングを席巻し、翌年には全国新人王を獲得し、そのまま二十五連勝。そして十九歳になった一九六二年にはタイ人の世界チャンピオンを打ち負かし、世界フライ級の王者として名をとどろかせる。原田とのつきあいはそこから始まった。ボクサーから建築家に転向した後も親交は続き、いまなおたがいに尊敬しあう関係にある。

振り返ってみるとボクシングの練習や試合でけっこう高校の授業を空けていたが、それでも一九五九年三月に無事三年間の課程を終え卒業する。プロボクサーとしての厳しい試練を耐え、強い自我と自立心を獲得していた安藤ではあったが、大学進学という選択肢はありえなかったという。家計を切りつめて自分を支えてくれた祖母キクエにこれ以上の負担はかけられない。

1969 年、事務所開設直後の安藤忠雄

第2章　建築へ

建築を独学する

安藤忠雄が自身の設計事務所を設立するのは一九六九年のことである。高校卒業からちょうど十年後となるが、彼の生涯を考えるうえでこの十年は大きな意味をもつ。二十代の若さを武器に、さまざまな仕事をしながら建築家としての基礎を固める時期といってもよい。別の見方をすれば、何かを求める強い衝動がありながらも着地点がまだ見えず、試行錯誤で先を切り開いていく期間であった。ここでは熱気に包まれた一九六〇年代の大阪を舞台として、彼がどのようにして表現世界に足を踏み入れ、人間の生きざまを見聞きし、そして多くの人と出会っていくかについて話を進めてみよう。

安藤はもとより大学進学はあきらめていたが、だからといって企業に就職したわけでもない。本人は「気性が荒すぎて会社勤めができなかった」と語るが、早熟ですでに個性を確立していた彼にとって、いわゆる勤め人の生活スタイルなどありえなかったのだろう。さいわい時代は高度成長のまっただなか、仕事はどこにでも転がっていた。だから安藤のところにも卒業後すぐに友人の紹介でデザインの仕事が舞いこんできた。ナイトクラブのインテリアの仕事である。十代で仕事をするにはやや早いという気もするが、そこは何事にも挑戦する安藤のこと、見よう見まねで図面を起こしクライアントに渡す。アルバイトといえばそれまでだが、この仕事で自分のデザインにきちんと設計料が支払われたということで目の前のもやもやが晴れ、デザインへのモチベーションが一気に高まっていく。これでボクシングへのこだわりも吹っきれた。

安藤が出発点としたインテリアあるいは商業建築の世界は、当時のアカデミズムからみると「建築」の領分ぎりぎりのところにあった。祇園が好きな京都大学教授は山といても、ナイトクラブの仕事を評価する教授はほとんどいないだろう。高校を出たばかりで業界の面倒なしきたりなどはわからないが、察しの速い安藤のこと、そんな空気を肌で感じてかアカデミズムのなんたるかを悟る。たとえひとりであっても建築を一から学ぶ必要がある。喧嘩大将から始まってプロボクサーにまで身体を鍛えあげた安藤にとって肉体はたんに腕力や瞬発力だけでなく、強靭な精神によって補完されていなければならない。技に勝負をかける匠《たくみ》の世界が新たな挑戦として待ち受けていた。少年のときに漠然と思い描いていた大工の道に代わって建築家という具体的な職能が目の前にあらわれてきたのである。

建築をつくるためには建築物の用途や目的に応じてしかるべき形と空間を構想し、構造や設備などのさまざまな技術を駆使し、そして多くの専門職を統括する組織力が要求される。経験も重要である。そのため建築家の資格は医師や薬剤師と同じく法律で厳しく定められている。日本の場合、大学の専門コースの卒業資格がそのまま建築家の資格となる欧米とは異なり、国の認定する資格を取得しなければこの道には入れない。一級建築士、二級建築士といったものである。前者が一般にいう建築家、後者が大工等の技能者を対象としている。大学などでの専門教育に加えて実務経験を足し、そこではじめて建築士の国家試験を受験することができるとされる。

安藤の場合は大学に進んでいないので、制度に合わせるためには実務を積んでまずは二級建築士の資格をとり、そのうえでステップアップして一級建築士の受験をすれば理屈にあう。ただ、安藤はそのような制度におもねる人間ではない。建築学科に行った人間と同じ学習を自分自身で、つまり独学でおこなうことが第一歩と考えた。そこで京都大学に進学した友人に頼みこみ、大学の教科書一式を買いそろえてその読破を試みる。朝九時から深夜三時までぶっとおしで机にかじりつき、一年をかけて読み終わったという。ただ、相談できる先生や先輩がいるわけではないので、なかなか物事の核心にいたらず、何が主で何が従かもわからない。「ともかく正解がわからないままに、なんにでも挑戦してみることにしました」というものの、隔靴掻痒《かっかそうよう》の感は免れない。それを補うために通信教育を立てつづけに受講した。十九歳、愚直なまでにまっすぐの人生であった。

具体美術協会との出会い

建築の道をめざして孤軍奮闘していた安藤忠雄に強い衝撃を与えたのは、そのころ阪神間で活動していた前衛アーティストたちの存在である。今日では世界の近現代美術史の一項目として必ずや参照される「グタイ」と呼ばれるムーブメント、正確には「具体美術協会」なる団体が引き起こした芸術運動だった。一九五四年に吉原治《じ》良《ろう》が芦屋に設立し、白髪《しらが》一雄、元永定正、向井修二、嶋本昭三といった面々が意表を突いた表現で衆目を集めていた。安藤がこの集団に直接出会うことになるのは、彼らが大阪中之島に「グタイ・ピナコテカ」と名づけられたギャラリーを開設し本格的な活動を開始したころである。一九六二年九月、安藤が二十一歳になったときである。

阪神間で始まった運動が大阪のどまんなかにある中之島に移ったのには理由がある。具体美術協会を立ちあげみずからリードした吉原は淀屋橋の生まれ、老舗の油問屋を継ぎ、実業家として食用油・油脂・化粧品・肥料などを扱う吉原製油の社長を務めていたが、同時に画家としても成功していた。当時の大阪の実業家の多くがそうであったように芦屋に居を構えていた。それゆえ具体美術協会は芦屋に設立されたが、その活動拠点となるグタイ・ピナコテカは吉原家の所有になる大阪中之島の土蔵三棟を改装したものである。吉原自身は一九二〇年代の

1962年、グタイ・ピナコテカと「具体」のメンバー

パリに学び、パリの前衛運動の香りを深く吸って帰国している。第二次大戦後のパリで起こり、アメリカのアクションペインティングも糾合した新たな抽象芸術の流れ、いわゆるアンフォルメルの運動と通じあい、ジャン・デュビュッフェやジャクソン・ポロックなどとの共通性も指摘される。その主導者であるミシェル・タピエは大の日本通で、彼とのコネクションが具体をグローバルな芸術運動に高めたといってもよい。

江戸末の建築になる商家の土蔵にギリシャ語で絵画館を意味する「ピナコテカ」の名を与えたのもタピエである。タピエは吉原とほぼ同年齢で戦前からの抽象美術の経験を共有することもあってか、一九五六年に現代美術展のために来日した際に吉原を紹介され、意気投合する。以後グタイの運動を高く評価しつづけ、ヨーロッパに積極的に紹介するとともに、自身の画廊を通して顧客層を開拓する。

安藤が個人的に強く惹かれていたのは向井修二であったという。彼は一九四〇年生まれ、具体美術協会のなかでも最年少で吉原治良に心酔していた。記号で空間を埋め尽くしていく作風で高い評価を得ていた。一九六二年に梅田ＯＳ劇場の裏手にオープンしたジャズ喫茶「チェック」は安藤を含めて当時の前衛を志向した若者たちの溜まり場となっていたが、開店四年後の一九六六年になって向井修二が室内の壁面全面を記号で埋め尽くす。オーナーから三年でとりこわすから好きにやってよいと言われ、トイレを含めてすべての面を描き尽くした。グタイをもっとも直截にあらわす空間となり、ピナコテカとともに世界各国から訪れるアーティストや評論家を惹きつけた。

安藤の審美眼はこの時期を通して磨かれたといってもよい。少年時代はおよそ芸術とは縁のない生活を送っていたが、二十代になって突如として前衛芸術の波のなかに放りこまれる。このまさに生まれ落ちたばかりの具体の現場に安藤が居合わせたことは幸運だった。ジャクソン・ポロックに強い影響を受けたというが、それ以上にインパクトを受けたのがイタリア人芸術家のルチオ・フォンタナである。キャンバスにナイフで裂け目をつけた作品群で当時「空間主義」として批評家たちの眼を惹きつけていた。空間を掻き乱すなかば強引ともいえる手腕に自身を重ねたのかもしれないが、安藤の回顧録には必ずといってよいほどフォンタナの話が出てくる。実際、フォンタナは来日した際に大阪に立ち寄り、「チェック」を訪れて向井修二のインスタレーションを堪能していたというから、安藤としては相当の親近感を抱いていたのだろう。この経験は後の安藤の建築作品に大きく影を残す。

アーティストとは別にデザイナーたちにとっても一九六〇年代は大きなチャレンジの時代であった。安藤が彼らと親交を結ぶきっかけは、どうやら弟の北山孝雄にあったようだ。彼はグラフィックデザインの道に進み、一九六四年ごろから東京に移ってさまざまなクリエーティブデザインのプロデュースを手がけるようになる。

1960年前後の新宿風月堂

孝雄に連れていかれたのが新宿風月堂である。終戦直後の一九四六年に新宿東口近くで営業を開始した喫茶店で、オーナーの横山正雄の所蔵するレコードコレクションから名曲を聴かせるというのがウリであった。一九五八年になって建築家増沢洵《まこと》の設計でバウハウス調デザインの店舗につくりかえられ、若者たちのあいだでは新宿の現代文化の代名詞のように語られるほどだった。アプレゲール、ビートニック、ヌーベルヴァーグという言葉が飛び交い、新宿に棲息する新し物好きの若者たちを惹きつけていたが、六〇年代半ばごろから作家、演劇人、アーティスト、デザイナーなど前衛派のクリエーターたちの溜まり場へと姿を変えていく。新幹線の開業は東京に気軽に行くことを可能とし、安藤はそのたびに風月堂に通った。グラフィックの先端を走る田中一光と知りあい、彼を通して倉俣史朗や横尾忠則と知己となり、さらに唐十郎、石岡瑛子と輪が広がっていく。みな風月堂の常連であった。

倉俣史朗との出会いは大きな意味をもった。田中一光に紹介されたのが一九六七年のことである。倉俣は自身の夢を朝起きたときにスケッチし、そこから超現実的なデザインをおこなう特異なデザイナーとして一目置かれていた。夢と現実との境目に生きているといわれたその彼が、自身とは真逆の安藤をいたく気に入り、自作のクラブ・カッサドール、ジャドといった店に案内する。後の安藤の事務所にはオバQの愛称をもつ彼の照明器具が置いてあり、その後の作品にも繰り返し倉俣の家具などを入れていることからみても、倉俣へのリスペクトは相当のものだった。

地域にへばりつくことを学ぶ

梅田の「チェック」には建築家たちも集まっていた。そもそもその内装デザインを手がけたのは当時坂倉準三建築研究所の大阪支所に勤務していた東孝光である。大阪城に隣りあった玉造《たまつくり》で育った東の場合は大阪大学出身でもあり、この地にしっかりと根を下ろしていた。しかも焼け跡世代として新しい文化に飢えていた。この東を中心として自称「チェックの会」が組織される。後に阪大教授となる紙野桂人《けいじん》や坂倉事務所の山崎泰孝たちと一緒にこのジャズ喫茶で定期的に勉強会を開き、新しい建築や都市の姿を論じようというものである。ただ、ともに「チェック」常連ではあっても、安藤と東とはすれ違っていたようで、彼らがおたがい知りあうのは、そのずっと後の一九七三年になってからである。

時代は東京オリンピックに向かって大きく動いていた。オリンピックにあわせて東海道新幹線が開業し、東京・大阪間が三時間少々（当初は四時間）で結ばれ、在来線で特急列車七時間半の時代からみれば隔世の感があった。大都市では都市再開発、ニュータウンといった新たな都市的課題がもちあがり、建築家たちはまさに右肩上がりの議論で沸き立っていた。

安藤忠雄が誘われて水谷穎介《えいすけ》の主宰する「TeamUR」で働きはじめるのは、オリンピックの前年、一九六三年秋のことである。水谷はまだ二十八歳、母校の大阪市大の助手を務めながら、都市計画の実務をこなしていた。まだ専門家としての立ち位置を確立していない安藤のポジションは、このチームの緩やかなメンバー。要は一介のアルバイトにすぎなかったが、住民の立場からひたむきに都市のあり方を問う水谷に共感し、言われるままにがむしゃらに働いた。水谷はこのとき、神戸の湊川の再開発を抱えており、安藤はその計画に深くコミットしていく。

戦前の繁華街であった湊川、いわゆる新開地エリアは空襲によって灰燼に帰し、焼け跡に出現した闇市やバラックが長らく街の景観を支配していた。それゆえ、湊川といえば、戦後の負の痕跡がそのまま残る町として都市計画上、手に余る地域の烙印を押され、役所からも煙たがられていた。しかも、テキヤなど不透明な組織の存在が地域住民の生活を阻害し、新たな繁華街として再興した三宮界隈に対して脆弱で不健全なイメージを蔓延させていた。

白羽の矢が立ったのが水谷穎介である。神戸市からの委託を受け、TeamURがおこなった計画は湊川地区の権利の返還を介して防災性を増す「防災建築街区」として位置づけられ、この種の不良住宅地再開発としては先駆的な例である。その後の木造住宅密集地域、いわゆる木密地域の改良につながる計画手法であった。ただ、神戸に残る木密地域の多くは計画がおよばないまま放置され、一九九五年の阪神・淡路大震災のときにその脆弱さがあらためて認識されるのである。

安藤は一九八〇年代以降、打ち放しコンクリートの旗手としてもてはやされ、建築デザインの究極を求める建築家としてのイメージが強い。しかし、安藤個人をよく知る人に言わせると、「都市の話にべらぼう強い」となり、しかも都市法規や都市経営をめぐって広い知識と経験をもちあわせているという。一見意外だが、その基盤はどうやらこの時期にかたちづくられたようだ。湊川計画への参加を皮切りに、安藤は水谷のすぐれた助手として神戸界隈を走りまわり、都市のなんたるかを身をもって学んだ。フィールドワークを経て土地の権利者、借家人、商店主といった人々をじかに知り、開発費のフローと賃料収入の設定をはかり、縦割りとなった役所のなかでどの部局が何を管轄しているか、自治体間の連携がひどく乏しいことなどを知った。

大阪人は人生をまっとうするうえで「読み・書き・算盤」を必須とするが、祖母キクエから叩きこまれた精神といえば、まさにそれであった。町の人々が生きていくうえでどう不動産を切り盛りし銭勘定をしているかを理解しないで、街のつくりかえなどできない。「算盤ができへん人間に建築なんかできんぞ」という声が身に染みてわかったともいう。余談だが安藤もその時代の少年らしく近所の算盤塾に通っていて、計算は速く、暗算も得意で、現在も数字にはめっぽう強い。

少年時代の勉強嫌いがどこで転じたのか、二十代の安藤はガリ勉そのものであったといってもよい。なんでも学んでやろうとの意気込みで、夜は読書の時間に充てていた。

都市開発についてはさまざまな参考書を漁り、国内だけではなく海外事例についても見聞を広めている。そのころ世界では北欧や英国のニュータウンに注目が集まり、しばらくしてパリの副都心デファンスといった都市開発がピークを迎え、さらに老朽化した都心部の再開発が懸案事項として専門家たちのあいだで共有されている。「プログレッシブ・アーキテクチャー」(米)「アーキテクチュラル・レビュー」(英)「アルシテクチュール・ドジュルデュイ」(仏)「ドムス」(伊)といった海外の建築雑誌は日本でも多く購読され、大学図書館、組織事務所などに行けば眼にすることができた。安藤自身は、一九六〇年代はじめからアルバイトで得た資金を使ってこれらの海外誌を定期購読していたというから、情報の大切さを誰よりも強く感じていたのだろう。

建築事務所を開き、そして結婚する

高校卒業から数えて十年、一九六九年になって「安藤忠雄建築研究所」が設立される。当初は個人の経営であったが、十三年後の一九八二年十一月に株式会社となり、安藤自身が代表取締役に就く。事務所の場所は梅田茶屋町の古い長屋の残る一画、阪急梅田駅の近傍で交通の便はすこぶるよい。事務所といってもわずか十坪にすぎなかったが、これで晴れて自身の城を構え、みずから仕事をこなすことができる。その数年前から海外の建築探訪を繰り返し、世界の情報もたっぷり吸いとったうえで用意万端でのスタートであった。

1969年、大阪梅田に開設した事務所にて

事務所開設のきっかけは安藤自身の設計経験に磨きがかけられ、仕事のチャンスが増してきたこともあるが、なんといっても決定的なのは一級建築士試験に合格し、免許を得たことである。設計事務所を開設するのに建築士資格が必須であることは、建築士法によって厳しく定められている。安藤の場合、高校卒業から一級の免許取得までちょうど十年かかっているが、これにはそれなりの理由がある。大学の建築学科卒業資格がないので、建築士試験を受験するための要件が実務経験の期間に置きかえて換算される。二級建築士は七年、一級建築士は三年が最低必要である。どちらも最短距離で受験し一発で合格したので、あわせて十年ということである。

さて設計事務所という組織を構えると、設計実務もさることながら事務所の経営も重要な仕事となる。そのパートナーになったのが加藤由美子。彼女のことはここでくわしく説明しておく必要がある。というのも、彼女こそこの翌年には安藤の妻となり、その後の半世紀を安藤と二人三脚で事務所を支えてきたその人だからである。

加藤由美子と安藤が知りあったのは前年の一九六八年、グタイの向井修二の紹介による。向井は浜野安宏が手がけた梅田のディスコ「アストロメカニクール」の内装を担当しており、その年の九月にオープンして注目を集めていた。安藤とは神戸でインテリアデザインの仕事などを一緒にする間柄であった。欧州旅行から戻った安藤をたまたま知りあいの芦屋のアートフラワーの教室に誘ったのがきっかけだったようだ。この教室の先生の助手を務めていたのが由美子だった。

由美子も関西人であるが、安藤とは異なった人生を歩んできた。生まれは満州の奉天、戦後、引揚者として神戸に戻ってきた。奉天は現在の瀋陽、満洲族によって打ち立てられた清朝の最初の都である。いまでも当時の宮殿（故宮）が残り、ユネスコ世界遺産に登録されている。

奉天生まれの日本人といえば、指揮者の小澤征爾、女優の李香蘭こと山口淑子、脚本家のジェームズ三木など多くの顔が浮かんでくる。日露戦争後、奉天など主要都市に満鉄付属地として駅前新市街が開発され、日本人街ができあがっていた。さらに愛新覚羅溥儀を戴いて満州国が成立すると、「五族協和」のスローガンのもとに多くの日本人が移り住み、とくに大連や奉天はビジネスのうえでも中心的な役割を果たすようになる。

由美子の父加藤泰（一九七一年、六十二歳で死去）は一九〇三年創業の神戸の繊維問屋、竹馬準三郎商店（現・株式会社チクマ）に勤めており、当時の竹馬洋行満州支店への勤務を拝命して奉天に移り住んだ。妻フミ（二〇〇四年、九十二歳で死去）の長兄が泰の上司として先に渡満していたが、フミはこの兄の勧めで単身満州に渡り、泰と結婚した。ふたりのあいだに長女（六歳で満州で死去）、長男、そして次女、その後三女として由美子を授かり、引き揚げ後に神戸で次男が生まれる。ソ連軍の進駐で一家は奉天、新京を転々とするが、最終的に終戦の翌年一九四六年十一月に遼東半島の付け根、葫蘆島《ころとう》から米軍ＬＳＴ（戦車揚陸艦）を使った引揚船で佐世保に帰着する。苦難の末の引き揚げであったが、乳児であった由美子にそのころの記憶はない。親や兄弟から当時の話を繰り返し聞かされ、それなりの満州観を抱くにいたっている。父親は終戦間際に関東軍に召集されたもののシベリア送りにはならず、終戦後奇跡的に家族との再会を果たし、家族そろっての帰国がかなった点は幸運である。

由美子は阪神間で育ち、ミッション系の関西学院大学に進み、英文学を専攻した。絵に描いたような「阪神間のモダンなお嬢さん」（友人古山正雄の言葉）で、ある意味では安藤とは正反対のコースを歩んできた女性である。マネージメント能力にたけており、その彼女が今日にいたるまで安藤事務所の文字どおりの女房役を務めてきた。設立当初の事務所のなかで雑務を引き受け、慣れない経理事務と格闘し、たまに海外の雑誌に投稿する安藤の仕事の紹介を翻訳するのが彼女の役目であった。「大型の手帳とモンブラン・カペラの万年筆を手に持ち歩き、メモ魔的な面もあるように見受けられた[1]」とは当時事務所を訪れた雑誌編集者の弁である。ふたりの結婚は事務所設立から一年、一九七〇年十月のことであった。

資本のメディアに抗うために

事務所を設立してまもないころは、まだ住宅などの依頼が少なかったこともあってか安藤は繰り返し都市型の建築の提案をしている。クライアントがあるわけではないが、自身で敷地を設定して架空のプロジェクトを立案する。そこでの主張は、たとえば大阪駅前の「欺瞞的な再開発」、「人間的な触れあいのない建売住宅」などを俎上にあげ、その非人間性を容赦なく批判した。収益性重視の都市再開発事業や住宅産業の台頭によって主人公であるべき人々がマスとして扱われ、都市風景が変わっていく現実を前にして若き建築家による異議申し立てという面もたしかにもちあわせていたが、安藤の立ち位置はより泥臭い。地域にへばりつき、生身の人間たちと一緒に顔の見える町をつくり、建築をつくることが必要だ。後の彼の住宅作品のもつ形式性とは裏腹に、やけに人間臭い安藤の人柄が滲み出ている。

実際に依頼される仕事というと、商業建築やインテリアが中心だった。梅田界隈での店舗デザインが続き、発表した「Japan Interior Design」を見ると、倉俣史朗らと並んで記事が載せられている。あまり知られていないが、安藤の建築作品としてはじめて雑誌に発表されたのは大阪土佐堀の味見屋ビル（一九七一）である。奈良漬の老

近鉄学園前総合開発計画設計競技（最優秀案）

舗を建て替えて地上九階建てのオフィスビルとしたもので、コンクリート打ち放しに樹脂吹きつけ、プレーンな壁面と規則的な開口の構成が壁へのこだわりをのぞかせている。発表誌の「商店建築」には別の建築家による「建築の存立性とかかわる風景との境界」(2)（橋本健治）と題されたやや大上段に構えた安藤論が載せられ、従来の都市型建築とはいかに差異化されるかが論じられているが、まだ粗削りで空振りの感は否めない。

大阪万博が終わると、祭りの後のしばしの弛緩の時期が到来する。建築をめぐる議論は一九六〇年代とは様相を大きく変え、世代替わりがめだつようになる。万博で大きな役割を果たしたのはまだ三十代の建築家やデザイナーたちであった。メタボリズムに与する黒川紀章や菊竹清訓《きよのり》、お祭り広場の近未来的イメージを担当した磯崎新らが建築的構想力を自在に操って世界の耳目を集めるようになる。その一方で成長の限界が提示され、旧世代に対する異議申し立てなどを通して「近代の超克」を求める議論が始まるようになった。

若手論客としてこのころの建築界の論壇をリードしていたのは磯崎新である。地元大分や博多などの作品を通して新たなメディア論としての建築を展開していた。このころの安藤はいかに磯崎の論を読みとき、自身をどのように対置すべきかを必死に考えていたようだ。「いろいろ読んだ結果、磯崎さんの本だけを読めばよいことがわかった」とまで言いきる。だから、このころの彼の議論にはしばしば磯崎的な言説が見え隠れし、自作を大阪に出現する「情報装置」とまで言いきっている。そのうえで「メディアとしての建築は資本のメディアにはまりこんだまま息絶えるであろう」(3)と、どこか青臭いが、読み方によっては明らかにメタボリズム批判と読みとれる状況認識を披露するのである。

商業ビルの設計ではやや強引でもどかしい言いまわしに終始していたが、同じころ、都市再開発をめぐって世間の注目を集める。大阪府建築士会が主催した近鉄学園前総合開発コンペに応募し、みごと一位になったのだ（一九七〇—七一）。大都市郊外のベッドタウンの駅前整備がテーマであった。奈良市郊外の学園前駅の古い木造駅舎の建て替えを含めて駅前を立体的につくりかえるというもので、この時代としては東京、大阪などの大都市ではどこでも共通した問題を示している。地元、住宅公団、民間企業が再開発組合をつくり、その基本計画のために建築士会が仕切ってコンペをおこなったという経緯がある。安藤案は自然・生活・文化散策の統合というわかりやすいコンセプトを掲げ、駅から広場やプロムナード、ショッピングプラザをつないで総合的な駅前公共空間をつくろうとするものである。幾何学的造形をともなった強い空間性がアピールした。ただ入賞後のフォローがともなわず、再開発組合の方針をめぐって紆余曲折があって、このコンペ案は日の目を見ることがなかった。安藤はこれ以降コンペ不信になり、限られた数のコンペにしか応募しなくなる。

都市ゲリラを標榜する

一九七三年、安藤は事務所を中央区本町《ほんまち》に移す。カーペット会社のドムスビルの六階、二十坪ほど、白を基調とした大変きれいなオフィスで、倉俣史朗の照明（オバQ）が入口に置かれていた。一年のうち二ヵ月くらいは旅行に費やし、主たる業務はインテリアや都市計画マスタープランで、まだ建築設計の仕事は少なかった。

一九七〇年代に流行った建築雑誌「都市住宅」は、ほぼ年二回の割合で住宅に特化した臨時増刊号を出していた。そのひとつ、一九七三年七月の臨時増刊号（住宅第４集）に安藤忠雄の住宅作品が紹介され、同時に安藤自身によるマニフェストが掲載された。作品は大阪大淀区に竣工した富島邸、そして記事のタイトルは「都市ゲリラ住居」と、ラディカルさが売り物の「都市住宅」寄稿者のなかでもすこぶる過激であった。

「ゲリラⅢ」冨島邸（大阪市、1973年）模型

その前年、安藤は先輩の建築家渡辺豊和に連れられて東京赤坂の「都市住宅」編集部を訪れた。編集長の植田実《まこと》に会うためである。植田は安藤が手がけている住宅の話を聞いて強い関心をもった。そしてその人柄を見抜いてか、住宅が竣工した暁には安藤ならではの都市住宅論を記すべきだとほのめかした。

この植田の言葉に安藤は燃えた。いま温めている住宅についての思いを全面展開してみようとその策を練りはじめる。発表すべきは冨島邸（一九七三）、事務所開設直後に同級生の弟から依頼された案件で、ほぼできあがっている。実家が梅田駅に近い大淀区（現在の北区）の一画にある五軒長屋の大家であり、端の一軒分を弟のために建て替えて鉄筋コンクリートの住居にしたもので、建築面積は十四坪。夫婦＋子どもひとりの家族を前提に設計を進めていた。予算は三百三十万円、狭隘な敷地ゆえどう考えても延床は二十二坪までしかとれない。そこに要求されるいろいろなものを詰めこまなければならないので、設計作業は難渋し、最終的に中央の吹き抜け空間にスキップフロアでそれを処理することで施主ともようやく折りあった。建物の顔となるべきファサードの考え方は捨て、最小限の開口から出入りして、なかで渦巻き状にもちあがる空間はウィーンの近代建築家アドルフ・ロースの入り組んだ内部空間、いわゆる「ラウムプラン」を意識したともいう。

過密な都市環境のなかで厳しい建築法規、限られた予算を守って住宅はできていく。その一方で地べたにへばりつく庶民の意向とはおかまいなしに、大型のオフィスビルや集合住宅が都市空間を再構成していく現実がある。そのような状況のなかで建築家は住まい手とともに不条理な現実と戦わなければならない。住まいこそが拠点であり、戦いの砦なのだ。安藤自身のコメントはこうだ。

「あくまでも個から発せられる「住まう」、「生活する」ということに対する自我のグロテスクなまで剝き出しの裸性の欲求を思考の中心、イメージの中心に据えることにより、住居はそれらをすっぽりと包みこんでしまう」(4)

舌足らずな表現ではあるが、言葉にすごみがある。内容的には、自身の住居をつくりあげ、そのなかに従来の町並みのなかで培われてきた生身の生活を外部資本に委ねることなく貫いていくことが重要である、とのメッセージだ。この設計意図を敷衍したのが続く「都市ゲリラ住居」の論評である。このページを構成するにあたって安藤は模型を使った。百分の一の縮尺で住宅をとりまく都市の区画をつくり、そのすべてを英字紙で覆う。設計を進めた当該の住宅のみが真っ黒に塗られ、モノクロームの異様な雰囲気で住居が強調される。コラージュされた都市空間に浮かびあがる「この不思議な頭脳と身体を通ってつくりだされる建築」こそが都市ゲリラの砦となり、ゲリラ戦士たるべき建築家と住まい手はそこに身をひそめ、力をつけ、襲撃の機会をうかがうことになる。実際、コンクリートの量塊の奥の暗闇に眼をぎらつかせた安藤忠雄が潜んでいるかと思うと身震いもする。

テキストとしてみた場合、この文章はイタリア未来派の「未来派宣言」やロシア・アヴァンギャルドにも匹敵する過激なマニフェストであるが、日本の戦後史の文脈でみた場合、やはり磯崎新を参照しないわけにはいかないだろう。磯崎は一九六二年に「都市破壊業ＫＫ」と題されたエッセーを発表し、広島原爆以来、日本の都市に潜んでいる心理的な破滅衝動を呈示して黒川紀章らメタボリストたちの能天気な未来信仰に釘をさしている。ダダの影響の強い磯崎は思考のうえでのテロルを繰り返して、自宅に異様な舞踏集団を招いて実際に警察沙汰になったことすらある。これに対してチェ・ゲバラを敬愛する安藤は「砦の上に我らが世界を築き固めよ」(ワルシャワ労働歌)とばかり武器を住居に置きかえて立ちあがらんとする。「己の信念を守り、自分の発言に責任を取り、弱音を吐かず、衆を頼らず、個を拠点として既成の社会と闘う」と。

一九六〇年代の終わり、パリの五月革命、日本の全共闘運動、アメリカの公民権運動など激しい騒乱が世界各地で同時多発的に起こり、若者たちの叛乱はピークを迎える。後述するように、安藤はその興奮を二度目のパリ滞在で体験する。おりからのゼネストのなかでデモ隊を横に見ながら名状しがたい衝動に身を任せ、ひたすら抵抗を続けるひとりとなっていた。

「一旅行者にすぎない私にはなすすべもない。ただデモ行進の群衆に混じって、舗道の石を掘り返しては何者かに向かって投げつけながら、世の中が大きな音をたてて動きはじめているのを感じていた(5)」

第3章　長屋が世界を変える

生きることと闘うこと

前章でみてきたように、安藤忠雄は濃密な少年期そして青年期を過ごし、大阪の相互扶助的な人間関係に支えられて成長してきた。生き方の密度からみれば三十歳になるまでに人格形成をほぼ終えていたといってもよい。期せずして「吾十有五而志于学、三十而立」となるものの、その生きざまはおよそ論語的とはいいがたい。彼をとりまく時代背景が第二次大戦の敗戦、戦後復興、その後の高度成長とドラスティックな変化をともない、まさに戦後史をなぞって生きてきた。旭区の長屋から出立して梅田に拠点を構え、その後は阪神間に集積した知的人脈に触発されていく。二十代半ばで東京の最先端の文化サークルに足を踏み入れ、「大阪に安藤ありき」と衆目を集めるようになる。建築家のキャリア形成からみればまだ駆け出しにすぎないものの、その生き方で特異な存在感を示していた。たしかなことは、強靭な肉体をバネとした徹底的な自己抑制の精神であり、京都人にありがちな観念の遊びにはあえて距離を置き、住まい手と職人が地べたを這う生の現場に身を委ねていたことだ。結婚後も旭区中宮の長屋に祖母キクエと同居し、彼女の人生訓を範としながら質素な生活を送っていた。

この安藤の生き方に対する姿勢は歳を重ねてもほとんど変わらない。安藤の魅力がたんに建築作品が発するデザインの強さにあるのではなく、対人関係を含めたクリエーティブで社会的な存在そのものにあるのだとすれば、彼の人としての側面をより掘り下げていかないと事の本質は見えてこない。ある意味で、安藤の生き方と建築はパラレルな関係にある。

何よりも重要なのは彼の「生きる」ことに対するひたむきな態度である。敗戦によってもたらされた貧しい生活を所与として受け入れ、屈折したところがない。腕白坊主であったころの負けず嫌いの気質は青年になって反骨精神に姿を変え、それゆえに人を蹴落としてまで上に行くことはフェアとしない。祖母キクエの言いつけを守り、理にかなわないことには手を出さない。ごくふつうの生活者であることに重きを置き、庶民性と合理性を兼ね備えたシンプルな生活が日常となる。観念性や精神性に突き動かされることはなく、世俗性を重んじ、算盤勘定はきちんとする。

そのような生き方から彼はしばしば大阪人の典型として語られてきた。文学に置きかえて考えれば、長屋での普段着の生活を男女のかけあいや金銭のやりとりを含めて細かく描写して人生の機微を謳った織田作之助のような作風に行き着くのだろうか。もっとも安藤は無頼派と呼ばれる織田のような自堕落な文士生活には興味がないようで、お勧めは大阪弁を駆使して人々の丁々発止を描いた田辺聖子や藤本義一の小説である。東京の知識人たちが好む安部公房や大江健三郎に頼っては安藤独特のユーモアの世界にはいたりつかない。彼にとって必要なのはある種の戯作性であって、世俗のなかでの人間臭いやりとりこそが人を元気にする。

安藤忠雄の生き方を貫くもうひとつの基本原理は「闘う」ことである。プロボクサーとしての経験が影を落としているのは間違いないが、むろん、そんな単純なことではない。彼が心を寄せる市井の人々の暮らし向きや界隈のにぎわいとは別次元で進む巨大な動きに対峙し、異議を申し立てるということだ。個を守ることの重要さを知り、抗うことの意味を問う。よくわからない何者か、不条理を押しつける大きな世界に対して強固な自我を対置させ、抵抗の砦をつくっていく。建築のプロとして社会的にプロジェクトを実現していくことは対立する他者に対する投企、つまりは何かを投げかける行為であって、それゆえに闘いの連続である。途中であきらめてはいけない。都市ゲリラを自認して修業時代を送ったが、その後、社会的な地位をきわめた後もその精神は変わらない。彼自身が描きつづけているロングスパンのビジョンを実現するためにも闘いを終えることはできない。ときにやや自虐的に「連戦連敗」と嘆くことはあっても、本音のところではそう変わるわけではない。「建築は闘いです。そこでは緊張感が持続できるかいなかにすべてがかかっている。緊張感の持続と物事を突き詰めてその原理まで立ち返って組み立て直す構想力こそが、問題を明らかにし、既成の枠組みを突き破る強さをもった建築を生みだすのです(1)」

安藤が退官した後に東京大学で設計の教授となった隈研吾の場合、大変な宿題を背負いこむことになるわけだが、そこは田園調布育ち、強烈な土着性を前面に出して闘いを挑んでいく安藤のやり方をきれいにかわす。いわく「負ける建築」。はじめから負けを認めることこそ勝利への近道であると説く。東京大学は安藤の登場で大きく変わったが、その後ふたたび東京の山の手の路線に戻ったのだろうか。

西澤文隆から酷評される

人間関係を大切にする安藤忠雄であるが、大学を出ず設計事務所にも勤務しなかったということで直接の師にあたる人物がいなかった。一般に建築家の場合、所属した大学研究室の教授とか働いた事務所のボスといったかたちで師弟関係ができるのがふつうである。それでも安藤は尊敬する先達として西澤文隆の名をあげている。丹下健三門下には槇文彦や磯崎新がおり、菊竹清訓に伊東豊雄や内藤廣といった具合である。ル・コルビュジエのもとで学んだ坂倉準三の愛弟子であり、坂倉亡き後は坂倉建築研究所の代表となる。安藤とは大阪支所長の時代に水谷頴介を介して知りあった。日本の古建築や庭園の価値を再評価し、空いた時間を見つけては実測調査を繰

高橋邸（芦屋市、1973 年）

り返していた。安藤と出会ったときには齢五十歳をこえており、若く挑戦心のある安藤をかわいがっていた。

西澤文隆は京都での実測調査にしばしば安藤を誘い、日本建築に対する審美眼を養わせる。同時にディテールの学習も欠かさない。そんな西澤を慕って安藤は実作ができるたびに現場に案内した。そして多くの場合、緊張した面持ちの安藤に向かって厳しい評価が返ってくる。富島邸については現場に行かず、発表誌面から「はたしてどのような光の効果がこの吹き抜けから期待できるのかは私には想像もつかない」という。なにしろ安藤にとっては最初の鉄筋コンクリートの建築であり、枚岡《ひらおか》市庁舎（一九六三、現・東大阪市役所東支所）や芦屋市市民会館ルナホール（一九六九）といった打ち放しコンクリートの名作を手がけてきた西澤の眼から見ると、まだコンクリートの施工法を十分にマスターしていないように思えた。少し遅れて竣工した高橋邸（一九七三）についてはすこぶる手厳しい。

高橋邸は芦屋市翠ヶ丘町に建つ鉄筋コンクリートに木造を組みあわせた三階建ての住宅である。芦屋の高級住宅地にあるという点で都市ゲリラ的な立ち位置は必要ない。緑は担保され、それなりの広さをもった敷地にあるので抵抗の砦たる必然性はないが、安藤の主張はブルータリズムを気取ってか「緑の環境と激突の美学」を打ちだしていて、やや気負いすぎの印象は免れない。特徴はコンクリートの壁を独立させて動線を導いてはいるが、知覚と対になって動線を自在に引き延ばすといった後年の空間構成には達していない。西澤のコメントは「外部空間が何よりもやりっ放しで散漫なところに魅力がある」とか「極道息子ほど可愛い[2]」といった具合だ。褒めているのか貶しているのかわからないが、暴れん坊の安藤に対する適切なアドバイスであることは間違いない。

このころから安藤事務所の評判も上向きとなり、年に数件の住宅を手がけるようになった。京都からもクライアントがあらわれる。そのひとつ内田邸（一九七四）は京都の郊外八瀬《やせ》地区につくられた住宅である。風致地区の景観規制からコンクリートのフラットルーフというわけにはいかない。瓦葺きの大屋根を木造で載せ、その下の住居部分には鉄筋コンクリートで直方体とシリンダーを入れ、幾何学的なコンポジションをおこなった。クライアントの反応もよく、雑誌発表にあたっては自信をもって臨んだ。しかし西澤文隆はこれに合格点は出さない。コンクリートと木造のとりあいが悪く、しかも木造部の荒っぽさがめだつと酷評した。「どこに安藤さんのつくった家があるかと一瞬目を疑ったのである。屋根もごつい、柱も梁もごつい。手すりもごつい。スマートな壁構造とは対照的に、木部がコンクリートのラーメン構造よりもごついのである」[3]。後日、西澤は「収まりの悪いところが気になって、感じたままを書いたけど、安藤さんは怒らなかった」とあっけらかんと言ってのけたが、安藤がひどく落ちこんだのは事実である。師の言葉は大きい。それまでディテールはスタッフ任せであったが、これを機に隅から隅まで自分で図面を引くようになったという。

箱型の住宅もトライした。宝塚の平岡邸（一九七三）と大阪大正区の立見邸（一九七四）である。このふたつはともに「閉ざされた箱と開かれた部分」をコンセプトとしているので、発表は同時におこなった。過密な都市内でのコンクリートの箱ということで、ふたたび都市ゲリラの言説がよみがえる。みずから「近代建築に対しささやかな抵抗と怨念を象徴するコンクリートで梱包されたこの建築」と規定する。この住宅を掲載するにあたって「建築文化」の編集長田尻裕彦は東孝光に批評を求めた。東は一九六〇年代半ばに東京に移住し、自身の設計事務所を開くとともにミニマリズムの象徴ともいうべき自邸「塔の家」（一九六六）を完成させていた。打ち放しコンクリートの最小限住宅であり、その形状からまさに都市のなかの城であった。だから安藤の新作に対して「強い、緊張感のある、激しく訴えかける暴力的な空間」、さらには「「個」を思考の中心に据え、あるいはまた肉体的直観を基盤に据えた、自己表現としての住居を求める」[4]とまで言いきる。安藤へのオマージュである。西澤文隆はというと、まだ首を縦に振らない。

「双生観」山口邸（宝塚市、1975年）

そうこうしているうちに少し大きめの住宅が完成した。宝塚市に建った山口邸（一九七五）である。別名「双生観」。クライアントが兄弟で、ふたりのために同型の箱型の住居を並べたところからこの名になったようだ。細長く、中央に吹き抜けトップライトの空間をとり、その前後に居室を配する形式で、富島邸以来の空間構成をより定型化したものといえる。斜面地に建ち、対となったコンクリートの箱と、半円筒形のガラスのトップライトが印象的で、クライアントも大いに満足してくれた。そして何よりもコンクリートの施工がうまくいった。西澤に叱咤激励され、コンクリートの施工技術を徹底的に調べ、クラック（ひび）もジャンカ（豆板）もない状態に漕ぎつけたのである。内部のデザインには倉俣史朗の家具を入れる。

この住宅に対する西澤のコメントは残っていないが、実際にはここでようやく安藤にゴーサインを送ったという。しかし、発表誌を見ると、当時、建築界でもっとも敷居が高い雑誌といわれていた「新建築」には載っていない。大正末の一九二五年の創刊以来、日本の近代建築を支えてきたという自負から、掲載作品も厳選し、この雑誌に載れば建築家も一流といわれるほどに専門性、学術性の高い雑誌とみなされていた。ライバル誌の「建築文化」は前年に平岡邸、立見邸を掲載した縁もあり、ふたつ返事で掲載が決まったが、「新建築」編集長馬場璋造は住宅建築の本筋ではないと考え、掲載を見送った。建築界のハードルはまだまだ高い。

晴れて日本建築学会賞受賞　住吉の長屋

安藤忠雄の建築家としての名声を確立したのは、間違いなく大阪住吉区に建つ「住吉の長屋」（一九七六）である。一九七九年の日本建築学会作品賞を受賞し、それをもって安藤忠雄が日本を代表する建築家として正式に認められたといってもいい。賞をとったということ以上に、その審査にあたった建築界の目利きたちにこの住宅の質が高く評価され、強い支持を得て受賞にいたったという事実が重みをもつ。

日本建築学会はその名からわかるとおり、日本国内の建築関係者からなる学会で、その当時の会員数は三万千名あまり（現在は約三万六千名）、研究者、建築家、技術者、公務員を含みこむ。建築関係の団体としては世界でいちばん大きく、なおかつ学会としては国内第五位の会員数である（第一位は日本内科学会）。この学会によって毎年二、三件の建築作品が選ばれ、もっともすぐれた建築物として作品賞が与えられている。対象となるのは直近に国内に竣工した建築である。戦後の一九四九年から今日まで続き、文学でいえば芥川賞のようなものだろうか。日本国内ではもっとも格の高い建築賞とされ、この賞を受賞した建築家はスター並みの扱いである。賞自体は建築家ではなくあくまでも作品を対象とするので、設計者が複数のこともある。直前の受賞作品をみると、フロムファーストビル（山下和正、一九七六）、東京都立夢の島総合体育館（阪田誠造、一九七七）、成城学園（増沢洵、一九七七）などがあげられ、一九七八年は該当者なし、一九七九年は安藤とともに資生堂アートハウス（谷口吉生）と松川ボックス（宮脇檀《まゆみ》）が受賞した。

安藤は三十代半ばでこの仕事をこなし三十七歳での受賞となる。若くしての偉業である。過去においてこの年齢より若かったのは、槇文彦が三十三歳で名古屋大学豊田講堂（一九六二年受賞）、磯崎新が三十四歳で大分県立大分図書館（一九六六年受賞）で受賞したときくらいだろう。安藤は住宅作品での受賞だが、同年の受賞者たる宮脇檀も住宅が対象となっている。一戸建ての住宅が作品賞に選ばれたのは、長い歴史のなかでこの年がはじめてで、それはそれで大きなニュースとなった。そして何よりも「住吉の長屋」は数十におよぶ学会賞作品のなかで最小の延床面積、つまり、もっとも小さい建築である。

学会作品賞の選考は、七、八名からなる専門委員によってなされる。技術系、建築史系以外は、過去の受賞者から委員が任命される。名前を見ると、大江宏、西澤文隆、松井源吾、横山公男、林昌二、増沢洵、高橋靗一《ていいち》、長谷川堯《たかし》と並んでいる。日本の建築界を代表する錚々たるメンバーといってよい。このメンバーが「住吉の長屋」に集合した。もちろん設計者である安藤もその案内役として立ち会う。審査員のひとり高橋靗一はそのときの様子を後でこう記している。

「奥の食堂椅子の片隅に座っていた横山公男さんが例の穏やかな笑顔を私に向けて「高橋さん、やっとほっとしたね！」と語りかけてきた。実は私も、まさにその瞬間、やっとイライラから解放された安堵感と、加えていささか、得体の知れない興奮を押さえきれずにいるときであった。安藤さんの例のしわがれ声の、「これでも、十分人は住めますよ」と開き直った声がどこからか聞こえてくる。（…）私は彼がこの住宅の設計に当たって、ほんとうに死に物狂いの格闘を、きわめて初期の段階で人知れずに闘った姿を思い浮かべずにはいられない。西澤（文隆）流にいうならば、骨格の正しさ、厳しさということだろうか(5)」

「安藤忠雄であれば」という期待値が高いなかでの審査であったようだが、最終的にその期待を裏切ることなくすんなりと受賞にいたった。しかし、そもそもどのようなきっかけでこの住宅が生まれたのだろうか。

住み手に賞を与えるべき

「住吉の長屋」の始まりは「都市住宅」に掲載された「都市ゲリラ住居」の記事であった。この記事に飛びついたのが、住吉区住吉に住む電通神戸支局勤務のクリエーター東佐二郎であった。仕事のうえの取材というわけではなく、そろそろ自宅を建て替えなければと考えていた矢先、この挑発的な記事が目に止まったのである。安藤と同い年で、純子夫人とのふたり暮らし。実家が住吉の三軒長屋で、長男であった兄が家を出たので次男の佐二郎に長屋一軒が残された。間口二間、奥行き七間で面積は十四坪。安藤の暮らしている長屋とほぼ同じ規模である。小さいときから長屋暮らしに慣れ親しんでいたので、親から引き継いだこの長屋のスペースをいまふうにして住むのがいいと考えていた。ふと眼にした安藤の言説にアート心をくすぐられ、「砦」の思想に強い共感を覚えたという。そこで飛びこみで安藤事務所に出かけ、自分たちのイメージを伝える。予算は解体費込みで一千万円。そこから安藤との熱のこもったやりとりが始まる。

　クライアントの東夫妻は当然ながら建築の素人である。自分たちのライフスタイルを考え、いろいろな雑誌記事を読みこんで、モダンな内部とスキップフロアによる当世風の住宅を思い描いていたという。それに対する安藤の提案は、間口二間で切りとった三軒長屋のまんなかのスペースに細長いコンクリートの箱を挿入し、そこに必要な機能とスペースを入れこむというアイデアであった。設計にあたって、さまざまな外的条件をクリアしなければならない。まずは建蔽率。この地区では六〇パーセントと決められているので、敷地面積の四割は外部空間としなければならない。加えて低予算。ふんだんな内装などはできず、建築の軀体を立ちあげるだけで予算の多くを使ってしまう。ほんとうにギリギリの線でデザインをまとめなければならない。それこそミリ単位まで寸法は考え抜かれた。当初の案は勾配屋根がついた長屋風の住居であったが、どこに外部空間を入れこむかで変更を重ね、最終的にまんなかに中庭を入れて前と後ろに居室を配置する形式に落ち着いた。寝室と浴室・トイレが切り離され、いまでは有名となった「寝室から便所に行くのに傘をささなければならないのか」なる議論を生みだすことになる。それまでの住宅で試みてきた中央の大きなコモンスペースとトップライトの考え方を敷衍しながらトップライトをとって外部空間化した、あるいは京都の町家などにみられる坪庭の考え方を導入したといっ

「住吉の長屋」東邸（大阪市、1976年）

「住吉の長屋」、中庭を見下ろす

た解釈もあるが、たしかなのは、左右が完全に閉ざされた密室状の長屋の住空間に対して大胆に光庭をとり、家のなかにふんだんに光と風を採り入れたということである。

東夫妻は大変物わかりがいい。「家のなかに居て「家の外に居る生活」というすばらしい不思議を体験し味わっている」といい、一定の不便は認めつつもこの住まい方の提案に大いに満足している。この住宅が完成してすでに四十年以上が経っているが、夫妻はできた当初のままにこの住宅を使っている。打ち放しコンクリートゆえに夏暑く冬寒いのは間違いないが、光と風という自然をそのまま感じさせる光庭の存在が圧倒的な意味と心地よさをもたらしていると説く。このようなクライアントはそう滅多にはいない。別の賞の審査で訪れた関西建築界の重鎮村野藤吾がいみじくも語ったように「住み手に賞を与えるべき」なのである。

この住宅が竣工した後、さまざまな専門家がつてを頼って訪れてくるようになる。そのなかで波紋を投げかけたのは、建築史家で当時工学院大学の学長を務めていた伊藤ていじである。彼は朝日新聞に寄稿し、東京新宿にできた超高層ビル、安田火災海上本社ビル（一九七六）とこの「住吉の長屋」とを比較して、都市的コンテキストのなかでの建築がもつべき思想性を論じ、後者に軍配を上げた。

「彼（安藤忠雄）が相手にしたのは、関西の諸都市の周辺ならごくふつうにみられ、えんえんと続き違法の場合も多い建築群である。（…）こんな建物の建設や増改築など、建築家は手にしようとしない。それにあえて彼は挑戦しているのである」[6]

伊藤からこの話を聞いた写真家二川幸夫は早速安藤にアポを入れて住吉を訪れる。当時、二川は国際的な建築出版をめざしてA.D.A. EDITA Tokyoを立ちあげ、雑誌「GA（グローバル・アーキテクチャー）」を刊行していた。すぐれた建築写真を武器に世界のトップレベルの建築家たちと渡りあい、国際的に注目を集めていた。写真家として建築のよしあしに本能的な直感をもつということで、建築家たちはなかば彼を畏れていたといってよい。二川は「住吉の長屋」を見て、そこに世界を驚かすポテンシャルを感じたようだ。みずから大阪人ということもあり、安藤とは波長が合った。そして親しみを込めてこう言い放った。「建築をつくるのに理性は必要だが、ものをつくらせるのはパワーだ。お前はパワーがあるのでがんばれるが、理性ももう少しがんばれ」

長屋が世界の住宅のモデルに　祖形の確立

「住吉の長屋」は国内の大半の建築雑誌に掲載されているが、他の住宅作品と抱きあわせでとりあつかわれ、とくにメジャーな作品という扱いではなかった。当時の「新建築」編集長の馬場璋造が述懐するように、その当時ミニマリズムが住宅の本流ととらえられることなど想定していなかったということだ。そもそもそれまでの日本の建築家に「長屋」というビルディングタイプを拾いあげ、そこに「抵抗の砦」のコンセプトをぶつける発想などありえなかった。安藤はこの考えを国内外の他の建築家から得たわけではない。暗く湿っぽい自宅のなかでなかば鬱屈した気持ちに陥りながらも、それを突き破る何物かを求めて動きまわっていたからこそ、この解にいたったのである。圧迫感を肌で感じながら激しく呼吸するという身体的衝動こそが原動力であり、大阪の日常性をあらわす狭隘で質素な木造住居という建築の原形が意識の奥底に沈殿していく。古きよき住まいといったノスタルジーの問題ではない。

狭く入り組んだ家並みこそが抵抗の砦となることは、むしろ建築以外の領域でさかんに論じられていた。たとえば、そのころ大きな反響を呼んだアンジェイ・ワイダの『地下水道』（日本での封切りは一九五八年）やジッロ・

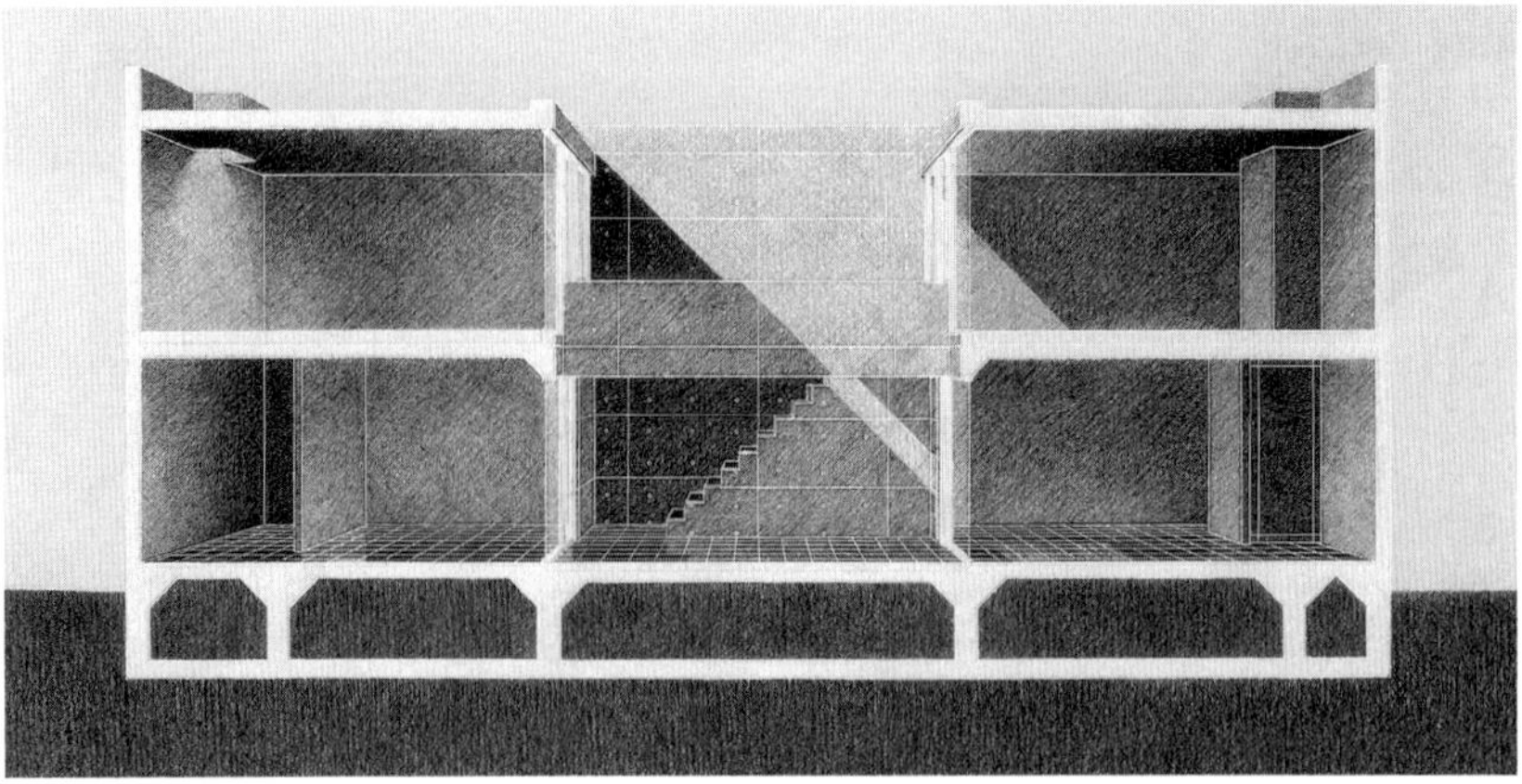

「住吉の長屋」断面図

ポンテコルヴォの『アルジェの戦い』(同、一九六七年) といった映画がそうだ。前者は反ナチ闘争をおこなうレジスタンスが身を隠すワルシャワのゲットー、後者は独立運動を闘うアルジェリアの闘士たちが拠点とする迷路のようなカスバの古い住宅群。ゲバラならずともそこに強い抵抗のメッセージを感じることができる。日本の文脈でいえば硫黄島やベリリュー島の洞窟陣地の奥深くで圧倒的な敵の襲来を待つ兵士のイメージを重ねることもできるだろうか。惨めな敗戦を経験し、身内あるいは近隣にこのような体験を強いられた当事者がいてあたりまえだった当時の日本の人々に共有されたトラウマでもある。

それゆえに長屋はトーチカへと昇華されなければならない。「都市ゲリラ住居」ではトーチカ状の形態がそのまま住宅のかたちとなっているが、やがてそれは長屋の基本形に落ち着いていく。宝塚に完成した双生観がそのプロセスの帰結点となり、「祖形」としての長屋が完成する。「住吉の長屋」はその形式をさらに洗練させ、実際の長屋を切りとってそのなかに放りこんだ。だが、こんな小さな住宅がなぜこれだけの支持を集めるのか。

そもそも二十世紀の住宅で規範的価値をもつとされるのは、たとえばル・コルビュジエのサヴォワ邸(一九三一)、フランク・ロイド・ライトの落水荘(一九三六)、ミース・ファン・デル・ローエのファンズワース邸（一九五一）など欧米各地にみられるが、いずれも富の集積を体現する邸宅である。パリ郊外のポワッシーにあるサヴォワ邸は現在ユネスコの世界遺産に登録されているが、もとは保険会社を経営する実業家の週末住宅で、セーヌ河の景観を一望におさめる丘の上に建てられている。写真では小さな住宅に見えるが、延床面積は四四〇平方メートルもある。ファンズワース邸も内科医の週末住宅で、延床面積こそ一四〇平方メートルにすぎないが、敷地は二四ヘクタールもあって大学のキャンパス並みだ。広大な森林のなかにひとり趣味に浸るための空間である。ガラスの透明な空間として有名だが、広大な敷地のなかで木立に囲まれているからこそプライバシーの問題もない。つまりは富裕なクライアントが土地建物とも申し分のない条件で依頼してきてこそ、世界に冠たるすばらしい建築ができあがるということである。

「住吉の長屋」はこのような常識を覆したということで、世界の住宅史上、画期的な意味をもつ。ここには日本ならではの事情もあった。第二次大戦の空襲などで全住戸の二割近くが滅失した日本では、戦災復興は失われた住宅の復旧から始まったが、その後の都市発展にともない、増加しつづける勤労人口に対していかに住居を保証するかが政策上大きな問題となる。そして基本となったのが、資金力の弱い個人に対して住宅金融公庫による長期の低金利融資をおこなうことで持ち家を後押しすることである。住宅公団のような公的組織で公営住宅を建設するのは財政的に限度があり、国民がみずから住宅を建設し、政府はそのサポートに徹するという消極的な施策である。つまり国民の大半はこのような融資を原資として限られた資金で自身の住宅をまかなっていた。マーケットとしては大きいが、その大半はささやかな建設行為に甘んじていた。一九五〇年代以降、住宅建築が建築雑誌をにぎわせ、最小限住宅などがもてはやされた裏にはそのような背景がある。

できてまもないころの安藤事務所に来る仕事は、だいたいがそのような事情を抱えたクライアントによるもので、したがって予算はひどく限られていた。建築家が大仰に構えて言い値で仕事をすることなどありえない。予算を前提としつつも建築のプロとして譲れない一線があり、その兼ねあいをめぐってクライアントとのあいだでシビアなやりとりをしなければならない。

日本においてもっとも贅沢な住宅は数寄屋である。いまでも限られた数寄屋大工によってその伝統は守られているが、こちらは予算があってないようなものである。戦前に京都の野村別邸碧雲荘（一九二八）などの名住宅が生みだされ、現在に伝えられているが、それにかかった費用は今日の坪単価に直すと安藤が手がけた初期の住宅の何倍もする、いな、場合によっては桁が異なる。一九八〇年代に入って安藤の住宅は規模を増し、いわゆる富裕層の住まいも手がけるようになるが、その心はやはり住吉にあった。そもそも自身は長屋に住みつづけているのだから。

庭のクスノキに根源的なパワーをみる

『日本書紀』に登場する住吉三神を祀る神社は住吉神社と総称されており、全国で六百社ほど分布している。「住吉の長屋」が建つ大阪の住吉区にはその総元締めである住吉大社がある。建築史的には妻入りの「住吉造」という独自の神社様式を保ち、住吉大社本殿は国宝となっているので、知名度も大きい。この住吉大社と本家争いをしてきたのが、神戸の東灘区にある本住吉神社で、門前として発展してきたその界隈には住吉本町の名が与えられている。奇しくも安藤忠雄はこちらの住吉でも住宅を依頼された。「住吉の長屋」の一年前、双生観と同時期に建築された松村邸である。

こちらの敷地は大阪と違って高級住宅地にある。周囲にはW・M・ヴォーリズ設計の小寺邸（一九三〇）、渡辺節設計の乾邸（一九三六）などモダニズムの邸宅が並び、ハイカラな神戸のお屋敷街といった印象だ。下町情緒がいっぱいの大阪の住吉とは町の雰囲気がまったく異なる。安藤に設計を依頼した松村孝雄は大手商社伊藤忠の創業者に連なる名士の家柄で、設計条件も高台にある百坪の敷地に夫婦＋子どもふたりの住宅をつくるということで、けっこうゆったりとした住宅が可能となった。ここではクライアントの要望からコンクリート打ち放しはやめ、煉瓦壁の軀体に木造の勾配屋根の小屋組みを架けるかたちとなった。階段室がタワー状にとりつき、三角屋根がついているので外形的にはいわゆる安藤のプロトタイプから逸脱している。延床面積四十五坪（一四六平方メートル）であるから小さくはないが、だからといって大規模な住宅でもない。

この住宅には別の意味で安藤のこだわりが実現されている。外構に配されたクスノキの存在である。彼がこの敷地を訪れたとき、最初に眼に入ったのが庭に並んだ三本のクスノキであった。「そうや、まずはこのクスノキを大切にせなあかんな」と考えて樹木を避けるように住宅を計画した。クスノキは枝葉を上いっぱいに伸ばし樹冠が横に大きく広がるので、見たところ樹木のあいだに建物が入りこむ感じとなる。

関西ではなぜか社寺の境内にクスノキの巨木が多く、それが社寺の存在をめだたせている。とくに安藤の実家のすぐ近く、旭区今市《いまいち》の寳龍寺《ほうりゅうじ》は有名で、樹齢八百年を数えるクスノキの巨木四本が植わり、遠くから眺めると、この寺一帯が鎮守の森のように大きな緑のかたまりとなって眼に入る。樹高一五メートル、幹周三・八メートルというから相当大きく、府指定の天然記念物となっている。白蛇の化身としての言い伝えが残り、地元では御神木として崇められてきた。少年時代の安藤は淀川べりから京街道沿いの今市まで旭区の主要スポットを自在に動きまわっていた。緑の体験が彼に大きな影響を与えた話は冒頭に述べたが、そのなかでもこの寳龍寺は特別だろう。鬱蒼とした緑に鼻を刺すかすかな香りが漂い、祭儀的な神々しさに包まれた境内。長屋が並ぶ旭区の風景のなかで特異なパワースポットといえそうだ。その既視感に『となりのトトロ』の森を思い出す人もいるだろう。丹後ではクスノキに酒呑童子の姿を重ねる逸話も残っているようで、尋常ならざるものの変身譚をそのまま体現した樹種なのである。

松村邸（神戸市、1975 年）

安藤の植樹や緑化への強い関心はよく知られている。モダニズムの建築家のなかには盆栽や作庭をこよなく愛したアルネ・ヤコブセンのようなマニアックな人物もいるが、木質材料を使うということではなく、自身の建築に寄り沿う生きた植物としての樹木や花卉に強い愛着をもつところが特徴である。逆にル・コルビュジエのように植栽にはさほど興味を示さない建築家もいる。庭園とともにあった日本の建築家は総じて庭に強い関心をもっている。職人でいえば庭師や植木屋は必須の職種であった。しかし、安藤のアプローチを見ているかぎり、こうした伝統的な作法とはどうも違うようだ。明治から昭和にかけて流行る「見越しの松」といった作庭の常套句には関心を示さない。彼が求めていたのは畏怖の念にも似て、より根源的なパワーを戴いた生命の木が現前し、その霊性が土地に力を与え、最後は建築を覆い隠していくことであった。

植物は成長するが、とくに樹木の場合はそのスパンが数十年、場合によっては百年というスケールである。御神木の類は数百年から千年単位となっている。安藤のなかにある時間の計測単位にはふたつのスタンダードがあるようだ。ひとつは建築で、それこそ数年で竣工し、その後は数十年単位でメンテナンスをおこないながら生きつづける。もうひとつは樹木もしくは植生で、これは最低五十年から百年のスパンで、その先長い生命を生きつづける。この異なったふたつのタイムスパンを身体にあわせもち、建築と樹木の双方を行き来しながら命を吹きこんでいく。

民俗学者の南方熊楠は、その名前からも連想されるようにクスノキに強い関心を抱いていた。自宅に大きなクスノキがあり、「その下が快晴にも薄暗いばかり枝葉繁茂しており、炎天にも熱からず、屋根も大風に損せず、急雨の節書斎から本宅へ走り往くを援護する、その功抜群だ(7)」と絶賛する。クスノキは御神木ゆえに人家に植えると住まいが位負けするとの見方もあるが、安藤のアプローチは南方に近い。神戸住吉の松村邸はたんなる樹木の保存という面ではなく、百年後、二百年後に巨木として成長したクスノキを頭に思い描きながら、その生命力に土地の力を委ねるという安藤のもうひとつの見識を示すものである。

松村邸には後日談がある。安藤は二〇〇〇年代の終わりに、思いがけない手紙を松村のふたりの娘から受けとる。ふたりはそれぞれ結婚し東京に暮らしていたが、彼女たちが嫁ぐまでに育った神戸の家を軽井沢の別荘に再現してほしいという。安藤は嬉しい驚きを禁じえなかったが、さすがにまったく同じ家を軽井沢につくることは辞退した。そのかわり、クスノキがいまや大樹に成長し、深い緑で建物を包むようになったこの住吉の住宅をもとの姿に戻すとともに、大がかりな清掃とメンテナンスを施した。建築と樹木の関係はいまや主従を逆転させているが、それこそが安藤が長らく望んでいたことにほかならない。

松村邸スケッチ

2018年、メンテナンス後の松村邸

第4章　住宅の時代

打ち放しコンクリートを語彙として

安藤忠雄の住宅作品は二百件をこす。そのなかでも傑出した住宅として世界中から高い評価を受けているのは、六甲山の中腹に建てられた「小篠邸」（一九八一、増築一九八四）と東京世田谷区の閑静な住宅街に建つ城戸崎邸（一九八六）ではないだろうか。このふたつの住宅は「住吉の長屋」（一九七六）から数えて十年の間に竣工している。この間に安藤は四十件ほどの個人住宅を手がけ、安藤のイメージを決定的にする打ち放しコンクリートの美学を全面的に開花させた時期でもある。集合住宅や商業施設の領域でも大胆な提案が出てくるが、ここではまずもって彼の住宅について論を進めてみよう。

近代建築の歴史のなかで住宅を数多く手がけ、ひとつのブームを築いた建築家として何人かをあげることができる。その一番手は、一九〇〇年前後の英国を舞台に「ドメスティック・リバイバル」と呼ばれる新しい住宅デザインの動きを牽引したC・F・A・ヴォイジーに帰すことができる。工場生産の規格品を避け手工芸の価値を問いなおしたアーツ・アンド・クラフツ運動を下地とした味わいのあるスタイルが、当時のセンスある英国人の心をとらえたという。ほぼ同じ時期にアメリカ中西部に登場したフランク・ロイド・ライトの場合は「プレーリー・スタイル」と総称される個性的な住宅群を世に送り、アメリカだけでなく日本やヨーロッパにも多大の影響を与えた。その数は彼がシカゴを離れる一九〇九年までに二百件近くになるというから、住宅設計のピッチはとんでもなく速く、他の建築家を凌駕していた。なかでもシカゴにあるロビー邸（一九〇六）がプレーリー・スタイル住宅の代表とみなされている。

ライトにはおよばないとしても、安藤忠雄の住宅設計の件数もきわめて多く、彼の才能を高く評価した二川幸夫も「ライト以降、住宅作家としては安藤さんがダントツですね[1]」と驚きを隠さない。ライトと大きく異なるのは、彼の住宅群を一括りにするようなスタイルやライトモチーフが見当たらないということである。安藤自身も流行作家のようなかたちで括られることを好まない。しかし、見れば一目で安藤の作とわかるデザインであるのも事実だ。数寄屋であればそうしたデザインの趣向を「好み」として語るのがふつうで、「利休好み」とか「遠州好み」といった呼び方もあるが、ディレッタンティズムとは距離を置いている安藤が「忠雄好み」などとキザな台詞を吐くことはありえない。結局は無色透明なニュアンスで安藤忠雄の住宅デザインと一括して語るのが無難なところだろうか。

ともあれ、一九七六年からの十年の住宅の特徴を説明するなら、以下のようにまとめられるだろう。

（1）洗練された打ち放しコンクリートによるデザイン。安藤のトレードマークのように語られる打ち放しコンクリートがこの時点で全面的に採用され、滑らかで艶のあるテクスチャーで室内外とも覆われる。

（2）幾何学的な形態。建築の形態を決めるにあたって明快な幾何学を用いる。当初は縦長の平面を主としていたが、やがて正方形や円を導入し、よりプライマリーな幾何学的形態に収斂していく。

（3）光に対するこだわり。トップライトやスリットを用いて光を巧みに室内に誘導し、空間のなかでの明暗の対比、光の歓びを導く。

（4）視線と動線の重視。空間のなかでの身体的体験を重視し、壁によって動線を誘導する。五感に訴える空間を生みだすことが大きな課題となる。

大阪の長屋を原点として始まった安藤の住宅デザインへのとりくみは三十代半ばを過ぎてより多様な方向にシフトする。ひたむきな安藤の姿勢に魅力を感じ、人づて、さらには飛びこみで設計を依頼するクライアントが次から次にあらわれるようになった。なかには安藤に説得され、その人柄にほれこんで住宅を任せる人間も出てくる。計画地も関西だけでなく中部から関東までに広がり、それも中心市街地から郊外までさまざまだ。大阪の下町という、どちらかというと土着的な風土のなかで発想・推敲されてきた住まいの考え方を、より多様な土地柄にあわせて考えなおしていくことが必要となった、ということでもある。その意味ではこの十年は新たな試行錯誤の始まりであり、設計手法にも新たなパラメータがあらわれてくる。

壁かフレームか

新たな試みは「住吉の長屋」の建設が進められているころに同時並行的になされていた。数ヵ月遅れて完成した住宅にその片鱗を見ることができる。大阪の北隣の吹田市の平林邸（一九七六）である。多少ゆとりをもった郊外住宅地を敷地として、間口を狭く奥行きを長くする長屋型の形状を下敷きとするが、敷地条件にあわせて変形がなされ、つくり方自体が大きく異なっている。

建築のつくり方は専門的には「構法」もしくは「架構」と呼ばれる。木や鉄骨、鉄筋コンクリート（RC）でどのような構造に仕立て、どのように空間をつくりあげていくかをあらわす概念である。通常のRC造は鉄筋コンクリートで柱梁の軸組をつくっていくのがふつうで、ドイツ語で枠組みを意味する「ラーメン」なる用語を用いてラーメン構造という。ル・コルビュジエは二十世紀初頭に「ドミノ・システム」という水平方向をスラブ（板状の面）、縦方向は柱とした空間単位を考案してそれを積層させるつくり方を提案した。このシステムはある

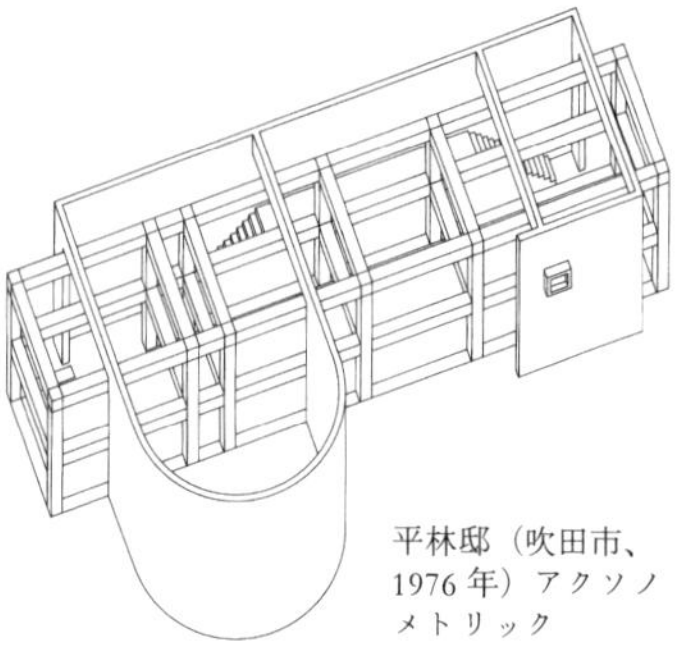

平林邸（吹田市、1976年）アクソノメトリック

種の規格化された構法として近代建築史のなかで大きな意味をもつようになる。石や煉瓦による組積造がふつうのヨーロッパの文脈において、この考え方は建築のつくり方にそれこそ革命的な変化をもたらすが、木造の軸組造が一般的だった日本では、構造的には木の柱・梁をコンクリートの部材に置きかえたという程度の認識にとどまった。むしろ注目すべきは、大阪の長屋のような木造の連続住宅のなかにＲＣ造を挿入するという、ある意味ではアクロバット的な工事に直面して、安藤が徹底して壁構造で挑んだことである。最小限のスペースのなか、壁厚一五センチのぎりぎりの厚さで住宅全体の構造をもたせ、内部空間を最大限にとり、しかもそれによってできるコンクリートの箱が左右の木造住宅が倒壊しないための控え壁の機能も果たす。

その点で、安藤はドミノ的なＲＣの仕組みから発想するのではなく、木造に対置してコンクリートの箱をどうつくり、どう機能させるかをまずもって考え、それが出発点になっていることだ。その後の安藤はこの壁構造の考え方をより柔軟にさせ、新たなＲＣの構法の可能性を追求していくようになる。吹田の平林邸が注目されるのは、そこに新たなコンクリートのデザイン手法が登場したからである。「フレーム」の考え方である。縦横高さの各辺を軸として、いわゆる立体格子とした軸組構造といってもよい。これにより三次元の単位空間をつくり、その連続で全体の空間システムをつくりあげる。フレームはドミノのように上下方向に拘束されることなく、どの方向にも自在に拡大・縮小することができる。壁構造からみれば、外界との遮断を前提とした閉鎖系からどのようにも展開可能な開放系への移行であり、「確固たる意志に満ちた均等なフレーム」が建築を支配することになる。

やや技術的な内容になるが、施工にあたっての違いを説明しておこう。安藤の場合、壁構造ではほぼ二〇センチ厚のコンクリート壁で空間を制御する。それに対して立体格子となった場合は、一本の梁もしくは柱はほぼ五〇×五〇センチの正方形断面となる（平林邸は四〇×四〇センチ）。コンクリートを打設するときには型枠を置いてその間にコンクリートを流しこむので、原理的には彫塑的な造形が可能である。「住吉の長屋」のように数センチの差が大きな意味をもつほどの狭隘な敷地であれば、壁厚を薄くできる壁構造で全体の空間をつくるほうが内部空間の広がりが得られる。逆に敷地に余裕があれば一辺五メートルから七メートル程度の立体格子で規則的な大空間がとれる。柱梁のあいだのスペースは必要に応じて開口となし、塞ぐときはコンクリートブロックを用いて壁や小壁をつくる。

ただ、安藤はコンクリートの外被にこだわり、また壁自体を空間体験上の重要な装置として考えている。それゆえ初期のフレーム構造はいずれもその外側にコンクリート壁を設け、フレームを内側に包摂するようになっている。平林邸もそうであった。内側で自由に広がる空間を壁でもって仕切り制御するということだ。フレームのなかは居室やキッチンを配し、外側に半円状にふくらんだ壁の空間は吹き抜けのホールとして広さを演出する。

その翌年に大阪阿倍野に竣工する「帝塚山の家」（一九七七）もフレームによる立方体格子と壁の併用である。コートヤード的な外部空間に立体格子が重なるさまは、雑然とした周辺環境のなかに堅固な住空間を確定し、自立した住まいのあり方を示すものである。壁は住まいに対するエンベロップとして、立体格子は空間の自律性の証しとして明快な主張をもち、延床面積は「住吉の長屋」の倍以上に広がったものの、都市ゲリラとしての立ち位置は堅持している。

「建物は均等なフレームと、それをとりまく壁により構成されている。機能を与えられていく過程でフレームは場としての意味を与えられ、敷地の傾斜に適合し、自然とのふれあいの場を生みだし、単純なフレームの繰り返しのなかに多様な住戸内風景を獲得していく(2)」

美しいコンクリートに仕上げるために

安藤忠雄の鉄筋コンクリートの仕上げ法がほぼ完成に向かうのは、一九七〇年代の半ば、双生観の工事に際してであった。彼のトレードマークでもある独特のコンクリートの仕上げがどのようになされているか、ここで説明しておこう。

鉄筋コンクリート、略してRCは圧縮力に耐えるコンクリートと引張力に強い鉄筋と正反対の性状をもつふたつの材料を一体化させたもので、十九世紀後半から一般化され建築・土木で用いられてきた歴史がある。コンクリートはセメントに骨材と呼ばれる砂利や砂などを混入したもので、ミキサーで液状にしてホースで流しこむ。型に流しこんで成形するので、形態を自在に操ることができ、近代建築はその特性を生かしてさまざまな造形を試みている。RC建築が急速に増えはじめた一九六〇年代から施工法が大きく改良され、今日一般的となっている型枠工法が定着する。現場でまず鉄筋を組み、そのまわりに型枠をつくって、その間隙に液状のコンクリートを流しこみ、固まるのを待つ。型枠は「コンパネ」と呼ばれる標準サイズのパネルを組みあげてつくる。合板ベニヤの場合もあれば鋼板の場合もあるが、コスト面からみて合板のほうが一般的である。合板のサイズは標準形で畳と同じく一八〇×九〇センチとなっており、基本的にはこのモデュールで面をつくっていく。安藤のコンクリート面の仕上げを見ると、このコンパネの形状が基本単位となっていて、その単位のなかに規則的に穴があいているのがわかる。この穴は二枚の間隔を保持してコンパネを固定する締めつけ材（セパレータと呼ばれる）の両端にねじこまれたナット（Pコン）を外した跡で、穴の数だけセパレータがあるということだ。標準サイズのコンパネであれば通常は六ヵ所である。

建設現場は地形、アクセス条件、天候などに加えて職人の腕や気質、清掃の度合といったヒューマンファクターに支配される。そのうえで鉄筋を組み、型枠をつくっていくため、図面に描かれたようにきれいにできるとは限らない。現場によって精度が左右されるのである。またコンクリートの打ち方によって空気層が入ったり、ひび（クラック）やセメントと砂利の分離（ジャンカ）が生じたりすることがあり、構造上の問題を起こし、見かけ上も汚くなる。安藤以前のＲＣの仕上げというのはむしろそのようなものであり、それがふつうだった。だからコンクリート面の仕上げとは別に仕上げ用にモルタルを塗ることのほうが多かった。そのような常識に対して、安藤はそれまで不可能と思われてきたコンクリート打ち放しによる完璧な仕上げをめざしたのである。そのためには実際に施工をおこなう職人との連係プレイが不可欠である。カギは型枠にある。腕のいい型枠大工をそろえ、型枠についてはコンパネの裏側に特殊な樹脂を塗り、型枠を外した後、光沢のある面ができるような技術革新をはかった。それが可能であったのは、何よりも型枠大工のレベルがきわめて高いことによる。

　加えて、鉄筋の位置が正確になるように特別のゲージをつくった。鉄筋を覆うコンクリートの厚みを「かぶり」というが、これが薄いと鉄筋の酸化の度合が増し、劣化が進む。そこでかぶり厚をたとえば四〇ミリという具合に安定させるのがこのゲージである。コンクリートの流動性も重要である。コンクリートが水っぽいほうが打設は簡単だが、耐久性を欠く。なるべく粘りの強いほうがいいが、今度は打設がむずかしくなる。それでも安藤は通常の粘り以上に高い粘り気を求め、それを職人と一緒に解決した。専門用語でいうとスランプ（流動性の値）を通常の21から15―16まで引き下げ、なるべく固い状態でコンクリートを打設した。型枠の隙間からコンクリートが漏れるとジャンカが起きやすいが、総じて日本の型枠大工は腕がいい。水槽のように密閉性の高い型枠をつくってしまうのである。

コンクリートを流しこむ型枠工事の様子

　鉄筋コンクリートはフランスが発祥の地である。ところがル・コルビュジエの建築はＲＣ造でありながら表面が粗いため、その上にモルタルを塗って仕上げられている。彼は戦後になって打ち放しを試みるようになるが、仕上げは荒っぽい。代表作といわれるラトゥーレット修道院を見ても、表面がザラザラとして日本人の眼にはとても耐えられるものではない。戦後の打ち放しコンクリートの代表といわれるクロード・パランの場合はその量塊性を前面に出し、トーチカのような建築を試みたが、仕上げとなると思ったようにはいかない。当のパランも一九八三年に日本を訪れ、京都で安藤に会う。小篠邸をはじめとしていくつかの作品を訪れ、安藤のコンクリートの扱いに衝撃を受けた。後になって、安藤こそがルイス・カーンの傑作ソーク生物学研究所（一九六五）を引き継ぐ真のコンクリートの継承者だと絶賛する。

「カーンの思考を受け継いだのが安藤である。壁は剝き出しで素のままであり、一面平らな表面にわずかな曲面がとりつき、触感的にも視覚的にも官能がくすぐられる。型枠の穴もセパレータのためというよりは、点描で隠れた幾何学をあらわしているかのようだ。とりわけ上田邸や小篠邸、そしてシトー会修道院に比較されうる教会群は誇張なしにすばらしい」(3)

パランに師事したジャン・ヌーヴェルは一九八〇年代から安藤と親交を結ぶが、そのヌーヴェルから繰り返し尋ねられたのが「師匠ができなかったコンクリートの仕上げをどうやって達成したのか」ということであった。ヌーヴェル自身、そのために来日して安藤の現場に立ち会っているほどだ。

インドの階段井戸に触発されて

鉄筋コンクリートの精度を増すうえで、安藤が師と仰ぐ西澤文隆の存在は大きかった。一九七〇年代半ばになり、西澤は安藤を誘って何度も海外に行く。建築行脚が目的である。それも欧米ではなく、インドやイランがおもな訪問地であった。インドには一九六五年、一九六八年と、ともに欧州旅行の帰途、安藤ひとりで立ち寄ったことはあるが、今回は専門家たちとの旅であり、しかも最初から見るべきものが定まっていたので、そのぶん密度が濃い。その目的のひとつが西インドに分布する階段井戸の訪問である。グジャラート州などの乾燥地域に多くみられ、アハマダバードのダダ・ハリル井戸など特筆すべき場所が少なくない。
インドは人々の生き方自体が強烈で濃厚な刺激を与え、訪れるたびに心の奥底で何かが広がっていくのを感じていた。灼熱の気候にもかかわらず、地表から階段を下り、地下深くに刻まれた井戸にたどりつくと「皮膚をさす冷気の触感」におののき、名状しがたい皮膚感覚に身体が震える。さながら白日夢の世界であった、と安藤は後で述懐している。

帰国後、安藤はインドのこの体験を住宅のなかに再現しようと試みる。六甲山の中腹に建つ「領壁の家」（一九七七）がそうだ。奥池と呼ばれるエリアは、芦屋市の山側、六甲山の山中の貯水池に隣りあって開発された高級住宅地で、海抜五〇〇メートルという立地から、海から近いにもかかわらず高原の空気を味わうことができる。クライアントたる松本重生は塾経営者である。深い緑に包まれ十分な面積をもった敷地という申し分のない条件で住宅を依頼された。インドの興奮から冷めやらぬ時期にこの話をもらい、山腹の傾斜地を見て脳裏にひらめいたのが階段井戸であった。コンクリートの厚い壁によって囲繞された空間のなかに「暗闇の地底にひそむ水面に向かう降下の意識[1]」を現前させてみよう。それまでの闘争心に代わり存在の深みをきわめようとの強い意識が安藤を支配していた。

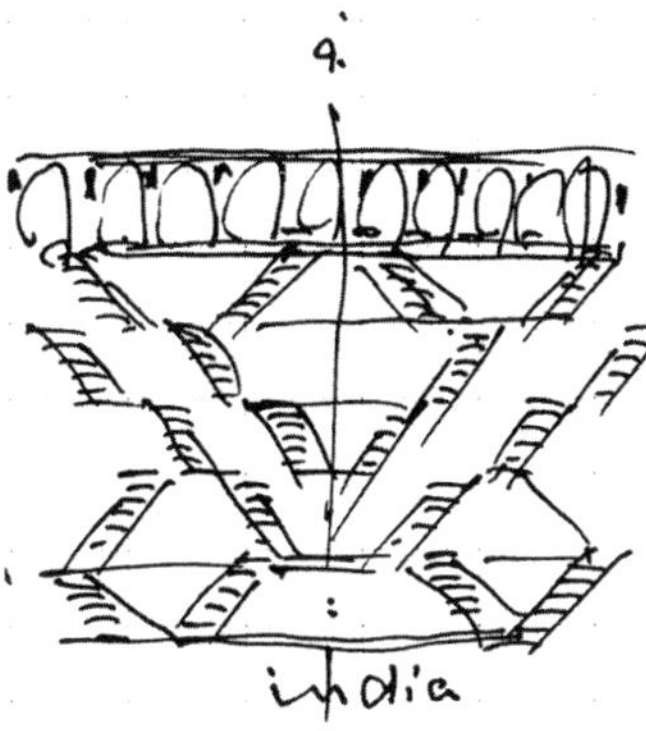

安藤忠雄、インドの階段井戸のスケッチ

全体のつくりはこうだ。壁によって外部を遮断し、内部空間をつくりだす。この方法を彼は「領壁」と名づける。内部はフレームによって制御され、土地の傾斜を利用して中央に階段、その前後にそれぞれ二層、一層のフレームを配する。階段が中庭の役割を果たし、その前後をアトリエと居室群に分けるのは従来の方法と変わらないが、完結性の高い空間として「その内部にひとつの原風景を投影することを試みる」ことが大きな課題となった。上部にはヴォールト（穹窿）がとりつき、その端

「ガラスブロックの家」石原邸（大阪市、1978年）中庭

部から漏れ落ちる光がコンクリートの壁と床を照らしだし、刻々と移り変わる時間に応じて影が移動する。

自身の身体いっぱいに受けとめてきた異国での体験を原風景となし、住宅という空間装置のなかに再現する。それまでの安藤を支えてきた闘争心ゆえの防御する空間が、地底体験をともなったより深遠な内省する空間へと転換していく瞬間であった。

この方法を大都市のどまんなかで再現できないだろうか。そう考えた安藤は「領壁の家」に引きつづいて大阪の下町で新たな試みを開始する。生野区の町工場が点在するエリアに計画された「ガラスブロックの家」石原邸（一九七八）、敷地条件は六甲山とは真逆で、三方を建物に囲まれた密集度の高い敷地であるが、それでも住吉に較べればはるかに広い面積が確保できた。ここでは方形の中心に向かって周囲から段々に下降する階段井戸の形式が規範となった。敷地自体は平坦で、傾斜を利用できない。ならば、建築それ自体に段をつけ、下から上階に漏斗状に広がる形式とする。

クライアントたる石原潔は大阪唐木《からき》と呼ばれる中国伝来の指物家具をみずから制作する。偶然ではあるが、石原夫人が大阪の名門校東高校で東孝光と同級生であった。古い工房を建て替え、店舗と自邸の双方を構えるよう依頼した。都心の密集地帯ゆえ、住居を周囲から完全に遮断するという都市ゲリラ的な手法を踏襲して、敷地境界に沿って四方向を高さ三層分の壁をまわし、一階は店舗、二階三階は住居とした。親子二世代の二世帯が入居するため、光庭を挟んで両者の領域を南北に分けた。ここでの新機軸はガラスブロックの全面採用である。光庭に面した三つの面をガラスブロックによる段状の壁となし、半透明な光を室内に導く。それまでの安藤の室内空間は壁によって仕切られ上部から入る光によるところが大きかったが、今回は壁全体が明るく輝く。

動線のとりあつかいも凝っている。外の道路からそのまま光庭に入って、螺旋状になった階段で二階テラスに上り、そのまんなかに据えられたドアから室内に入るといった具合だ。左右対称性（シンメトリー）、上方向のセットバックなど設計手法は従来のやり方から大きく逸脱するが、壁面全体が半透明の光となって室内空間を包むという手法は、地底の暗闇に沈むインドの階段井戸を逆手にとって天上に向かって螺旋を描く光の空間として成就した。クライアントも技の人であり、安藤の手腕に大いに満足したという。

ガラスブロックの使用に自信を得た安藤は、この後続けて同種の試みをおこなう。大阪下町での「ガラスブロックウォール」（一九七九）に引きつづき、和歌山市の住宅地で二棟の広大な邸宅、松本邸（一九八〇）、福邸（一九八〇）を手がけていく。ともに延床面積は百四十五坪（四八〇平方メートル）をこし、安藤の住宅が新境地に入ってきたことを示している。

六甲に小篠邸を設計する

ファッションデザインの世界で安藤忠雄の評価はずばぬけて高い。駆け出し時代、グラフィックやインテリアの世界で最先端のデザインを発表する田中一光、倉俣史朗らと知りあい親しくするようになり、その周辺にいる三宅一生らファッションデザイナーとごく自然につきあうようになったことも関係するだろう。この世界は学歴と関係なく、直観と行動力が求められる。加えてビジネスセンスも重要だ。東京と関西でその風土は異なるが、関西のファッションデザインのなかで一目置かれていたのは強烈な光を放つコシノ三姉妹、ヒロコ、ジュンコ、ミチコの三人であった。なかでも長姉のヒロコはビジネスに強く、一九六四年から心斎橋にオートクチュールの店を出すとともに徐々に海外での活動も始めていた。

小篠邸（芦屋市、1981年）、1984年増築後の全景

ヒロコとはグラフィックデザイナーの大先輩、早川良雄に呼ばれてクリエーターたちの集まりに顔を出すうちにいつしか知りあったという。ヒロコはもともと猫足のロココ調の家具などを好んでいたが、おのずと安藤のコンクリートの打ち放しの美に惹かれるようになる。自邸をつくるにあたって、何事にも懸命にとりくむ本気度が気に入り、彼に賭けてみる気になった。「お金はあらへんけど協力してくれる？」と頼むと、「車を一台買うより少し高いくらい」という返事。高級外車と同程度の予算でできそうだと、気楽なつもりで設計を依頼したという。

「それで敷地はどこですか」という問いに「じつは芦屋の奥池」と返ってきて、「わあ、これは最高の場所だよ」と安藤は心昂らせた。二年前に「領壁の家」を建てた芦屋の山上である。敷地も三百四十五坪（一一四〇平方メートル）と十分に広い。安藤が育った大阪の下町とも、ヒロコが育った岸和田とも異なる関西屈指の高級住宅地であった。

安藤は一九七〇年代後半から八〇年代前半にかけてヒロコの自邸を含めて奥池に三件の住宅を手がけることになるので、ある意味では記念すべき場所でもある。奥池について若干説明しておこう。

六甲山系は阪神間の海岸地帯から一気に高度を増し、海抜一〇〇〇メートル近くに達するが、その中腹に位置する奥池地区は芦屋川の源流でもあり、海抜五〇〇メートル程度の平坦面となっている。その名が示すように「奥池」と呼ばれる湖沼があるが、これは明治初年に地元芦屋の有力者たちによって貯水池として開削されたもので、それゆえこのエリアは芦屋の水甕としての役割を果たすようになっていた。一九六〇年代半ばになって、

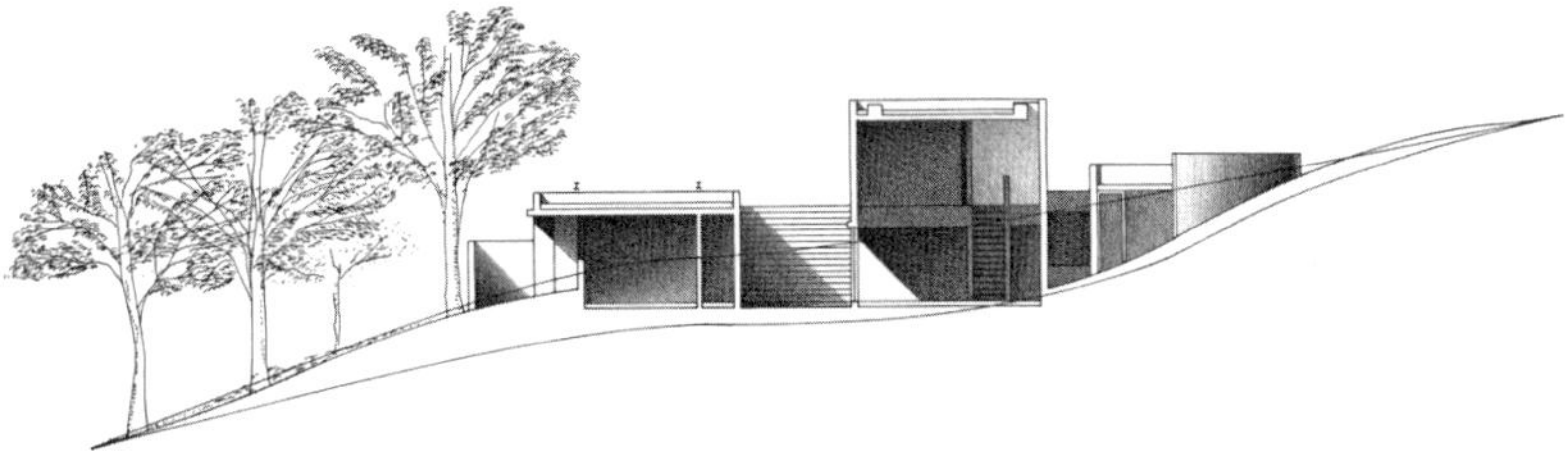

小篠邸、断面図

奥池に連続した新たな貯水池の建設をおこなうため、周辺地域の開発を同時におこなって事業収益をあげることが決められる。芦屋市が前面に出て「東洋のジュネーヴ」と銘打った住宅地の開発が始められ、一九七一年に奥山貯水池が完成するころには高級住宅地としてのブランドが確立していた。住民協定で商業施設はいっさい認めず、自然環境に恵まれた三百坪前後の広い区画の土地でゆったりとした住宅をつくることが義務づけられていた。

ヒロコに敷地を案内された安藤は、そのすぐれた環境を直感的に把握し、地形と植生を起点として住宅のイメージを固めていく。このエリアは背の高いアカマツ林がめだっている。原生林ではなく昭和に入ってなされた植林による二次植生である。六甲の山肌は、後述するように明治末には禿山に近い状態になっており、その後の植林活動で植生を回復してきた歴史がある。奥池地区はその意味で、森林も湖沼もすべてこの百数十年で人工的につくられてきたものであるが、一九七〇年代に安藤が訪れたときには深い緑に包まれた自然環境ゾーンとなっていた。加えて、県指定なった奥池周辺の湿地植物群落（ヌマガヤオーダー）の存在もその点に大きく寄与している。阪神地区でも最高に恵まれた地区といってもよさそうだ。

そこで安藤が考えたのは、自然とともに住むこと、すなわちアカマツなどの樹木には手をつけず、住宅を等高線に沿って配置するという案である。宅地の形状とは異なって、対角線方向の配置となったのはそのためであった。ふたつの横長の箱を想定し、両者の高さを等高線に応じて変え、地中に半分埋めるかたちで配列する。北側の二層部にはリビング・ダイニングと主寝室・書斎（二階）、南側の一層部には家族やゲストのための寝室群を配置する。いたって単純なプランだが、安藤が得意とする高低差や折れ曲がりを大胆に入れこんだ動線、スリットや高窓から差しこむ光などこれまでに彼が培ってきた空間言語が随所に入れこまれている。北側のアクセス道路から入って敷地が南に下がるかたちとなるので、エントランスは二階に設けられ、内部空間も外部空間も下への階段によって誘導される。ふたつの箱は地下でつながっている。

かくしてできあがった住宅「小篠邸」は、延床面積七十坪（二四〇平方メートル）程度のそこそこ大きな住まいであったが、その醍醐味は土地と一体になった住まい方にある。住宅は控え目に半分地中に埋められ、開口からは外のアカマツの樹林の風景が飛びこんでくる。地形に応じて巧みに配分された幾何学的形態は、その後安藤が直島などの美術館で繰り広げる空間操作の原型となっている。

このように複雑な地下工事などがかさんだ結果、工事費用はかさみ、ヒロコによれば高級外車の十台分くらいはかかったという。家族が一緒に住むということで、母親のファッションデザイナー、小篠綾子にも同居を勧めたが、六十八歳の母親は「こんな貯水ダムみたいなコンクリートの家で暮らしとない」と同居を断ったというエピソードがある。奥池の貯水池ダムと重なって見えたのだろうか。戦前の岸和田で小さな洋裁店を営みながら三姉妹を育てた綾子からみれば、別天地の世界であることは間違いないのだが。

もっとも、クライアントのヒロコはこの住宅がいたく気に入ったようで、竣工からまもなくして安藤にアトリエ（一九八四）の増築を依頼してくる。北側に弧を描いた空間で、ここでは住宅に求められる面倒な機能は必要ないので、時間に応じて刻々と変化する光の軌跡をゆるやかな曲面に写しだすことを最大のテーマとなし、なおかつ適正な予算で引き渡すことができた。

「自然の美しさというのが、どんどん入ってくるんですよ。視覚的に美しいだけじゃなくて、先ず匂いね。それから鳥の声とか、セミの声とか、もう四季によっていろいろ変わっていくわけ。（…）パッと桜が咲いていたり、秋にはモミジがきれいな赤に染まっていたり、もう信じられないくらい(5)」

住宅は住む人とともにあることを実感させたのは、ヒロコの娘たちが育ち、同じファッション関係者として道を歩むにしたがって、この住宅の機能と意味が変わってきたことである。二十年後の二〇〇四年になってヒロコから小篠邸の寝室棟を建て替え、ゲストハウス（二〇〇六）につくりかえることを求められた。同じボリュームを踏襲しながら、一層を二層に変え、吹き抜けの大きなホールと和室を配置する。庭との関わりがより直接的になり、保全に努めたアカマツの樹林がピクチャーウィンドウの向こうにオブジェのごとく立ちはだかる。

数寄屋に比肩しうると絶賛された城戸崎邸

東京世田谷区に建つ城戸崎邸の場合は、小篠邸とはずいぶんと異なった経緯で設計にいたった。クライアントの城戸崎博孝は建築家、安藤より一歳若い。しかも丹下健三事務所（丹下健三・都市・建築設計研究所）の副代表という立場であった。海外プロジェクトを担当し、王宮や大統領府といった巨大建築を扱っていたが、肝心の自身の家を設計する時間がとれない。そのため、家族の心配をよそに自邸の設計は安藤に頼むという思いきった決断をした。それまでの安藤の住宅に共感を寄せ、そのコンクリートのとりあつかい、空間構成の巧みさに感心していたからだという。博孝に妻裕子、夫側の父親、妻側の妹と母親とあわせて三世帯で住居を構えることになり、一族のコンドミニアム的な側面もある。博孝が建築家であるということもあってか、安藤への設計依頼は家族から難なく承認されたが、雑誌に掲載された安藤の顔がいかにも反体制の闘士風なので、大手企業経営者の流れを汲む東京山の手のエスタブリッシュメントと相性がいいのか不安がられたというエピソードが残っている。

敷地は世田谷区代田、城戸崎家が代々住んできた土地だ。このあたりは昭和初期に分譲のかたちで開発されたエリアで、東京のなかでも閑静な住宅地として知られている。敷地はいわゆる虫食い開発が起こっていないので、むかしのままで百八十坪（六一〇平方メートル）と広く、形状は正方形に近い。敷地を訪れた安藤の眼にまっさきに飛びこんできたのは二本のケヤキであった。ケヤキは都会型の樹種ともいえる。箒をさかさまにしたように上に向かって広がる形状は美しく、都市計画に際して街路樹として好まれた歴史をもつ。東京では明治神宮に通じる表参道など、仙台では戦災復興のなかで定禅寺《じょうぜんじ》通りに植えられ、数十年を経て青々とした樹幹を示している。マツやクスノキといったやや辛気臭い樹種に対してスマートで、東京の上品な住宅地という雰囲気を生みだす。

安藤が描いたスケッチを見ると、敷地のなかに正方形を埋めこみ、その対角線方向に二本のケヤキの木を残しているのがわかる。建築よりも大きく枝を広げるケヤキの形状を見れば、この二本の樹木が主役となっておかしくない。中心の正方形は一二メートル角となっており、高さ方向も同じなので、要は大きな立方体（キューブ）が地底から浮かびあがる構図となる。その立方体のまわりを同じ高さの壁で囲い、そのあいだに空いたスペースに光庭や居室部分を嵌めこんでいく。それまでの都市型住居で一貫して追求してきた高い壁に囲われた住居の考え方は変えていないが、幾何学性がより明快に登場した。だから、外形的には単純なのだが、内部に要求される空間構成は三家族の共同住宅ということでおのずから複雑となる。

そこで安藤は「アルバース的骨格のなかにピラネージ的幻想の迷路をひそませることで、建築における抽象性と具象性を同時に表現できないか」(6)と自問した。バウハウス出身のアーティスト、ヨゼフ・アルバースが描く正方形を基本スキームとして外形をかたちづくる、そして三世帯が要求するプログラムをそのなかに入れこむため、十八世紀の画家ピラネージの版画「牢獄」に描かれた立体迷宮の図のような複雑な配置とする、ということだ。めんどうな課題であるが、中庭とケヤキを積極的に空間構成に用い、外部空間と内部を同時に組みあわせるという方法が成功した。どの住戸から見てもケヤキが視界におさまるような配置をベースとして、動線に応じて変化する室内空間をつくりだす。このプランニングのために費やした時間が一年以上にわたっている。

乾燥地帯で経験した水のない風景が想い起こされた。コンクリートの壁面とケヤキの輪郭によって構成される中庭は、それ自体が一種の石庭であり、ドライガーデンである。乾いた風景に緑が重なり、住まい手の眼を楽しませる。全体として立体化されたコートヤードハウス（中庭型の住宅）のかたちにまとめあげられたが、コートヤードハウスを得意とし、庭のなんたるかを繰り返し安藤に教えてきた西澤文隆はすでにこの世にいない。西澤を想う安藤が渾身の力を振り絞って彼に対するはなむけとしてつくりあげた作品でもあった。

こうして完成した城戸崎邸は延床面積百七十坪（五五五平方メートル）となり、それまでの安藤の住宅のなかでも最大の部類に入る。都市ゲリラを標榜していたころからみると大きな前進である。むろん規模の問題ではなく、安藤忠雄の到達点として多くの人たちから称賛を浴びた。その結果として一九八八年の吉田五十八《いそや》賞に輝く。建築家吉田五十八を記念し一九七六年から十八年間続いた建築界のなかでも格式の高い賞であり、審査員たる芦原義信、海老原一郎、大江宏といった重鎮たちが名を連ねて以下のような評価を下した。

「そのコンクリートの素材感は、あたかも数寄屋の木のように端正で内部空間の品位と密度を高めている。内外の空間配置の妙とあいまって当代無比の鉄筋コンクリート住宅となり、しかも建築の不易の本質に迫って、なん

城戸崎邸（世田谷区、1986年）、鳥瞰（上）と正面外観（下/撮影・松岡満男）

のケレン味もない。(…)数寄屋建築に比肩し得る感性の高さと空間の充実を鉄筋コンクリートで獲得できたのは、安藤忠雄氏の業績をもって最初といえよう(7)」

現代版数寄屋とまでいわれるこの住宅を、クライアントの城戸崎夫妻は心底気に入り、ていねいに住んでいる。「抵抗」や「情念」をキーワードとして住宅を設計し論じてきた安藤にとっては例外的に恵まれた住宅であることは間違いない。ただ、あまりにもうまくいきすぎたため、闘う必要のなかったことを逆に不満に思っているかもしれない。安藤の住宅作品としては二〇〇〇年ごろまではもっとも大きな規模の住宅に属していたが、その後、海外の住宅を手がけるようになると、二〇〇〇平方メートル、三〇〇〇平方メートルと日本では考えられないスーパースケールの大富豪の邸宅が実現していく。

第5章　旅と文明

建築と旅　先輩たち

ル・コルビュジエのロンシャンの聖堂は、一九五五年に巡礼聖堂として建てられ、当初はカトリックの巡礼たちを集めていたが、やがて建築家の巡礼地になり、世界遺産となった今日では年間八万人の人々が集まるようになった。安藤がはじめて訪れたのは献堂されてまだ十年しか経っておらず、知名度のわりには訪問者が少なかった。そこをはじめて訪れた安藤は「さまざまな色彩を施された開口部から射しこむ光に圧倒され」、ル・コルビュジエの虜となる。

建築を肌身で知るためには旅が必要だというのはそれこそ古代以来変わらない。十八世紀後半のゲーテの『イタリア紀行』を嚆矢として、建築を含めた新しい文物を求めて旅することを「グランドツアー」と呼ぶようになったのは、おそらくアングロサクソン的な古典発見の通過儀礼の習慣からだろう。若くしてイタリアに足を運び、かの地で降り注ぐ陽光を浴びながら古典古代の建築と芸術を会得し、新たな成長の糧とするという喜ばしい体験を指してのことだ。安藤青年の海外旅行もそのように位置づけられてきた。

安藤忠雄、ロンシャン礼拝堂のスケッチ

日本人の建築家で異境への大旅行をおこなったのは、一八八〇年に海軍の軍艦でペルシャに向かいキャラバンを組んでイスファハン・テヘランを訪れた陸軍工兵大尉の古川宣誉《のぶよし》が最初であるが、明治末にシベリア鉄道が開通したことで、大正から昭和にかけて多くの建築家や文化人がヨーロッパに渡る。その代表が前川國男であり坂倉準三であった。ただ、彼らは渡欧して仕事をするための旅で、彼らの師であるル・コルビュジエのような自身の存在を賭した発見の旅ではなかった。日本でそのような旅が可能になるのは第二次大戦後の一九五〇年代になってのことであり、先鞭をつけるのが槇文彦であり、小田実であった。それもフルブライト基金などアメリカの奨学金があって可能な旅であった。

そのなかで二川幸夫は異色の存在である。早稲田の美術史出身で、学生時代にリュックを背負って日本中をまわり、古民家を渉猟してその姿を記録におさめる。その膨大な写真をまとめた十巻にわたる写真集『日本の民家』（美術出版社、一九五七―五九）が毎日出版文化賞に輝き、一躍若手写真家として注目を集めるようになる。その勢いで一九六〇年代には海外に出る。大阪で材木問屋を構え、山持ちであった実家の資産を切り崩してその資金を捻出し、やがてパリに拠点を構えるようになった。取材が仕事ということで、一年のかなりの部分を旅行に費やしている。盟友の磯崎新を同行者に世界一周の旅を企画したのは一九六四年。これが磯崎にとってはグランドツアーとなった。そのときに磯崎自身が撮りためたさまざまな建築写真を植田実の勧めで「都市住宅」の表紙に使う。全体のコンセプトをスピノザにならって「マニエリスムの相の下に」となし、グラフィックデザイナーの杉浦康平のデザインで、解題としてのテキストは磯崎みずからが書いた。磯崎によって切りとられた世界のマニエリスム的表現であった。

外貨所持が規制されていたため、戦後長らく海外渡航制限を敷いていた日本が海外ツアーを解禁したのがこのまさに一九六四年、東京オリンピックの年である。二川・磯崎の世界旅行もこの制限緩和で可能となった。このころから若者がこぞって海外に出るようになり、さまざまな旅行記が世に問われるようになる。

そしていよいよ安藤忠雄の出番である。彼がはじめての欧州大旅行に出るのが一九六五年四月、約七ヵ月をかけた旅の始まりである。

旅のなかで考え成長する

安藤忠雄は、高校二年生のときにプロボクサーとして単身バンコク遠征に出て以来、三十歳になるまでに都合五回の海外旅行をおこなっている。そのなかで最長の旅が一九六五年の地球半周の旅で、七ヵ月をかけている。その後一九六七年にアメリカ西海岸、一九六八年に欧州・中東・インド、一九六九年にアメリカ横断と旅を繰り返し、気にかけていた建築のほとんどを見てまわっている。祖母キクエに「お金は自分の身体にきちんと使うてこそ価値あるもんや」と言われ、背中を押されたのがそもそものきっかけであった。

海外旅行といってもできるのは貧乏旅行、今日でいうバックパッカーの旅の類である。アルバイトで貯めた限られた予算の枠内で最大限の行程をこなし、必要であればどこまでも徒歩で動くことを辞さなかった。そして何よりも飛行機を使わない。二十代でこれだけの地域を動いているにもかかわらず、飛行機とはほとんど縁がなかった。どこを動くのも列車、船、バスでの移動を基本としたが、一度だけ例外的にインドでボンベイ（ムンバイ）からアハマダバードまで飛行機で往復したのは、下船日が限られたなかでの強行軍ゆえにであった。プロボクサーとして鍛えた強靭な肉体をもち、食事を一日一食に減らしたとしても、試合前の減量を思い出して凌ぐことができる強い精神力があってのことである。加えて地べたを這う感覚が土地への嗅覚となって身体に染みつく。

若者たちにとって一九六〇年代後半から一九七〇年代にかけての欧州行の定番は、シベリア鉄道経由の旅であった。ソ連がシベリア鉄道経由の欧州行のツアーをパッケージとして外国人旅行者に提供しはじめたのが一九六一年、片道で約九万円ほどである。日本からソ連へは、横浜からナホトカまで旅客船で二泊三日。ナホトカから列車でハバロフスクに向かい、そこでシベリア横断の列車に乗り換える。当時は軍港のウラジオストクが外国人立ち入り制限区域に指定されており、ウラジオストク始発のシベリア鉄道特急に乗れなかったという事情がある。一週間を列車で過ごしてモスクワに到着。最初の旅行ではここでレニングラード（現在のサンクトペテルブルク）行きの列車に乗り換えるが、その時間を利用して赤の広場などモスクワ市内を周遊することができた。レニングラードからはヘルシンキ行きの国際列車が出ており、これでめでたくソ連横断を終えて西側の国に出る。横浜を出てから十二日の行程であった。二回目の旅行ではモスクワから直接ウィーンに向かっている。このあたりの時間感覚は、朝鮮・満州経由という違いはあるが、前川國男らが東京からパリをめざしたときと変わらない。もっとも伯父が外務省高官だった前川がモスクワなどの日本大使館に迎えられての大名旅行であったのと較べると雲泥の差だ。

最初の欧州旅行が発見と感動の連続であったことは、安藤が発表したいろいろな手記からよくわかる。白夜に近いヘルシンキの町を歩きまわった話から始まり、スウェーデン、デンマーク、西ドイツと南下、その後方向を変えてハンブルクからベルリンに移動し、東独国境警備隊による検問の厳しさに驚く。さらにオランダ、ベルギーを経てフランスに入り、パリでは具体美術協会の紹介でピガール地区の日本人画家の家に寄宿し、市内をまわる。その後イタリア、スペイン、ギリシャと南欧圏をまわり、古典主義の建築群、古代ローマの遺跡、アクロポリスの景観に圧倒され、最後はマルセイユまで戻って帰りの船を待つ。この間、三ヵ月。一生のあいだで絶対に忘れない体験の日々であった。

地球の風景がそこにはあった。九日間におよぶ沿海州シベリア横断の間、いつ見ても変わらずありつづけた大地と森、七十五日間の航海で網膜に焼きつけられた大海原や水平線、トルコからインドに向かう七日間の「マジックバス」の旅で通り抜けた砂漠や峡谷、どれをとっても日本では体験できない究極の風景であり、個々の建築や都市はそのあいだに嵌めこまれていった。港町、遺跡、大聖堂、迷路の街並み、回教寺院、磨崖仏といったオブジェがスナップショットのように生起し、そこにパラディオやシンケル、ガウディやライト、カルロ・スカルパやハンス・ホラインといった建築家の作品が万華鏡のように入りこむ。「私は旅のなかで考え、成長してきた」とみずから認めるように、ジークフリート・ギーディオンの本ひとつで出ていった彼が、二十代を終わるころには身体のなかに古代から現代にいたる建築と空間がパノラマとなって宿っていた。どんなにたくさんの本を読むよりも豊かな体験が蓄積されたといってよい。

当時の日本では海外のモダニズムの建築などきちんと紹介されてはいなかった。ガイドブックがあるわけでもない。ル・コルビュジエとともに近代建築運動をリードしたスイス人建築史家ギーディオンの『空間・時間・建築』は翻訳されていて、安藤はそれを手にして旅立ったというから、逆にいえばそれ以外に役に立つ参考書がなかったということだろう。

ギーディオン的な近代建築のストーリーに対して、明らかに逸脱しているのはマルセイユの船待ちの間に偶然足を運んだ南仏セナンクのシトー会修道院の体験ではないだろうか。小さな石造りの建物で、ドラマティックな見せ場はない。誰もふれてこなかった建築である。ル・コルビュジエがラトゥーレット修道院を設計する際に同じシトー会のル・トロネ修道院にこもって想を練ったが、当時の安藤はそんな情報をもちあわせてはいないはずだ。だから、その後の安藤の建築がル・コルビュジエをはるかに飛び抜けてシトー会修道院を思わせる禁欲性と純粋性を帯びてくることを考えると、不思議なめぐりあわせとしか言いようがない。

建築物だけではない。社会の変化、思想の刷新も体験した。二回目の欧州旅行では、パリにて五月革命に遭遇し、異議申し立ての嵐によって古い体制が音を立てて崩れていくさまを目撃する。

五月革命における同世代の海外の建築家たちがどのような状況にあったかを調べてみるとおもしろい。同じプリツカー賞受賞者のクリスチャン・ド・ポルザンパルクは、そのころ毛沢東主義を奉じて五月革命の急先鋒にあり、ジャン・ヌーヴェルはまだボザールの学生で、師たるクロード・パラン＋ポール・ヴィリリオの事務所で働いていた。本人よりはヴィリリオのほうが五月革命にのめりこんでオデオン座の占拠をはかったというのには驚かされる。安藤としては、つねに物事の原点に立ち返って考えるこれらフランス人の思考法に大いに共感した。

日本建築に対する理解を深める

「旅に出て独りで歩くことが何よりも重要なのです」。近年になって安藤忠雄はこの言葉を繰り返し学生たちに投げかけている。自身の青年時代の旅を思い出し、人の力を当てにせず、ひとり黙々と地べたを這いまわった経験を反芻する。そもそも彼は群れることを好まない。相手が人であっても建築であっても、あるいは風景であっても、自我との間に強い緊張関係を結び、その関係から新たな境地をつくりあげていく。つまりは真剣勝負なのである。

日本の建築に対してもまっこうから向きあった。海外の旅に先立つ一九六三年のこと、自分なりの「卒業旅行」をみずからに課したことがその始まりであった。東海道新幹線ができる一年前、長距離バスのサービスもなく、ひたすら夜行列車や連絡船を乗り継いでの旅となる。安藤の手記ではこの件もよく参照され、大阪から船で四国へ渡った後、九州、中国、そして東北、北海道と全国をまわった話がさまざまな日本建築の思い出とともに語られている。今日ではなくなったが、以前の建築学科の学生は四年生になって日本建築の実地研修を目的とした学科主催のツアーをおこなうのがふつうだった。京大の友人に頼んで建築学科の教科書を入手し、片っ端から読破していった安藤であれば、自分なりのけじめとしての旅が必要だったにちがいない。関西という風土は京都を中心としてさまざまな寺社仏閣を擁し、それだけでも十分満足できるが、若き安藤にとってはそこから飛びだして日本を再発見することが重要であった。

その際、太田博太郎の『日本建築史序説』（彰国社）を片手に動きまわったというのがよい。日本建築史の教科書として当時の建築学科のほとんどの学生に読まれていた本で、一九四七年の初版から今日まで版を重ねている建築界の隠れたベストセラーである。徹底した実証主義を奉じて伊東忠太などの先輩の建築史家たちが陥った奇想の思考を批判し、日本の伝統建築にモダニズムの萌芽をみる太田の歴史観は、ある意味では健全な日本建築の流れを後押ししている。『日本建築史序説』は小本ながら日本建築の主要なトピックを押さえており、なかでも仏教建築に対する知見は当時としては斬新なものであった。後年、安藤は寺院の仕事を繰り返しおこなうとともに、万博などで日本の伝統様式の解釈を迫られることがあったが、そんなときに表出してくるのが原点としての太田の日本建築史である。宋から入った仏教様式に使われていた唐様《よう》、天竺様といった時代がかった言いまわしを禅宗様、大仏様と言いあらため、浄土寺浄土堂の意味づけをあらためておこなう。安っぽい日本趣味に陥ることなく独自の歴史観で伝統と対峙しえたのは、このころ培ったベーシックな日本建築理解があってのことだろう。

民家に対する見方も養った。飛驒高山、白川郷をまわり、人々が共同体とともにあり、講を通して民家を維持していることも知った。そしてその建築の力強さに感じ入った。そのころ民家研究といえば、太田博太郎の弟子である伊藤ていじが第一人者として知られていた。磯崎新の親友でもあり、二川幸夫の大著『日本の民家』のテキストを担当して民家の再評価を推し進めた建築史家である。この伊藤が後になって「住吉の長屋」を新聞紙上で褒めあげたのは、日本人の住まいに対する深い理解と憂慮があってのことだろう。

二十二歳の若者には理解をこえていたかもしれないが、安藤が訪れた建物は一九五〇年代に始まった「伝統論争」を引きずっていて、当時の第一線の建築家やジャーナリストの議論の的となっていた建築であった。丹下健三の香川県庁舎（一九五八）や広島平和記念資料館（一九五五）、白井晟一《せいいち》の親和銀行大波止《おおはと》支店（一九六三）などは、線の細い数寄屋的建築とは異なり、アルカイックで力強い「縄文的」な価値観の表出と位置づけられ、グローバルな近代建築のなかで日本建築の新しい方向性を示すものと評価されていた。個々の建築の意味づけはともかくとして、当時勃興しつつある日本のモダニズムの神髄にふれることができたという点で安藤にとっては大きな刺激であった。

この伝統論争がグローバルな文脈でなされたこともあって、日本のモダニズムの新たな局面を開いた反面、実証的な日本建築研究を飛びこしてややイデオロギッシュな日本建築理解を進めたという点で功罪相半ばする。伊勢の式年遷宮やタウト的な日光東照宮／桂離宮の見方が誇張され、海外の日本理解に悪しきバイアスをかけたことも指摘しておかなければならない。「日本の住宅が平均二十年の期間で建て替えられるのは伊勢神宮にならってのことである」といった類の日本論である。このバイアスが後年の外国人の安藤理解にも影響をおよぼし、常識的な日本人からみると的外れの安藤論がけっこう出てくるが、その点は後章で眺めることにする。

風土を知る

ここであらためて安藤忠雄の「大旅行」の意味を考えてみたい。こう問うてみたのは、安藤の旅がたんにひとりの若者が未来に向けて大きく羽ばたくきっかけをつくったということだけではなく、旅自体が安藤の創造の原動力となって近現代史のなかでの新たな価値観の形成に深く関わっているような気がするからである。わが国に即していうなら、明治以降の近代人が世界とどのように向きあい、自分自身のアイデンティティの形成を果たしていくとともに、日本の文化をグローバルなコンテキストのなかでどのように位置づけてきたかという点にほかならない。

対比すべきは和辻哲郎である。文明論としても彼の著作は読まれてきたが、同時に今日の環境哲学に対するベーシックな視座を提供したということで名著『風土』（一九三五）が果たした役割はきわめて大きい。

和辻哲郎が『風土』を記すきっかけとなったのは、昭和のはじめ、一九二七年二月から一九二八年七月にかけての欧州留学が下敷きとなっている。往復の船旅でそれぞれ五週間がとられているので、欧州滞在は正味十五ヵ月を切っている。基本は留学先のベルリンに滞在しており、ヨーロッパを広く動きまわったのは途中の三ヵ月あまりで、主としてイタリアめぐりに費やされた。その経験をもとに後年『イタリア古寺巡礼』(一九五〇)を著すことになる。船旅での欧州往復も世界の大きさを知るうえで大いに役立った。いな、それ以上に東南アジア、インド(セイロン)、中東の港町に上陸したことが異文化とじかにふれる機会となり、気候と人間性、そして芸術表現のあり方についての考察を組み立てる下地をつくったといってよい。

京都大学助教授の肩書で文部省派遣の官費留学に旅立った和辻と、アルバイトで蓄えたなけなしの資金で貧乏旅行を敢行した安藤とでは、そもそもの条件が異なっている。帰路、同じマルセイユから出航するといっても、スエズ運河経由の客船で一等船室を独り占めし贅沢な料理をあてがわれていた和辻と、喜望峰まわりの貨客船で

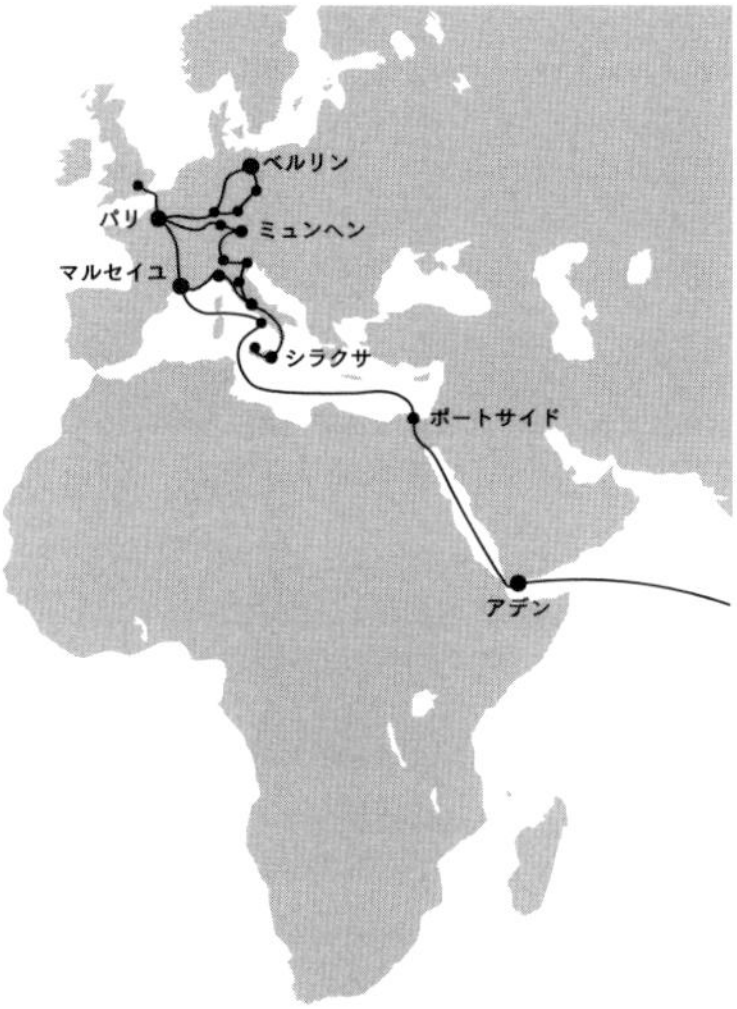

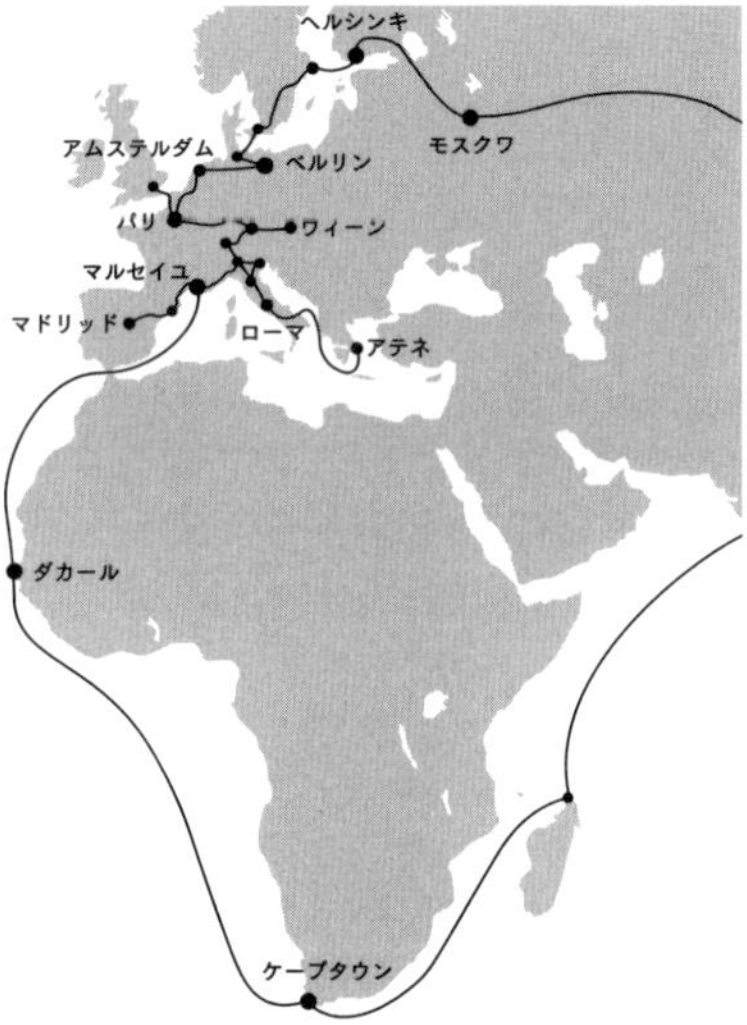

上・和辻哲郎の欧州旅行ルート(1927-1928)。往復ともスエズ運河経由の航路。下・安藤忠雄の欧州旅行ルート(1965)。往路シベリア鉄道、帰路アフリカ回りの航路。地図作成・大村高広

船底の八人部屋で蚕棚状態だった安藤とでは天と地ほどの差がある。後に東京大学教授になるとはいっても、このときの安藤は建築家志望の一介の青年にすぎない。和辻は三十七歳、すでにヨーロッパについては豊かな知識があり、東京美学校（現東京藝大）の田中豊蔵などドイツやフランスで彼を待ち受けている文化人も少なくない。安藤は二十四歳、わずかな書籍と雑誌から欧州の建築事情をかろうじて予習し、知りあいといえばグタイ関係のアーティストが何人かパリにいる程度だった。

それでも、このふたりがたどった軌跡をみるとかなり似通っているのに気がつく。古典時代やヨーロッパ美術に造詣の深い和辻は、ローマのパンテオン（古代ローマ）、ラヴェンナのサン・ヴィターレ（ビザンチン）、パリのノートルダム（ゴシック）など各時代の傑作に賛辞を惜しまない。そのうえでこうした文化を生みだした土壌と時代の精神にまでいたり、表現の形式がつくられていくプロセスを追体験しようとする。他方、和辻から遅れること約四十年、安藤の出発点はすでに隆盛していた近代建築にあり、とくにル・コルビュジエについては作品集を通してその建築をそらんじていた。その勢いでモダニズムの果たした役割を的確に見極め、さらに進んで過去のもつ重みを肌で感じることになる。パルテノンやサン・ピエトロといった建築、ミケランジェロやパラディオといった建築家とじかに対峙し、その圧倒的なパワーに身を任せた。

旅を通して思索するという点では両者は表と裏、あるいは陽と陰の関係にあるといえるのではないか。繊細さが高じたせいか、ベルリンでホームシックにかかりながらも欧州各地で主要な町、主要な建築を丹念に見てまわる和辻。かたやボクシングで鍛えた肉体を武器に町という町を歩きまわり、その印象をスケッチ帳に執拗に描きこんでいく安藤。長い船旅の途中でふたりは気候風土の異なる文化と人間を目のあたりにし、文明のなんたるかをあらためて問う。そして数ヵ月という期間の限られた旅を終え、ともに「見るべきものは見た」という思いに駆られるが、若い安藤は大阪に戻ってその経験を検証し、「ここだけは見ておきたい」と再度の旅に出立する。

もともとはドイツ観念論を足がかりにしていた和辻哲郎が旅を通して得たものは、それぞれの土地に流れる空気や湿り気の実感であり、身体を襲う寒気や熱気が人の生きざまに強く働きかけるという認識であった。家並みが密集し高い城壁で囲まれた町に争いをやめない人間の性《さが》を感じとり、シチリアのギリシャ神殿に石を完全征服して生命を吹きこむ古代人の叡智をみた。(1) その記憶を手がかりに帰国後すぐに雑誌連載を始め、「風土」という概念を世に問うのである。それに対して安藤の反応はより直接的だ。ドームから差しこむ光の束に歓喜し、地下深くに人を誘う暗闇の空間に身震いをする。ヴェネチアでは狭い路地を動きまわるなかで突然眼の前に広がる水の風景に驚き、静まり返ったアルハンブラの中庭で、陽光をキラキラと照り返す一条の水の流れにえもいわれぬ眩しさを感じとった。ともに鋭い身体感覚をもち、人間の五感と建築とがどのように関係しあい芸術表現へといたっているかを身をもって知ることになる。

和辻の欧州見聞を考えるにあたって伏線として知らなければならないのは、それに先立ってなされた『古寺巡礼』(一九一九)である。和辻二十九歳のときに訪れた奈良での仏寺や美術作品をめぐる紀行文で、ギリシャ、インド、中国を股にかけた壮大な仏教美術論が展開されている。当時さかんだったガンダーラ美術論の影響を強く受けていて、今日の研究レベルからは若干逸脱しているが、すぐれた眼力で個々の仏像を批評し、ユーラシア規模での文化の往来と混淆をその背景に見てとっていることは間違いない。そこで養った建築や美術に対する知見がヨーロッパ滞在に生かされており、その構図は安藤の「卒業旅行」と「大旅行」の関係に相似している。国内各地の寺社や民家、そして近代建築を見てまわっていなければ、ヨーロッパにてかくも密度の高い建築巡礼はできなかったにちがいない。しかも安藤の場合は大阪の長屋という原点があり、和辻とは違って地中海都市の圧縮された居住環境に妙に親しみを覚えていたはずだ。生活から考える建築という点に関しては、やはり安藤のほうが上である。

安藤忠雄、旅のスケッチ（ル・トロネの修道院、1982年）

第6章　幾何学と光

トラセ・レギュラトゥール

安藤忠雄の建築の特徴はその幾何学性にあるといわれる。正方形や円といった図形を多用し、先に示した城戸崎邸は幾何学への理解なしにはその空間を把握できない。日本では聞き慣れないが、ヨーロッパの建築家たちは日常的に「ジオメトリー」（＝幾何学）という言葉を使い、安藤の建築作品に対してもその観点から理解に努めようとしているようにみえる。ヨーロッパの長い建築の歴史からみれば安藤の方法はひどく彼らの心に訴えかけるのである。その意味を知るためにも、ここで安藤の空間と形態に関する考え方をひもといてみたい。

建築と幾何学との関係を論じた言説は、紀元前一世紀の建築家ウィトルウィウスによる『建築十書』にまでさかのぼる。建築の構成を規定するのが「シュンメトリア」と名づけられた比例関係にあるとして、ピタゴラスやプラトンなどギリシャの賢人たちの仕事を引いて図形の本質を論ずる。現代人がなんの疑いもなく使う直角や円についてもその作図法、たとえば各辺の比が3：4：5になるピタゴラスの三角形やコンパスの回転といった操作を介して理解しようとする。インドでゼロが発見されたのと同じくらいの意味がある。ヨーロッパではこのウィ

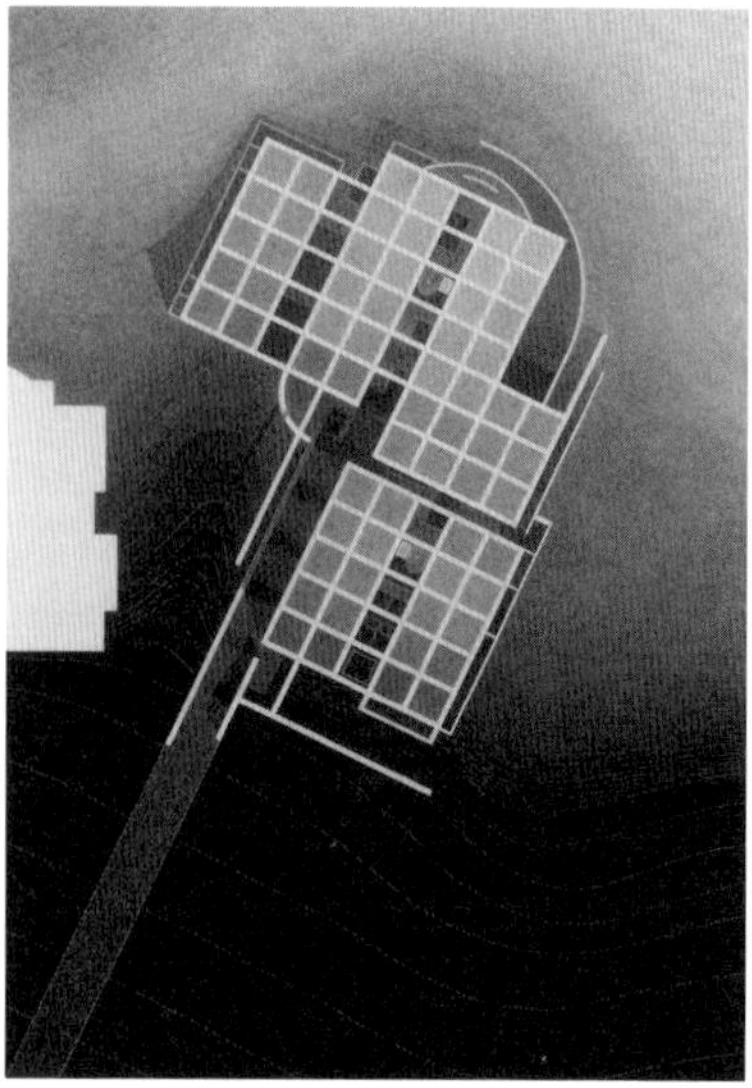

「六甲の集合住宅II」（神戸市、1993 年）平面図

トルウィウスを始まりとする幾何学的思考の積み重ねがあり、ルネサンス以降の古典主義者における建築理論は当然として、中世ゴシックの石工たちですらこの種のかたちに関する法則を陰に陽に使いこなしてきた。

建築家にとってのジオメトリー（幾何学）は、図形や空間を解析するだけでなく、かたちそのものを生みだしていく原理である。計算によって導かれる代数値で長さや大きさが決まるのではなく、あくまでも図形的に解かなければならない。基準とするのは伝統的に「身体尺」と呼ばれる人体から割りだした寸法体系で、ヤード・ポンド法や尺貫法もそれにあてはまる。その基準単位を十二分割なり六分割して細部を決めていくのはインチや尺がそうであることからわかるだろう。日本では畳が基準寸法となっていることを思い浮かべてみてもよい。

ル・コルビュジエはかたちを生成していくための原理として「トラセ・レギュラトゥール」という概念を提唱した。基準線あるいは基準図形ということになり、むろん彼以前から一般に使われている作図の考え方である。建築の平面や立面をデザインする際に三角形や円、あるいは分割線や円弧など何か基準となるものを置いて、そこからかたちとサイズを決めていくということを意味する。方眼紙のマス目を使って即物的にかたちをつくるのではなく、図形を介したダイナミックな動きのなかでかたちが生みだされていく、ということでもある。中世のキリスト教寺院は建物全体の立面や平面から個々の柱の詳細にいたるまでこの種の図形原理が働いていて、ル・コルビュジエならずとも多くの建築家や建築史家がその点を認めている。創造性という観点からみて重要なのは、それを瞬時に見極める直観力で、すぐれた建築家であれば頭のなかにただちに基準図形ができあがり、パンテオンなりノートルダムの空間にその原理を見いだしていく。自身の設計であれば、ある基準図形を定め、それをどんどんアップグレードして求めるかたちと空間に落ち着けていくのである。

この隠れた図形としての「トラセ・レギュラトゥール」があってこそ独自の美学がもたらされる。それらの線や図形は、かたちが最終的に定まった段階で必要がなくなり、姿を消してしまうが、それでも柱の分割や空間の比例というかたちで痕跡を残す。黄金比はその典型で、図形的には正五角形や五芒星から容易に求められるが、結果的にはほぼ 1 : 1.618 のプロポーションとなる。ギリシャの建築や彫刻がこの比例にもとづいているということで西洋美学の基本とみなされている。ル・コルビュジエはこの考えを発展させて「モデュロール」という概念をつくりだした。カニのハサミのように片腕をもちあげた人体像で知られる構図である。ロンシャン礼拝堂の開口の配置はこのモデュロールによって決められている。

むろん、この種の比例関係や図形はヨーロッパの専売特許というわけではなく、ペルシャからインド、そして中国、日本とアジアの国々でも連綿と受け継がれているのも事実だ。ただ、これらの地域では、宗教建築における神聖比例といった密教的な規範、あるいは工匠のあいだでの内輪の約束事とはなっていても、ヨーロッパのようなプラトン主義的な流れを受けつぐアカデミックな議論にはなっていない。そのせいか、大学でモダニズムの教育を受けた建築家がそのような隠れた規範を知らないといった落とし穴がある。日本でもそうである。一般に大学ではそのような内容は教えないし、教員でもそのあたりについて疎いケースが多々ある。その点、安藤忠雄は幸運であった。西澤文隆のような職人肌の建築家が京都の古建築の実測に安藤を誘い、徹底して寸法体系を教授する。「住吉の長屋」で使った天井高二二五〇ミリというのは人体に即した七尺五寸をメートル法に直した数字で、もとはといえば西澤の強い勧めがあった。

安藤忠雄に関してみれば、彼は間違いなくその種の直観的なひらめきをもった建築家である。

ジオメトリーの変化

長屋をモデルとした細長い箱は安藤にとってもっとも基本的なモデルである。これを範型として住宅を構想していた安藤がジオメトリーを大きく変化させるのは、一九七〇年代後半からの十年であろう。このころになって、ひとつは前に指摘したフレームが登場し、もうひとつは立方体による空間の定位がなされるようになる。

フレームは立体グリッドと言いかえてもよい。実際の構造的必然性にもとづくラーメン構造とは違って、コンセプチュアルな単位であり、同一の立体が三次元に自在に増殖することができる。後述する六甲の集合住宅はその考え方の応用として大変わかりやすい。もともと「コンセプチュアル・グリッド」の考え方は一九六〇年代に登場し、普遍性をあまねく示す幾何学的なツールとして用いられるようになった。観念の世界で自律的に展開するといった特質があり、イタリアのコンセプチュアルな建築家グループ、スーパースタジオの提案のように都市も田園もすべて延々と広がるグリッドの壁によって覆い尽くされていくドローイングが一世を風靡していた。一九六八年前後の異議申し立ての空気のなかで、むしろ「愛」という普遍的価値によって世界を救済する思想とみなされ、その点ではジョン・レノンに通じるなかば幻想的なビジョンとして受けとめられた。その動きを横目に見ながら、フレームの思想を立体格子として建築的に確立したのが磯崎新で、群馬県立美術館（一九七四）などのプロジェクトを通してフレームによる空間構成を大々的に提唱し、世界から注目を集めた。構造とか平面計画といった物理的・社会的ファクターをあえて斥け、形式そのものを自律させることにすべてを注ぎこんだ。地形や歴史的文脈からも建築を自由にし、黄金比の呪縛からも解き放たれなければならない。

安藤自身はアンテナを立てて世界の動向をキャッチするタイプの人間ではないが、磯崎の著作はよく読んでおり、オピニオンリーダーとしての磯崎の発言については間違いなく強く意識していた。彼がフレームによる空間構成を始めたのは群馬県立美術館の直後となり、時期的にみても磯崎の影響を排除することはできない。とはいえ、安藤のフレームは磯崎のような形而上学への傾斜にはいたらず、現実的な意味もそなえていた。安藤のフレームの考え方を究極的に示すのは、一九八〇年にシカゴ・トリビューン社コンペ（一九二二）へのオマージュとして制作された新たなシカゴ・トリビューン案ではないだろうか。六メートルを一辺とする立方体を単位として一律なフレームで構成され、地上一〇二メートルまで立ちのぼるその揺らぎのない形態に安藤の確固とした姿勢を見てとることができる。

このフレームへの傾斜が一方の方向とすると、もうひとつの方向はプライマリーな形態の徹底した採用であろう。正方形や円、そして立方体や円筒といった幾何学図形が大きな役割を果たすのである。プラトンの著作『ティマイオス』に記されていることから「プラトン的立体」と呼ばれる正多面体は立体幾何学の基礎図形であり、それらを下敷きにした思考は中世、ルネサンスとヨーロッパの地下水脈として連綿と受け継がれてきた。ル・コルビュジエもルイス・カーンも十六世紀のパラディオを介してプラトン主義を二十世紀に伝えている。

しかし、安藤の立ち位置は微妙に異なる。ル・コルビュジエがパリやアルジェのプロジェクトで既存の都市的文脈とはまったく関係のない新しい建築群を幾何学的に配列したのに対し、彼は土地や風景を重んじ、その重みを建築が引き受ける道を選んでいる。立方体や球体が建築的実体としてコアの意味をもつことは変わらないが、安藤は土地をまっさらにするのではなく、そうしたプライマリーな図形をどのように土地に定位させ、風景と合体させるかについて腐心する。そのための方法が、壁で囲む、長いアプローチによる回遊空間とセットにする、

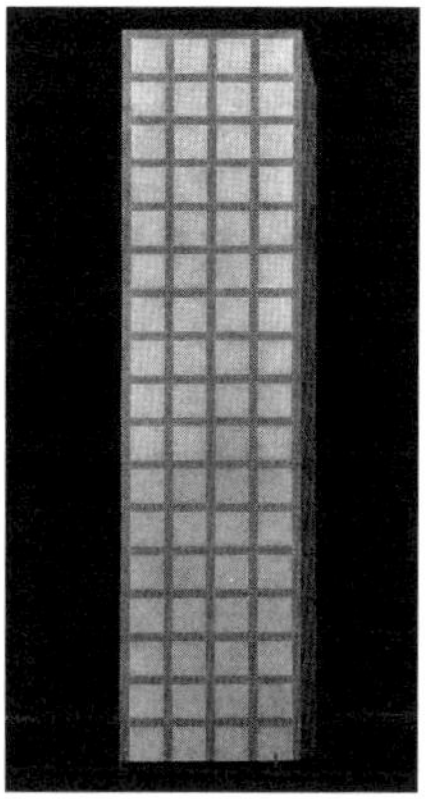
シカゴ・トリビューン
設計競技案（1980年）

地下に埋めこむ、とさまざまであり、そのダイナミックな空間構成が彼の建築の醍醐味でもある。まさにプラトン的立体と風土性の対立と融合が問われるのである。むずかしい課題で、最初のころは規模を抑えておそるおそる試みていたようだ。一九八〇年代後半にいくつもの住宅でその試みを実現する。先述の城戸崎邸、東京港区の佐々木邸（一九八六）、大阪富田林の吉田邸（一九八八）がその代表

だ。都会の風景のなかでいずれも住宅として限られた敷地のなかで外界との境界を明快にさせ、高い壁で囲むなど、立方体である主屋とのあいだに庭をつくり、ヴォイド（空洞）の緩衝空間で全体を制御する。小さいがゆえに緊張感のある空間構成だ。

やがてこの試みを大きなスケールが許される公共建築で全面展開するようになる。マッシブな立方体の操作がはっきりと見えてくる。姫路文学館（一九九一）に始まり、姫路市立の児童施設たる星の子館（一九九二）、高梁《たかはし》市成羽《なりわ》美術館（一九九四）、牧野富太郎展示室（一九九七）で幾何学的空間が周囲と溶けこんで風景化される。基本的な考え方は、まず敷地を決め、それに応じてジオメトリーを決めた後、周囲の環境との関係においてそれを操作していくというものである。

岡山県の山間部にある成羽美術館においては以下のように進められた。

何よりも敷地の選定が重要であった。前身となるのは、地元の画家で創設期の大原美術館の絵画購入に尽力した児島虎次郎のコレクションを収蔵展示するための美術館であったが、ふるさと創生事業を利用して古い建物を近現代美術館として建て替えるべく一九八〇年代の終わりにこのプロジェクトが始まった。クライアントであった成羽町（当時）は大原美術館館長の藤田慎一郎の紹介で安藤にめぐりあい、旧美術館の敷地を前提に新美術館の計画を進めていたが、実際に現地に赴いた安藤が山沿いの成羽藩陣屋跡こそ美術館にふさわしいと提言し、そのように敷地変更となった経緯がある。藩政期の石垣がきれいに残り、南側は急斜面となった鶴首山《かくしゅざん》の緑がそのまま借景となる。そこで描かれたのがコアとなる立方体とそこに貫入する折り曲げられた面（壁）であり、これがベーシックなジオメトリーとなった。土地と風景との関係でこの基本構図に変更が加えられ、立方体を一部フレームに変換し、さらにそのかたちを崩しずらしていく。山側は群生する常緑樹の斜面がいわば衝立のように建物に迫っており、打ち放しコンクリートの建物はそのなかで一幅の絵としてうまく収まりそうだ。そこで山と建物とのあいだに水面を設けて風景を写しこみ、視覚効果を二重三重に増幅する。立方体の内部においても中庭状の池が設けられ、そのスケール感からはっとするような驚きが室内にもたらされる。

立方体などのプライマリーな図形がそのままであれば幾何学の絶対性は揺らがないが、安藤はジオメトリーと風土性とのあいだで絶妙なバランスをとる。そのあたりにル・コルビュジエなどプラトン主義の末裔たちとの差が出てくる。敷地を読むというレベルをはるかにこえ、敷地の背後にある地形、文化、そして気脈のようなものを身体で感じとるのである。

円とシリンダー

ユークリッド幾何学の世界では、正方形と円がそれぞれ完璧な図形とみなされてきた。相互の同面積での置きかえを問う円積法の問題は近世を通して最大の幾何学的設問のひとつで、パラディオなど当時の建築家に強い影響を与えており、彼の最高傑作のひとつといわれるヴィチェンツァのヴィラ・ロトンダ（一五九一）はまさに円積法的主題に貫かれた建築といわれている。事実、外部の四角い形状と内部の円形広間とのとりあいがどこか解答不可能の問題を突きつけているようでもある。ル・コルビュジエはパリ郊外にサヴォワ邸（一九三一）を設計するにあたってこのヴィラを参照したが、平面形式を正方形に特化させ、円の問題は消えてしまった。ところが、安藤の場合は自身のジオメトリーをかたちづくるにあたって、ふたたび原点に戻って円と正方形の双方を使い分け、あるいは併存させている。とくに一九八〇年代後半以降、その点は顕著だ。

円を立体化すると、円柱（シリンダー）、円錐、球体など縦方向のとり方によって異なった立体となる。当初、安藤はコンクリートの壁をまわした円柱形にこだわった。円柱あるいは円筒はそのまま塔をイメージさせる。ヨーロッパであれば城郭の円塔（ドンジョン）、中央アジアのイスラーム寺院のミナレット、ペルシャではゾロアスター教の「沈黙の塔」などに祖形を見ることができ、いずれも石や煉瓦による組積造で、直線を基本単位とする木造ではなかなかこの種の例を見ない。上に向かって立ちあがる姿は宗教性を感得させ、立方体以上に強いシン

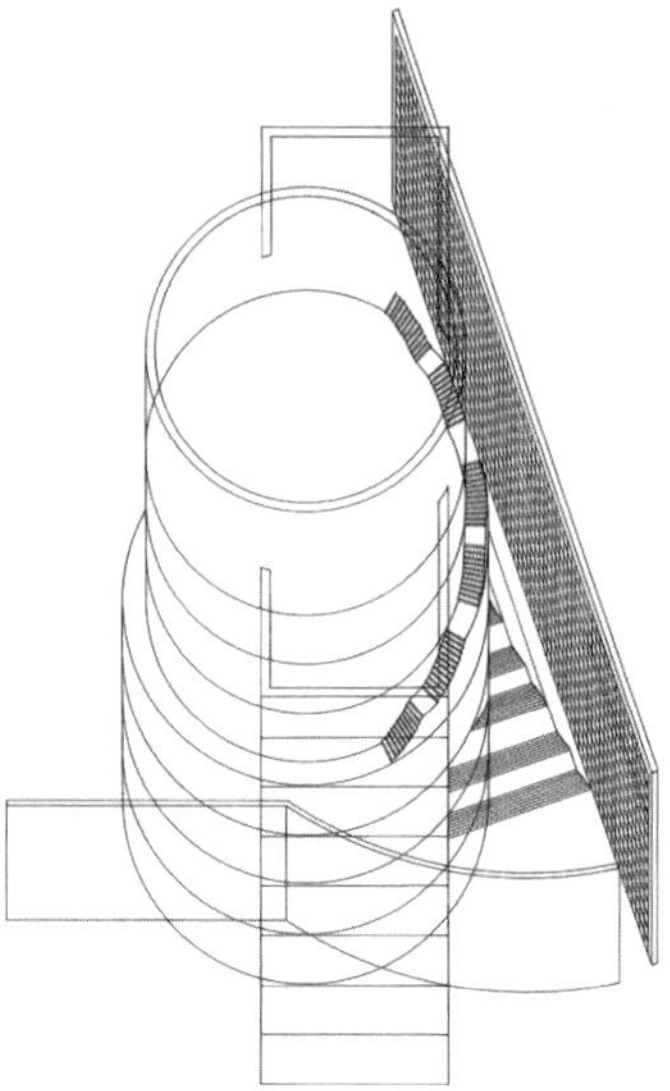

渋谷プロジェクト（1985年）
アクソノメトリック

ボリズムを有する。安藤は当初、曲面をできるだけ避けていたが、このころにはあえてこのかたちを導入し、空間の柔らかな連続性の表現に躊躇しなくなった。その嚆矢ともいえるのが未完に終わった渋谷プロジェクト（一九八五）である。

このプロジェクトは、東急不動産による渋谷宇田川町の商業施設として浜野商品研究所と共同で計画が始まり、パブリックスペースとしての地下利用を積極的に進める方向で案が進んだ。地上から地下二〇メートルへの大階段がしつらえられ、その先にシリンダーが立ちあがる。インドの階段井戸に想を得た地底降下の主題と、天上への上昇感をはらんだ円塔が共存するという、それまでにない大胆な案であり、安藤は地下に向かって層状に空間構成がなされるという意味でこれを「地層建築」と呼んだ。設計は順調に進み、確認申請もクリアしたが、クライアントの都合でとりやめとなる。

ひとつのモチーフがあらわれると、推敲を繰り返し、満足のいくまで発展させていく態度はどの建築家にも共通する。だが安藤の場合はスケッチを見てもわかるとおり、こだわりが人一倍強い。円筒形というプライマリーな形態に確信を抱いたのは一九八五年前後のようだが、そこからが正念場だ。仮設でつくったガラスのシリンダー、大阪の天王寺公園植物温室（一九八七）を皮切りにいくつかの試みをおこなうが、東京の都心の地下をうがつことが頭から離れない。そしてついに表参道の商業施設コレッツィオーネ（一九八九）で渋谷プロジェクトの雪辱を果たす。地層建築の考え方を推敲し、フレームによって全体のボリュームをつくるとともに、その内部に円塔がフレームに重なるかたちで立ちあがる。

ユネスコ瞑想空間（パリ、1995年）。「祈りの空間」内部を見上げる

この地層建築の行き着く先にあるのが、瀬戸内の直島で始められた福武書店によるベネッセハウス・ミュージアム（一九九二）である。盛りあがった丘の中腹に位置するということで、地形を利用して地下を切り開いていくことがごく自然にできる。エントランスからの長いアプローチの末に眼前に開く円筒形の大きなヴォイド。壁に沿って徐々に底に降下し、上から降り注ぐ光に身をさらすと、さながら沈黙の塔の底部に降り立ち、天上世界との合一に身を委ねた気持ちだ。畏怖の念に襲われ、そして神々しさが一面に漂う。美術館であるため、空間の自由度が増し、このような大胆な構成が可能となった。

円や多角形を平面とした空間は教会建築の分野では古来、集中式として知られている。中心性をもち放射状に空間が広がっている構図に、一点に集中した典礼や儀式の遂行が可能となり、巡礼教会や墓地聖堂に多く使われた。その考え方にのっとるのが、パリのユネスコに依頼された「ユネスコ瞑想空間」（一九九五）である。国際コンペの結果、マルセル・ブロイヤーの設計でつくられたユネスコ本部（一九五八）の五十周年記念事業として計画され、前庭に二枚のコンクリート壁の間に円筒を配するかたちで実現された。純粋幾何学とマッシブな素材、そして円環状のスリットから注ぎこむ光によって空間の純粋性を際立たせる。安藤にはユネスコでどうしても実現したいことがあった。あらゆる宗教をこえた祈りの場に、原爆で被爆した広島の石を広島市から譲り受けて敷きつめ、水を流すことである。懇意であった当時の広島市長平岡敬からヒロシマ・ストーンを寄贈してもらい、実現に漕ぎつける。

宗派を問わない神聖空間という意味では、ヒューストンにあるマーク・ロスコ作「ロスコ・チャペル」(一九七一)に対峙しうる。同じ瞑想のための場所とはいっても、ロスコは八角形平面に自身の抽象絵画をめぐらせるが、安藤は円形平面を採用し、絵画作品は置かないで純粋空間に来訪者の身体と感性を委ねた。モダニズムの文脈に乗りながら、西田幾多郎記念哲学館(二〇〇二)で試みることになる「空」の境地をここに現前させようとしたのである。

下町唐座と世界劇場　集中式の劇場

安藤の集中式の建築空間を論ずるにあたって、下町唐座(一九八七)についてふれておかなければならない。ちょうど城戸崎邸で新たな評判を呼んでいるころであるが、長いつきあいのある演出家の唐十郎から新たな公演のための仮設劇場の設計を依頼された。唐は新宿の花園神社を拠点として紅テントの演劇運動を推し進め、その過激な演出はしばしば警察沙汰を引き起こすほどのインパクトに溢れていた。しかし一九八〇年代に入ると活動がトーンダウンし、本人は小説に力点を置いてカニバリズムをテーマに一気に芥川賞受賞(一九八三)を果たしている。そのため、彼が主宰する状況劇場は一九八六年の「少女仮面」の公演を最後に解散となっていたが、しばしの沈黙の後、一九八八年に「下町唐座」と銘打って活動を再開する。そのときに全面協力したのが安藤忠雄であった。

この話は状況劇場の解散以前からあって、移動型の芝居小屋がほしいという唐の願いにプロデューサーの小池一子が乗り、それを安藤に依頼したという経緯がある。唐十郎のアイデアは「サーカス小屋のように、季節の代わりごとにふらりとやってきて（…）愛されるかどうかも分からない神出鬼没の装置」であり、それに対して安藤は「戦国時代の砦「烏城」のように非現代的で、非日常の建築の佇まいと、そして日本の伝統的な祝祭の美学にある、黒と赤を基調として鮮烈な色彩感覚」[1]でいこうと提案する。例によって安藤みずから場所探しをおこない、不忍池に浮かぶ劇場などいくつかの案が浮かんでは消え、最終的に浅草での興行ということで話がついた。

設計ができあがった段階で、敷地そして資金の問題で行き詰まる。それを覆したのがセゾン・グループの堤清二であった。二十年来のつきあいがあるということで智慧をめぐらせた結果、仙台でおこなわれる「未来の東北博」（一九八七）にて同グループのパビリオンとして「下町唐座セゾン海像儀館」を建て、博覧会終了後に解体して東京に移設する手筈となった。敷地も台東区が乗りだし、二ヵ月以内という条件ではあるが、区立の隅田川公園を提供する運びとなる。

下町唐座（台東区、1988 年）

こうしてできあがったのが、直径三四メートルの正十二角形の劇場で、六百席を擁する。建築工事の足場用パイプを用いて二十五日間で組み立てが終了した。出し物は「さすらいのジェニー」、唐本人を含めて緑魔子、石橋蓮司、柄本明といった一癖も二癖もある俳優たちが舞台を走り、池に見立てた水槽に飛びこむことになっていたが、実際に飛びこんだのは肉体派の唐だけで、後の俳優が続かない。安藤に言わせれば「せっかく池をつくったのに、飛びこむのを嫌がるなんて、唐座の連中も意外と軟弱なんやなあ」。四月の公演で、東京はまだまだ寒かった。

わが国における建築家と演劇グループとの関係はいろいろな例がありそうに思えるが、実際はそうでもない。例外的に早稲田小劇場（劇団ＳＣＯＴ）を率いる鈴木忠志が磯崎新とのあいだで演劇論を共有し劇場の設計を依頼しているくらいだ。磯崎はこの鈴木やシェークスピア学者の高橋康也らと長くつきあっており、演劇については一家言を有している。実際、鈴木のために富山県の利賀村に野外劇場（一九八二）や国際舞台芸術研究所（一九八八）を設計し、東京でもシェークスピアを模して東京グローブ座（一九八八）を完成させる。そのような例があるので、安藤の下町唐座は磯崎と対比して語られることが多いが、その設計コンセプトにおいては大きな違いがある。

下町唐座は仮設で「鳥城」のような佇まいとはいえ、構成はしっかりしていて典型的な集中式の建築を貫き、見たところは紅テントのビザンチン聖堂版といった雰囲気だ。それにとりつくのが太鼓橋で、実際に公演を見た建築史家の西和夫は「組み立て式仮設にした劇場へ反り橋を渡って観客を導き入れ、見事に「彼岸」へと観客を送り込んだ」(2)と安藤の橋がかりの仕掛けにエールを送る。おそらく安藤の頭にあったのは、同じ仮設の劇場として一九七九年から翌年にかけ、ヴェネチア・ビエンナーレの会場としてつくられた「世界劇場」ではないだろうか。アルド・ロッシの設計になる二百五十席の劇場で、艀上に組み立てられ海上を曳航できるようになっている。安藤も筏にして隅田川に浮かぶ案を出しているくらいで、かなり強く意識していたにちがいない。直方体の上に八角形の塔とドームを載せているが、カナル・グランデの先端にあるプンタ・デラ・ドガーナ（海の税関）に接岸して公演することを想定して、それと同じ球体を戴いたドームのデザインとなったようだ。構造は下町唐座と同じく工事現場用の鉄パイプで、それを木板で覆う。

「世界劇場」という名称は、視線の集中という意味での劇場＝解剖学教室を暗示したルネサンス的コスモロジー（宇宙観）を指し示し、シェークスピアのグローブ座（＝地球）に対応している。そのうえで「劇場とは建築が終わり、想像力の世界、はたまた不合理の世界が始まる場所」（ロッシ『学としての自伝』）と断じる。下町唐座の計画は安藤が立体図形のジオメトリーに舵を切った時期に対応し、その考え方を大胆に打ちだすことになるが、明快な幾何学性と劇場ならではの暗喩性が重なっている点で「世界劇場」と共通するところが多い。それに流転（さすらい）という仮象性、橋がかりというイニシエーションが加わって日本独特の芝居小屋に落ち着く。それから三十年を経て、安藤は奇しくもこのプンタ・デラ・ドガーナの全面的な改装をおこなうとともにパラッツォ・グラッシに隣接して劇場（テアトリーノ、二〇一三）を手がけることになり、イタリアの演劇世界に本格的に参入した。

降り注ぐ光

建築における光の役割については、古今東西、さまざまな建築家のあいだで議論され、また分析の対象にもなってきた。よく引き合いに出されるのがローマのパンテオンで、その塔頂に空いた穴（オクルス）から射しこむ光にえもいわれぬ興奮を覚えるという体験は、安藤忠雄ならずとも多くの建築家や芸術家が自伝に記している。アルド・ロッシ、スティーヴン・ホールと枚挙にいとまがない。ゴシック大聖堂の薔薇窓をめぐるスコラ哲学の議論、あるいは西方浄土の光をめぐる浄土教の教えなど、光の形而上学は古来、ひとつの学問として建築と同列に語られていた。

ただ、安藤は偉ぶらない。光のありがたさを知ったのは、薄暗い長屋に暮らしていた少年時代、増築工事で自宅の屋根が外されたときで、その瞬間、室内から眼にした空の青さが忘れられないという。そのころの室内の照明といえば、乳白色の電傘に六〇ワットの白熱電球が相場で、電気代節約のためにほんとうに暗くなってから電気をつけるといった毎日である。光とは人工の明かりであり、それ以上の何物でもなかった。谷崎潤一郎の説く陰翳礼讃の世界は、数寄屋とはいわなくとも和風の整った住まいがあってはじめて体験できるわけで、戦後の日本人の大半はそのような余裕もないまま毎日を送っていた。このような日常に浸っていた安藤が冒頭に述べた光の超越的な体験にいたるには、国内外でいくつものステップを経なければならない。光のありがたさを知るだけではなく、心に響く体験が必要であった。

彼が少年時代を送った一九五〇年代、日本の企業経営者や建築家たちは米国を訪れてニューヨークの夜景がきらきらと輝く光の渦に包まれているのに驚き、その輝きを日本にもたらすことを決意する。ル・コルビュジエのはじめてのニューヨーク体験（一九三五）と同じである。しかし、安藤の求めるのは人工照明ではない。B29の飛ばなくなった真夏の突き抜けるような真っ青な空、赤道直下の船上で全身に感じた痛みとしか言いようのない刺すような太陽光、そのような感覚が時間をかけてじわじわと彼の身体に沈殿し、二十代になるころにはより本能的な光の作用に身を震わすようになっていた。

光はときとして危険であり、殺意をもって人間に襲いかかる。「空から降ってくるきらめくような光の雨」のなかで眩しさに耐えきれずにアラブ人を殺してしまうアルジェリアの白人青年（カミュ『異邦人』）、大西洋の上を漂流する遭難者に容赦なく照りつけて全身を苛む太陽（ガルシア＝マルケス『ある遭難者の物語』）、南島で「あやしげな閃光、南から吹いてくる血なまぐさい飢え」に向かって出撃のときを待つ特攻隊長（島尾敏雄『出孤島記』）など光に突き動かされた人々の悲喜劇は永遠の文学的主題にもなっている。少なくとも若いころの安藤はこれと同じように衝動的に光を求め、光を遠ざけていた。こんな経験もある。白夜のフィンランドでは淡い光のなかに人っこひとりいない街の光景というデ・キリコ的な世界を垣間見、一週間のバス旅行の果てにたどりついた夜のイスタンブールで、モスクの丸屋根が月明かりに照らされて闇のなかに青白い球がふわふわと浮かんでいるような幻想的な風景に身を任せる。ヨーロッパから戻り、あらためて日本建築史のなんたるかを学ぶため、神戸から近い小野に足を延ばして浄土寺浄土堂を訪れたとき、蔀戸《しとみど》の向こうから斜めに射しこむ夕陽に輝く阿弥陀如来像の神々しい姿にはじめて西方浄土のなんたるかを悟った。

暗闇も必要だった。ル・コルビュジエが『東方への旅』で語るヴィラ・アドリアーナでの洞窟体験は、そのまま「幻影を見る囚人たち」というプラトンの洞窟の比喩を想起させ、プラトン主義者としての彼の立ち位置を物語るようでもある。だが、湿り気をはらんだ大阪の地は地中海とは決定的に違う。安藤が少年期に遊んだ今市の寶龍寺は夜半になるとクスノキの巨木の陰に漆黒の世界を写しだし、魑魅魍魎の跋扈する闇の空間に姿を変えていた。大阪の周囲に散らばる古代の墳丘の多くはいまなお宮内庁の管轄下にあり、深い樹林に覆われたいにしえの墓所は天皇制のもとに封印され、不可視の闇として人々の想像力を刺激する。

このような経験を踏まえてきた安藤の光の扱いは、まことに微妙で繊細である。芦屋奥池に完成した小篠邸を訪れたフランス人批評家のセルジュ・サラはその光景に感動し、谷崎潤一郎の『陰翳礼讃』にロラン・バルトの『表徴の帝国』を重ねあわせながら、こう論評する。

「室内に足を踏み入れる。壁が平行にいくつも重なり、投射される影に濃淡が生じる。壁は光を吸収し、外界の音が消滅する。固く押し黙った室内で時間が停止する。染み出る影は神秘をまとい沈黙の厚みと姿を変える。細長いスリットから流れ落ちる光が上澄みとなって純化され、部屋いっぱいを明るくすることなく壁に吸いこまれていく(3)」

光の現象学とでもいうべき光景である。こうした安藤の光へのコミットメントは、そのままかたちと空間の問題にたどりつく。安藤のジオメトリーの到達点はプライマリーな形態から、それらが変形し分散する構図となっている。散逸の構造、さもなければ星座もしくはコンステレーションとでも呼ぶべき構造にいたっている。プラトンの宇宙創成譚によれば、世界を構成する質量としての三角形が跋扈する世界である。それらの図形はスカイライトとして光の通過点となる。四半世紀あまりの長い時間をかけて紡いできた直島の一群の美術館とその付属施設がそのもっとも代表的な例となっている。

地中美術館（2004 年）三角コート

第7章　生まれ変わる商業施設

商業施設へのとりくみ

先にもみたように、安藤忠雄は商業施設に対して独特の勘があり、大阪人としての自負を含めてそれをみずからのもって生まれた資質と認めている。安藤忠雄の人となり、そして作品の特質を知るためには、この部分をきちんと押さえておかないと事の本質を見失う可能性がある。モダニストのあいだでは、商業施設は流行におもねって変化が激しいということで、公共施設に対して一段下にみられがちであった。ル・コルビュジエやミース・ファン・デル・ローエ、そして丹下健三などは手を染めていない。しかし商業空間こそ都市性をあらわすには必須の建築と考えた安藤は、ショッピングセンターやファッションモールなどを新たに開拓すべき領域として果敢にとりくんでいた。

安藤の伝記類にはふれられていないが、彼はけっこう早い段階から専門誌に商業施設の作品を掲載している。「Japan Interior Design」誌の常連となっているところからみると、当初はインテリアデザイナー扱いであった。梅田地下街のカフェなど小品ながら毎月のように誌面をにぎわせていたが、心のどこかでわだかまりを感じていた。

やがて彼はそのわだかまりを「不協和音」と言いあらわすようになり、それを逆手にとってデザインの原理となしていく。

「ぼくは都市のなかで建築や環境をつくるときには、一つずつ不協和音を投げかけていきたい。（…）不協和音というのは、都市全体に対して根本的に思考を迫るような、文化と歴史とか地域性とか人間性とか、あらゆることに対する問題を提起していくような建築（…）不協和音を投げかけることによって、街はもう少しおもしろくなっていくのではないか」(1)

弟の北山孝雄の存在は大きい。彼は一九六〇年代半ばから浜野安宏の設立した浜野商品研究所に加わり、さまざまな商品プロデュースや店舗企画に建築家としての忠雄の参画を求める。大阪以上に神戸の仕事が多かった。神戸は、当時、宮崎辰雄市長の下で「株式会社神戸市」といわれるほどに大規模な都市開発を推し進め、沖合を埋め立てた新しい臨海部の計画で全国から注目を集めていた。そのひとつ、ポートアイランドは大型コンテナ埠頭として埋め立て整備される人工島に都市機能を併設させるものであるが、そのマスタープランをプランナーの水谷穎介が担当したこともあり、安藤は計画の詳細について当初からくわしかった。浜野商品研究所はその一画にファッション街区（一九七三）の構想を打ちあげ、その際、安藤にそのデザインを依頼してきたのは必然の成り行きといえるだろう。

ファッション街区とは、ポートアイランドの南端に設けられるコンベンション機能をともなったアパレルや洋服、靴などファッション産業のためのコンプレックスである。神戸では全就業者の二割がこの分野に集中しており、業界をあげて臨海部にひとつの街をつくり、新たな神戸の顔となすことを目的とした。そこで提案されたのは、三宮につながる軸線、立体的な広場、階段やデッキ、セットバックする建築、交差するブリッジなど最新の欧米の再開発事例を参照したさまざまな空間ボキャブラリーを駆使し、エキゾティックで若者が集まる緑溢れた街の見取り図である。この提案書を受けとった神戸市は、同年「ファッション都市宣言」（一九七三）を未来にむけてのマニフェストとして発表するが、提案書自体はお蔵入りとなってしまう。ただ、ここでおこなったさまざまな作業、そして最先端のファッションのコンセプトが浜野や北山、そして安藤のその後の神戸での仕事のベースとなったということで、この構想のおよぼした影響は見逃せない。

ローズガーデンが街を変えた

「住吉の長屋」竣工の翌年、一九七七年春に安藤の卓越したデザイン力を示すもうひとつの建築作品が完成する。神戸の北野地区に建つ商業コンプレックス、ローズガーデンである。緩斜面に位置し、道沿いに煉瓦壁を見せる地下一階地上三階建ての複合ビルで、中庭を介してスキップフロアになったふたつの棟が向かいあっているのが特徴である。敷地規模としては百二十坪あまり（四二〇平方メートル）なので小規模なプロジェクトだが、そのインパクトは日本全土におよぶ。

このビルが話題となったのには理由がある。神戸の北野地区はいまでこそ異人館が並ぶ観光地として知られているが、当時は街並みの劣化がひどく、ラブホテルや安っぽいマンションが並んで商業地には向かないどころか、女性の独り歩きも危険だといわれるほどになっていた。しかし、明治から昭和はじめにかけて高級住宅地として開発され、数多くの外国人の住んだ異人館はそれなりの歴史的資産となっているので、観光地としてのポテンシャルがある。浜野安宏はそんな見立てをして、この場所を対象としたファッション街区のコンセプトを打ちあげる。いわく「裏道の人々の生活に近いところで展開する住宅街近接型の商業施設」があってこそ北野地区は生まれ変わる。このあたりは丘の中腹にあって海への眺望もいいところだった。むかしの宅地割がそのまま残り、百―百五十坪の面積で土地が切り分けられている。

プロジェクトの背景にはいかにも神戸らしく、華僑系の動きがあった。神戸華僑総会の会長を務める有力者林同春を通し、娘夫婦をクライアントとして紹介された浜野は即座にこのアイデアを実施に移す。建築はもちろん

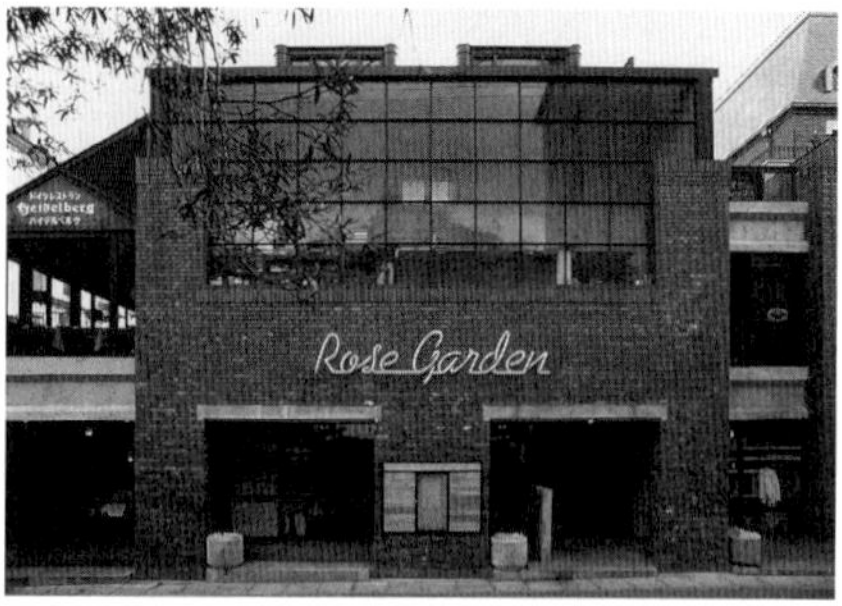

ローズガーデン（神戸市、1977 年）

安藤が担当する。その時点で施主、プロデューサー、建築家はいずれも三十代前半、何よりも勢いがあった。公共にまかせてもいいものはできないし、そもそもスピード感が違う。民間が智慧を出しあい、新たなビジネスモデルをつくって傷んだ街並みを高品位の建築につくりかえることが界隈のにぎわいを創出する最良の道だ。容積率は二〇〇パーセントしかないので、小さな敷地では大きな床面積は得られない。いかにコンパクトにデザインするかが勝負であった。

新しい施設にはテナントとして最先端のブランドを集め、その集中度と発信力によって付加価値を高めることが求められた。何年か前に東京のパルコが展開を始めた新しい業態で、それを資本のバックのない神戸のすたれた街並みでおこなおうというのだから、相応の戦略と腕力が必要である。林同春の娘婿、若山晴洋がビル会社を立ちあげその社長に就くが、彼のとった方針はいわゆるテナントの回転率で稼ぐ方式ではなく、文化性を基軸とした新しいビジネス・スキームで、もともとは安藤が提案したものだ。事業費はテナントが支払う権利金をベースとして捻出する方式とする。権利金は坪百万円、家賃を坪一万円と高く設定しており、それでおよそ坪六十万円に抑えた建設費は十分に賄える計算だ。そのためにも筋のいいテナントを集めなければならない。最終的にイッセイ・ミヤケ、コム・デ・ギャルソンなど二十七の最新ブランドが集まった。

設計者の責任は重大である。安藤にとって神戸は小さいころからの憧れの場所でもあった。小学校の遠足で神戸まで足を延ばすことがあったが、そのとき感じた「なんてハイカラな町なんや、住んでいる人が違う」という印象をもちつづけ、神戸の水谷頴介のもとで働いていた数年間は神戸通いが楽しくてたまらなかった。当然ながら「エレベーターのついた四角いビル」は避け、この土地に合ったデザインをねらうが、ふつうの店舗では新しいコンセプトは出せない。しかも建築史家で神戸の歴史的建造物にくわしい神戸大学教授の坂本勝比古からは、異人館の醸しだすエキゾティックな雰囲気を壊さないよう求められる。歴史地区、風景、そして人が集まる場所。この条件をかなえるために安藤が採った方法はすこぶるシンプルであった。敷地をふたつの平行な煉瓦壁で区切り、それを環境装置としてそのあいだに店舗空間を展開させる、というやり方である。ここでは打ち放しコンクリートを表に出さず、歴史的コンテキストにのっとった煉瓦壁に強い意味を与える。

この建築に足を運んだ西澤文隆は、煉瓦壁を見て以下のようなコメントを発している。

「この煉瓦壁はイギリス積みで正式に積みあげたように見えるが、うすいコンクリートの壁に両側から奥行半分の煉瓦を積みあげたものである。(…)発想としては東西端の位置に何枚かの壁を南北方向に建て、これらの壁の間にRC打ち放しの梁を架け渡し、梁下を自由にし、ガラスを入れて東西を遮断して南北をフルオープンにして海に向かって開き、南北に風の吹き通るような感じに仕上げる(2)」

煉瓦造は欧米ではどこにでもある構法だが、日本では関東大震災で煉瓦造の建造物の倒壊がめだったことで、その後建設が禁止されてしまった。そのため、明治・大正期の歴史的建造物のリノベーションを除いて建築家が煉瓦を扱う機会はあまりない。むろん、煉瓦タイルは見栄えがいいということであちこちに使われていたが、所詮はタイルで、表面仕上げに限られる。架構として煉瓦を用いるのであれば、その積み方が重要であり、安藤はイギリス積みと呼ばれる小口と長手を段ごとに交互に置く方式でこれを処理している。ただし煉瓦で構造壁をつくることは法規上許されないので、構造体はコンクリートにしてその裏表を煉瓦面とする。加えて煉瓦壁に開けられた開口にコンクリートの楣《まぐさ》石を入れているため、デザイン的にも洗練され、見て美しい。西澤は安藤のこうしたディテールの扱いにみられる本物感を褒めているのだが、その裏には二年前に竣工して評判となった東京のフロムファーストビルが煉瓦タイルの嘘っぽさを払拭しきれていないとの思いがある。

ローズガーデン内に店舗を構えるテナントは独自にインテリアデザインをおこなっている。たとえばイッセイ・ミヤケは倉俣史朗に依頼して、アルミ板の壁にガラスの大判という近未来的なデザインをおこない、ヨーガン・レールは黒川雅之によるしっとりとした集成材のディスプレー・ステージをつくる。それぞれの店舗がファッショナブルで最先端のデザインとなり、それだけでも多くの顧客の心を沸き立たせる。しかも同年秋には、北野で成功したドイツ人パン職人をモデルとしてＮＨＫの朝ドラ「風見鶏」が始まり、それが全国のファンを北野に惹きつけた。

まちづくりのわかる施主との出会い

ローズガーデンを手がけて以来、北野地区は安藤にとって特別の思い出の場所となっている。この建物を皮切りに十年の間で続々と商業施設を完成させる。北野アイビーコート（一九八一）など八件の商業施設や住宅を扱うことになったからである。

ローズガーデンのオープンから半年後には、安藤はそこから敷地ひとつぶんを置いてもうひとつの商業コンプレックス、北野アレイ（一九七七）を完成させる。こちらは間口が狭く、奥で広がる敷地なので、表からめだったサインを打ちだすことができなかったが、そのぶん奥に入っていくと上下左右に小道（アレイ）が展開するかたちとした。狭い敷地ながら幾何学立体を相互貫入させることでそれが可能になる。こちらのクライアントは不動産会社の甲陽で、オーナーは元住友信託銀行のトップで西宮一帯の大地主、芝川家の婿養子となった芝川敦であった。翌年には、西宮に安藤設計で甲東アレイ（一九七八）をオープンさせた。

林同春はローズガーデンの成功をみて、今度は自邸に併設した商業施設の設計を安藤に依頼した。彼の名前をとって「リンズ・ギャラリー」（一九八一）と名づけられる。林は福建省の出身で、昭和のはじめに先に日本に出稼ぎに来ていた父親を追って一家で神戸にやってくる。三宮のガード下で衣類の露店売りをしながら小金を貯め、それを元手に貿易や不動産に乗りだすという立身出世の人生を送っていた。優しい笑みを絶やさない林同春は神戸の華僑社会で相互扶助と信用で人望を築き、華僑総会の副会長、会長を歴任する。中国や東南アジアとのビジネスを手がける一方、神戸で手堅く不動産業を営んでいた。

華僑社会としても北野の保全に力を尽くしている。神戸華僑総会が異人館のなかでも規模の大きな旧ゲンセン邸（一九〇九）を購入し、華僑総会の本部として用いるようになる。「われわれは親や祖先の恩があるから、祖先の築いたものはより以上に大切にするという華僑の精神」[3]からそうしたという。木造二階建ての洋館だが、敷地を囲むイギリス積みの煉瓦壁がローズガーデンに参照されている。異文化の香りに満ち溢れたこのエリアを一族の新たな住処とみなす林にとって、街を活性化させきれいにすることはきわめて当然の仕事であった。華僑としてのアイデンティティを保持するうえでもこのエリアの維持は重要である。二〇〇九年十一月に林同春が八十五歳で世を去ったとき、安藤はまっさきに山手の関帝廟でおこなわれた葬儀に駆けつけた。

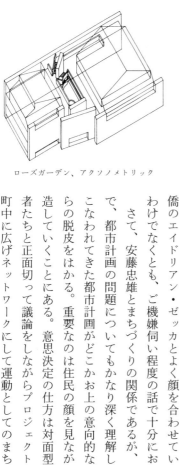

人とのつきあいを大事にし、無駄を省く華僑的合理主義と安藤言うところの大阪的合理主義とは相性がよく、そのため多くの華僑系の実業家と親交を結ぶことになるが、近年はアマン・グループの総帥でインドネシア系華僑のエイドリアン・ゼッカとよく顔を合わせている。とくに仕事をするというわけでなくとも、ご機嫌伺い程度の話で十分におたがいがわかりあえるという。

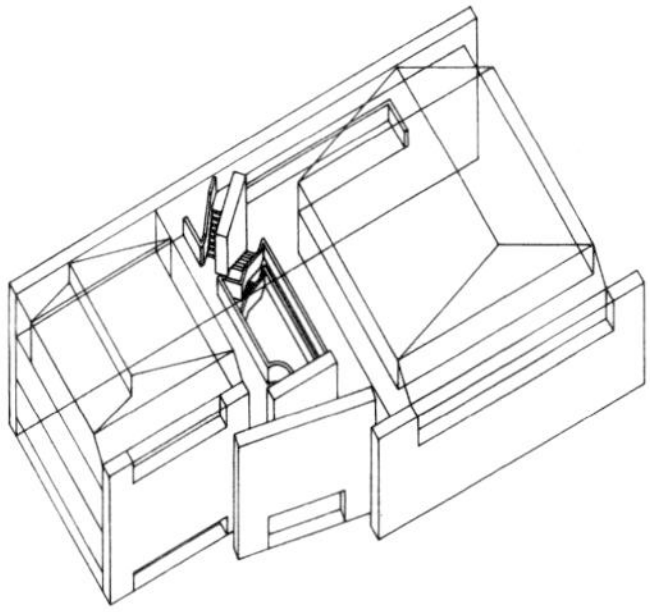

ローズガーデン、アクソノメトリック

さて、安藤忠雄とまちづくりの関係であるが、彼は水谷頴介の下で働くことで、都市計画の問題についてもかなり深く理解していたようだ。官庁主導でおこなわれてきた都市計画がどこかお上の意向的な威圧感があるとして、そこからの脱皮をはかる。重要なのは住民の顔を見ながら等身大のスケールで町を創造していくことにある。意思決定の仕方は対面型とでもいうべきもので、地権者たちと正面切って議論をしながらプロジェクトの諸否を問い、小規模開発を町中に広げネットワークにして運動としてのまちづくりをおこなっていく。彼

ゲストハウス OLD/NEW 六甲（神戸市、1986 年）。
撮影・大橋富夫

の本気度に共感してくれる人も多く、「関西にはまだそれをわかってくれる施主との出会いがある」と安藤みずからが認めている。安藤と地権者たちがたんなる建築家と施主の関係をこえて対等な立場で物事を解決していくのである。しかも大阪弁はコミュニケーションのツールとしては抜群の力を発揮し、疲れを知らずに喋りつづける安藤に誰しもが好感を抱いていた。

北野のまちづくりに対しては、まだ半ばの、四棟が完成した段階で第三十六回神戸新聞平和賞（一九八二）が授与される。地元出資の商業施設でありながら共有感覚に支えられた公共的な空間をつくり、同時に北野の街並みの歴史や土地の記憶についてきちんと未来に継承する役割を果たしたと評価された。ローカルな賞であるが、地元が喜んだことが何よりもうれしい話である。

阪神間ではさらなる仕事が待っていた。なかでも注目されるのが阪急の六甲駅に近い斜面地につくられたカフェバー「OLD/NEW」（一九八六）である。レストラン・カフェが入った複合商業施設で、こちらは北野とは異なった空間デザインで勝負した。セゾン・グループによる環境に見合った食文化の展開ということで企画が練られ、高台に位置するこの場所が選ばれた。四つのレストラン・カフェ・バーのスペースを収め、二階は緩曲面を描くヴォールトとなって全体に大変スマートなデザインとなる。インテリアは飯島直樹やスーパーポテト（杉本貴志）が入り、田中一光によるグラフィックのデザイン計画と、セゾン・グループが大切にしてきたデザイナー・ネットワークをそのまま導入している。

この「OLD/NEW」の計画では、安藤が心に温めている樹木の保存と涵養というテーマが大きく出た。敷地内にあった三本のクスノキは神戸住吉の松村邸と同様に積極的に保存する。それだけでなかった。敷地の隣は神戸大学のキャンパスであったが、すぐ横に戦後間もないバラックとしか言いようのない建物があって、いかにも見苦しい。そこで神戸大学に乗りこんで、「この建物、隣近所として迷惑や、大学としてきちんと責任をとらなあかんで」とばかりにその景観に始末をつけさせた。建物を壊すわけにはいかなかったので、手前に植樹してそれを遮断することを提案する。安藤の「余計なお世話」だが、瓢箪から駒で、この環境改善の努力は神戸大学内からも評価された。公的機関が醜悪な建造物や景観を周囲に晒すこと自体が罪であるとの明快なメッセージである。

高松での試み

神戸に限らないが、一九九〇年代初頭までは日本の地方都市は元気であった。今日のような少子高齢化といった問題は存在せず、右肩上がりの成長はまだまだ続き、誰も都市の凋落などは考えていなかった。北野で斬新な都市づくりのアイデアを出し、それを実現した浜野商品研究所の評判は全国に伝わり、新時代のデザイン志向のまちづくりを求めていろいろなオファーが来る。そのひとつが香川県高松の計画であった。

当時、岡山県と香川県の間で本四架橋（本州四国連絡橋、通称・瀬戸大橋）の工事が始まり、十年後には橋ができて、さまざまな経済効果がもたらされるとの期待が高まっていた。そのような空気のなか高松の中心街でひとりの事業主が声をあげた。逸見《へんみ》康雄、地元高松市の丸亀町の老舗で、先代からのオートクチュールの逸見洋装店を改め、いまやアパレル新時代を見越して新たな事業展開にとりくむ。江戸期から店を構えてきた土地を再開発し、斬新なショッピング施設にしようとするものである。

規模からいえばローズガーデンと同じく百四十坪ほど（四六六平方メートル）の小さな土地にすぎないが、アーケードに面した中心街の立地で、扱い方によっては大きな集客装置になりうる。商業地域の指定がかかっているので容積率は五〇〇パーセントと余裕があり、床面積は大きくとれる。だが、建蔽率が八〇パーセントで土地の二割は外部空間としなければならない。そこで考えたのが、全体は五メートルを単位としたフレームで覆ってそのまんなかを切り開いてオープンスペースとなし、そこに大階段を配して地上四階まで立ちあがる、という構図

STEP（高松市、1980年）

である。往来がそのまま建築内部に吸いこまれ、連続する階段で上に上がるということで、建物の名称は「STEP」（一九八〇）とした。

ここでも北野と同じく「並行するふたつの壁」の原理を用い、壁がシンボリックな意味でも外に対する自己表現となる。打ち放しコンクリートは避け、炻器質タイルの壁、黒御影の床として硬質感を出す。地域における新しいショッピングエリアの発見と開発をおこない、近接型の小規模開発のメリットを最大限生かそうとした。ビル内には神戸と同じくテナントを集め（十九店舗）、イッセイ・スポーツ、ヨーガン・レールなどが入居する。インテリアについても倉俣史朗（モード・エ・ジャコモ・バイ・ハマノ）、黒川雅之（ヨーガン・レール）、三橋いく代（イッセイ・スポーツ）と、これまた第一線のデザイナーの参加を依頼した。

逸見洋装店改め、株式会社ヘンミは一躍高松のブランドショップとして注目を集め、丸亀町に多くの若者を引き寄せる。街歩きという意味でも中心街の活性化に一役買う。一九八八年には本四架橋が完成するが、逆に四国の交通網は高松から西に移り、思ったほどの経済効果はない。それから数年で日本経済全体がバブル破綻を迎え、体力の弱い地方都市はその余波を一気に受けることになった。売り上げの減少、テナントの撤退が続いた。そこでヘンミは業態の変更をはかり、安藤忠雄によるセゾン・グループ、堤清二への働きかけもあって無印良品の香川県での販売権を獲得し、フランチャイズ展開していくことになる。これが功を奏し、その後高知県、愛媛県、島根県にも店舗を広げたが、逸見康雄は地元丸亀町の商店街の活性化をはかるべく本社ビルの建て替えを決意する。二〇〇六年、旧STEPは解体され、再度の安藤の設計によって新STEPが完成する。

沖縄の穴あきブロック　那覇のフェスティバル

沖縄那覇の中心部に計画されたフェスティバル（一九八四）も、この時期の安藤の商業施設の考え方をあらわすうえで必ずや参照される事例である。規模においてもその業態においても、それまでの商業施設とは一線を画し、ほとんど百貨店のスケールである。

沖縄は一九七二年に本土復帰を果たし、それ以降、那覇の都市開発が進むことになる。沖縄戦で徹底的に破壊された街並みも徐々に復興してきたが、本土のように高度成長の恩恵を受けるわけでもなく、三十万人都市のわりには雑然としたままで、そのなかに沖縄三越、ダイエー那覇店などいくつかの大型店舗が地域住民の用に供されていた。いずれも那覇のメインストリートたる国際通りに沿っていた。

こうした街並みにより人間的な魅力を与え、同時に商業的ポテンシャルを高めることを目的として、「フェスティバル」の計画は一九八〇年に始まった。クライアントとして開発事業をおこなうのは沖縄サンライズ開発、地元の不動産開発会社である。国際通りの中ほどに大型ショッピング施設を計画するということで、浜野商品研究所にプロデュースを委託し、そこで安藤の設計が決まった。浜野に言わせると研究所開設以来の経験の集大成としてこのプロジェクトにあたるということで、規模も地上八階、地下一階、敷地面積は一六〇〇平方メートルあまり、延床面積八〇〇〇平方メートル弱、とデパートと並ぶ最大規模の商業施設である。

地元の設計事務所、国建《くにけん》の社長（大濱博貞）がサンライズ開発の役員をしていたこともあって、同事務所が沖縄側の共同設計者として参加した。安藤は国建のスタッフと沖縄内をまわり、花ブロックを発見する。戦後、米軍が住宅や施設を建設するにあたってブロック造を推奨し、そのために採光性の高い穴あきブロックが生産されるようになった。沖縄の強い日差しを調整し、また見た日にも美しいパターンをなすように花のかたちを多用したので花ブロックの名が与えられている。「これ使ったら繊細な光の扱いができそうやな」と直感した安藤は早速このブロックを用いたデザインにとりかかる。

フェスティバル（那覇市、1984 年）

強い幾何学性が必要であった。雑然とした街並みに対抗するかのように、整然としたコンクリートの均等フレームを導入し、そのフレーム自体を一辺三六メートルの立方体となす。フレームのあいだは型枠ブロックと花ブロックの双方で埋めていく、いずれも二〇センチ角で、縦横九個ずつの正方形を一単位とする。基本コンセプトは、沖縄ならではの風土がそのまま立体的に表現されるというもので、刻々と移り変わる光と風が身体で感じられるものとしたい。全体の枠組みをつくるコンクリートは冷たいオブジェではなく、そのあいだに組まれた花ブロックの面を通して射しこむ光、透過する風といった自然の要素が満ち溢れる場に仕立てあげる。地上レベルまで吹き抜けた大空間に光の井戸を感じ、生命の息吹を伝える。空調は入れない。沖縄の建築家、末吉栄三はこの建物を訪れて「コンクリート打ち放しのフレームがつくる堅固な秩序とは対照的に、日常に関わりながら皮膚感覚に訴えて部分をさまざまに演出していくのがコンクリートブロックである」[4]と説明する。

このようにできあがったフェスティバルは、従来の商業空間の考え方を逸脱し、いわば野外の立体市場空間と位置づけられ、南国の空気感を味わいながらのオープンスペースとなる。さらにガジュマルの扱いが絶妙だった。南西諸島固有のガジュマルは傘のように横に広がり枝や根が複雑に絡まり、その奇怪な姿から霊力を宿した樹として崇敬されている。その樹を上階に植え建物全体をその木陰に入れこむアイデアを打ちあげた。市内でイメージに合う樹種を見つけ、それを深夜のうちに建物内に移植する。残された安藤のスケッチにはフレームの幾何学性を突き抜けて繁茂する三本のガジュマルをていねいに描いたものがあり、当初のイメージの強さを物語っている。

このフェスティバルには六十八店舗が入り、オープン当初、毎日のように多くの人でにぎわっていた。だが、一九九〇年代に入ると大型スーパーが町のまわりに進出し、逆に国際通りは観光スポットとはなるものの、地元の客足が落ちていく。結局、一九九六年にOPAグループに営業委託をして業態を変える。このころから国際通りの百貨店が次々に撤退を始め、沖縄OPAもついに閉店、二〇一三年になって建物をドンキホーテに譲り渡す。「驚安」が売りのディスカウントストアにとっては、台湾・中国からのインバウンド観光客向けの大容量の圧縮陳列ができるというメリットがあり、安い買い物だったという。村野藤吾の傑作といわれた東京の有楽町そごう百貨店（読売会館、一九五七）が二〇〇〇年にビックカメラに委譲されたのと同様の経緯である。時代は変わってしまった。

せせらぎを横に感じる空間　京都TIME'S

安藤忠雄の商業施設のなかでもっとも洗練され、もっともチャーミングとの評価を受けているのは、京都三条のTIME'S（一九八四）だろう。大阪人安藤にとって京都は敷居が高い。住宅をいくつか手がけ、小規模なミュージアムはつくっているが、大阪や神戸ほど深い関係になっていないようにみえる。商業施設としても数件に限られるのは、大阪の商習慣と京都のそれがけっこう異なっているからなのだろうか。老舗文化に浸っているわけでもなく、ましてやお茶屋に出入りする習慣などまったくない安藤は一見《いちげん》さん扱いだったのかもしれない。

しかし、このTIME'Sを手がけたとき、彼は間違いなく時流に乗っていた。計画の始まりは一九八二年、京都でデパートなどを展開する「マルヨシ」から三条小橋の横の土地を整備して商業施設につくりかえたいとの打診を受けたことだった。イッセイ・ミヤケ・インターナショナルからの紹介で、「安藤さん、神戸の要領で京都もひとつよろしく頼みます」と丁重に申し入れてきた。

TIME'S Ⅰ（京都市、1984 年）。高瀬川ごしに見る。1991 年には奥に隣接して TIME'S Ⅱが竣工

彼の仕事はまずは現場から始まる。高瀬川に架かる三条小橋というロケーションに敷地の潜在的な力を直感した。「高瀬川の流れは、自然に手を水のなかに差しのべたくなるほど清らかである[5]」と。ふつうのテナントビルのかたちでブランド店を集めるだけでは意味がない。この場所にそなわった歴史性、界隈性、土地性のすべてを勘案し、この場所でしかないものをつくろう。キーワードは高瀬川である。

江戸初期に京都と伏見を結ぶ物流用の運河として開削された高瀬川は、京都の中心街を南北に貫いて人気の絶えることがなく、桜並木をともなった水景観は季節ごとに雰囲気を変える。そもそも京都は水のネットワークが町をつくっていた。庭園を潤す湧水、琵琶湖疏水に代表される新しい水路といったものが人々の生活を支えていたが、二十世紀の都市計画はそれを利用することではなく、忘れる方向で街並みをつくってきた。だからこそ水をとりもどす計画が必要だ。古いビルの再利用ではなく、親水性をともなった新たな都市空間をつくることが肝要である。

法律的にはけっこう面倒な作業が必要だった。この敷地には高瀬川沿いに都市計画法の定める計画道路が架かっていて、将来道路の拡幅があるという前提で大きなビルに建て替えることはできない。三階建てまでで、しかも材料は解体が簡単なもの、つまり鉄骨、ブロック、木造の類しか許されない。川は川で、小さいにもかかわらず一級河川に指定され、流路の変更、護岸の開削等が禁止されている。こうした条件をすべてふるいにかけ、三条通りからステップ状に川面まで降りていくかたちで地上二階、地下一階のコンプレックスを考えてみた。地下に相当する部分は高瀬川に向かって開き、水面から二〇センチのところにプロムナードを設ける。せせらぎを横に感じながら、「先斗町《ぽんとちょう》の路地と西洋的な広場が立体的に重なり合う」（安藤）回遊空間として、店舗と自然とが相交わるように工夫したのである。しかもパブリックな空間として二十四時間開放する。

　このアイデアに対してさらなる壁が立ちはだかる。安藤の提案は川面まで建物を下げることになるので、通常の安全基準では処理できない。京都市とのやりとりがなかなかやっかいであった。担当者から「手摺はつけへんのですか」「子どもが水に落ちたら誰がどう責任をとるんですか」「水があふれたときはどうするんですか」「深夜の管理は誰がするんですか」といった質問が相次ぐ。むかしの子どもならふつうに経験のある川遊びも、行政からみれば事故のリスクを増やすものでしかない。「そんなことを言ってるから子どもたちから自然とのふれあいを奪うのや」と内心思いながらも、忍耐強くひとつひとつていねいに説明する安藤に、結局担当者も折れて、当初の案で進行する。

　業態的にみれば TIME'S は北野のローズガーデンと同じで、デザイン性に特化した「文化産業」による場所づくりである。デザイナーズ・ブランドのテナントが十四店舗入り、建築・インテリア・商品をつなぐデザインの循環が生みだされた。倉俣史朗のインテリアデザインによるイッセイ・ミヤケの出店が典型的にそのことを示す。TIME'S のイメージは高瀬川沿いの風景と一体となって独り歩きを始める。

　こんなエピソードがある。一九八六年にパリのポンピドー・センターで「前衛芸術の日本」展が開かれたが、それと前後して京都で日仏の文化デザイン会議が開かれた。フランスから文化のパトロンたちが大挙して京都に集まる。当時のパリでは知識人女性たちのあいだではイッセイ・ミヤケのファッションが大流行で、京都を訪れた夫人たちも当然三宅一生のファンであり、しかも金持ちである。「文化産業」のなんたるかを知るためには安藤が設計した建物に行くのがよい、そこにイッセイの店があるということで、会議の合間を見つけてはTIME'Sに集まりショッピングをする。それもいま言うところの爆買いで、それこそ棚全部といった買い方をした。おかげで一晩で店の在庫がなくなり、あわてて東京から商品を送ってもらうと、翌日も同じことが起きた。

TIME'S Ⅰ＋Ⅱ鳥瞰

TIME'Sでも「安藤のお節介」がいかんなく発揮された。最初のプロジェクトが終わった段階から、その南隣の六十坪ほどの敷地に新たな計画図を描き、当時のオーナーである中華料理店の店主に見せたのである。「頼みもせえへんのに勝手なことをしな！」とそのときは一喝されたが、三年後になって「あのプランはどうなってるんや？」と声がかかる。隣のTIME'Sの人気を横目に見ながら考えていたのであろう。それから用地の取得、設計などを経て一九九一年、TIME'S Iとは若干趣を変えた三階建てのビルTIME'S IIが竣工した。

安藤の商業施設に対するポリシーは「一般に商業建築といえばとかく崩れやすい。それが崩されないように強固な意志を働かせる」ことが肝要で、安易な妥協をしないばかりか、建築の領分を守りつつ新たな文化産業が花開くよう、クライアントと一緒に仕掛けていかなければならないのである。

第8章　宗教空間への洞察

宗教建築に深くコミットする

「禅寺とシトー会修道院をあわせた建築」[1]。フランスの建築批評家フランソワ・シャランの安藤評である。日刊紙「ル・モンド」の建築記者から国立の建築ミュージアムたるフランス建築研究所（ＩＦＡ）の展示部長に転身した彼は大の安藤びいきであり、一九八二年、ＩＦＡで安藤忠雄展を開いている。

シャランのこの言葉に示されるように安藤の建築は宗教建築にたとえられることが多い。禅宗との関わりはある程度わかるとして、シトー会というのは日本人にはわかりにくい。中世ロマネスクの時代に禁欲性と清浄性を掲げて装飾を排し、もっぱら石だけで建築をつくった修道会のことで、南仏に残るル・トロネ修道院がル・コルビュジエのラトゥーレット修道院のモデルとなったということで建築の世界ではそれなりに知られている。安藤は安藤で、二十代の半ばの最初の欧州旅行でマルセイユに近いセナンク修道院を訪れているので、早くから接点があった。彼がシトー会的といわれるのは、むろんそんな経験のことではなく、彼の建築の基本となっているコンクリートがシトー会の石のごとく架構の確かさと仕上げの美しさの双方を兼ねそなえているとの見立てだ。重要なのは、安藤はル・コルビュジエの再来ではなく、中世の石工がそのまま現前したかのようなインパクトを与えたということである。彼は、前川國男のように建築のスタイルから服装やふるまい方までル・コルビュジエを追いかけてきた人間とは違って、本来が禁欲的で文字どおりシトー会の修道士のような生き方をしてきた。シャランが彼を「建築僧（アルシテクト＝モワーヌ）」とまで言いきるゆえんである。

ユグノー（カルヴァン派）の血を引くル・コルビュジエがカトリックのロンシャンやラトゥーレットを手がけたのは、その当時「アール・サクレ（神聖芸術）」運動を主導していたドミニコ会修道士のクチュリエ神父の引き合いによる。このころのカトリック教会は、教皇ヨハネス二十三世のもとで第二ヴァチカン公会議を開き、典礼を含めて教会のあり方をめぐって大きな改革の時期を迎えていた。その気運が世界各国に伝わり、オスカー・ニーマイヤーによるブラジリアのカテドラル（一九五八）、あるいは日本でも丹下健三による東京カテドラル聖マリア聖堂（一九六四）といった斬新なデザインの聖堂が建立される。丹下自身は晩年カトリックの洗礼を受洗しているが、当時としてはエキュメニズム（教会一致運動）の広がりのなかで宗派に関係なくすぐれた芸術を教会に採り入れようとの動きが顕在化し、とくにフランスではユダヤ人のシャガールや共産党員のレジェといった芸術家も教会芸術の一翼を担っていた。

安藤自身もクリスチャンではないが、けっこうな数の教会建築を手がけている。クリスチャンの建築家といえばロシア正教徒の内井昭蔵、カトリックの香山壽夫《ひさお》などがいて、教会建築においてもすぐれた作品を残しているが、安藤の場合はとくに宗派に縛られない。むしろユネスコ瞑想空間のような脱宗派の超越的空間のほうが安藤の思想をよく示すのではないだろうか。宗教空間というと一般に典礼や儀式のあり方、空間のヒエラルキーなどに規定されるところが大きいが、安藤に限っていえば、その求めるところは純粋性や超越性であってセレモニーについてはそうこだわらない。強いていえば、宗教というよりは哲学的な空間といったほうがよい。

プロテスタント教会はどうであろうか。第二次大戦後の教会建築の流れを振り返ると、フィンランドがずば抜けて高い水準の建築を生みだしている。福音派のプロテスタント教会が国教会としての保護を受けており、資金面でも優遇されてきたうえに国が新しいため、過去の様式上の縛りがないことも手伝って、アルヴァ・アールト、カイヤ&ヘイッキ・シレンから今日のユハ・レイヴィスカにいたるすぐれた教会建築の流れをつくってきた。プロテスタントはカトリックのように秘跡（ミサなど）とそれにともなう祭壇という考え方がないので、教会はむしろ集会のための会堂の形式となる。安藤が手がけるのはむしろこの形式が多く、関西や関東で日本キリスト教団などのプロテスタント教会を設計している。

むろん、キリスト教だけではなく仏堂の類もいくつも設計している。当然ながら寺社仏閣のほうが日本人にはなじみがある。安藤自身、幼少のときの記憶をたどれば近所の寺院や神社の境内で遊ぶことが多く、法会や神事といった儀式よりは鎮守の森といった場所をよく思い出すという。それに加えて、建築を志してから実際に体験した京都や奈良の古建築に多大の影響を受けており、竜安寺や大徳寺の庭園、東大寺や唐招提寺の大伽藍などが頭のなかに鮮明に焼きついている。近年は中国でも伽藍の設計を依頼されるようになり、日中を横断した仏教空間のあり方に想いをめぐらすことも多くなった。

切り裂かれた十字架　光の教会

宗教建築を扱う際に重要なのは、宗徒や信徒と呼ばれる人々との向きあい方である。政教分離がはっきりとしている日本では、一部の潤沢な寺社を除き、宗教団体はそうした人々のコミュニティの上に成立している。その点は仏教もキリスト教も同じである。免税となるとはいえ、仏堂や聖堂といった教堂を新たにするために檀家や信者からの寄付を募り、それこそ爪に火をともすような努力をしているので、建築家の側も大変である。実際、安藤が担当した教会や寺はそのような事情を抱えた例が少なくなく、わずかでも費用を削るための途方もない努力をしている。

「光の教会」（茨木市、1989年）。撮影・松岡満男

大阪の北隣、茨木に建つ「光の教会」（一九八九）は、まさにそのようなところから計画が始まった。いまでは国際的に大変有名になり、世界からこの教会を求めて「巡礼客」が集まってくるが、建設にいたる経緯は、安藤忠雄という建築家がどのように宗教空間を理解し、そして実現にいたらしめるかを示す好例といえるだろう。

ノンフィクション作家の平松剛がこの教会の設計から施工についてじつにくわしく調べ、『光の教会――安藤忠雄の現場』（建築資料研究社、二〇〇〇年）を著している。平松は建築の構造設計出身の異色のライターであるが、建築現場をよく知り施工技術もマスターしているので、この教会についても建設の一部始終を臨場感いっぱいに筆を進めている。安藤に着目したのは、『江夏の21球』（山際淳司）のようなノンフィクションを建築分野で書きたいということでその人間臭さに惹かれたからという。入念な取材を重ねた結果、安藤は当然として、クライアントである日本キリスト教団茨木春日丘教会の軽込《かるこめ》昇牧師、施工会社の竜巳建設の一柳幸男社長など主要人物の一挙手一投足にいたるまでくわしく叙述している。工事現場で作業する職人の額から滴り落ちる汗、設計変更に臨んで消しゴムで線を消しては描く事務所スタッフの鉛筆の動き、さながらスローモーションの映画を見るような気持ちで読み進めることができる。

安藤についての性格描写も的を射ている。道を歩いているときも我を忘れてあれこれアイデアを練っているので、何度も車に轢かれて死にかけた話、竣工後一年経って癌で他界した一柳社長に心からの敬意をこめ「最後の最後まで誇れるものをつくった」としみじみと語る姿、きわめて人間的で飾るところがなく、ときとして大阪的なブラックジョークをかませながら、ぐいぐいと人の心に入っていく。施主、建築家、施工者の三つがそろってはじめてよい建築ができることに納得させられる。

コンクリートの箱となったこの教会には大きく見せ場がふたつある。ひとつが正面の壁に開けられた十字架上のスリットであり、他のひとつが箱型の軀体に斜めに貫入するコンクリートの壁である。ともに現代美術的な課題であると同時に、キリスト教の基本をなす神学的命題にも深く関わる。

十字架がキリストの傑刑と人類の救済を示すもっとも中心的な図像であることは広く認識されているが、貫入する壁（線）というテーマはいくつにも解釈される。聖心（サクレ・クール）をあらわす心臓とそれを貫く矢、キリストの身体に刺さったローマ兵の槍、あるいはより一般的に教会とそれを破壊する権力から暗示される殉教。その直截な表現ゆえにさまざまな思いが交錯するが、正面の十字を通して入ってくる光と一緒にすれば、殉教をめぐる壮大なシンボリズムがこの教会に宿ることになる。

熱心なカトリック主義者であったガウディは、巨大なサグラダ・ファミリア聖堂で膨大な量の装飾を積み重ねて殉教という主題をあらわそうとしたが、安藤はこの小さな教会でそれをミニマリズム的に示すことになった。安藤が意識したかしなかったかは別として、これが世界のキリスト教関係者を驚愕させ感動させたのは事実である。平松のノンフィクションでは扱われていない神学的なテーマが潜んでいることをいま一度確認しておきたい。

この教会の十字については、ガラスは必要でない、いな、必要であったという議論が起こり、いまでも続いている。安藤の心には二十代のころに経験したルチオ・フォンタナの面を切り裂く激しい造形が宿っており、いろいろな場面でそれが出てくる。十字架は、受難の表徴であるという点ではまさに激しさを内包しているものであり、切り裂かれた十字は、十字架を背負って刑場まで引き立てられるキリストの苦難と人々の嘆きをそのまま表現する受難図の世界に通じるのだ。

「水の教会」（北海道勇払郡、1988年）

神学を触発する安藤忠雄の教会

安藤忠雄の手になる教会建築というと、竣工した順に六甲の「風の教会」（一九八六）、北海道勇払《ゆうふつ》郡にある「水の教会」（一九八八）となり、その翌年に「光の教会」が完成する。安藤が重視する自然の要素を冠しているので三連作のようにみえるが、先のふたつは教団があっての宗教施設ではなく、ホテルに付属した結婚式のためのウェディングチャペルである。だからこの教会に所属する信徒がいるわけではなく、宗教法人でもない。利用者は結婚式を挙げるカップルとその家族や友人となり、結婚という人生のひとつの節目を成就させるためのセレモニアルな場所ということだ。

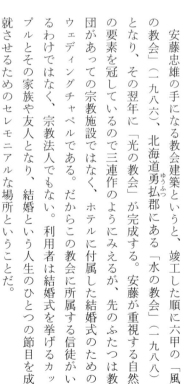

少なくとも「光の教会」ができる前は、安藤の教会はきれいな建築であって、神学的な意味を含むものとは理解されていなかった。「風の教会」は六甲オリエンタル・ホテルの付属施設であり、そもそも安藤に設計依頼をしたのは、ブライダル・マーケットに参入するうえで他のホテルよりも競争力のあるチャペルが必要だったからだ。商業施設の論理である。「水の教会」も同様に北海道の大規模リゾート開発、アルファリゾート・トマムの一画にホテルに付属して建てられた。ただ、こちらは建設にいたる経緯が特異であった。

一九八七年五月に大阪のナビオ美術館で「安藤忠雄——建築の現在」展が開かれた。その際、すでに竣工していた六甲の教会に加えてアンビルト案として仮想の教会も展示された。神戸の海際を想定し、海に流れ落ちる水庭をつくってその前に礼拝堂が建ち、水庭に立ちあがった十字架が礼拝堂からのヴィスタの中心となるよう配置された。ドローイングだけでなく模型も展示したので、インパクトが強く、たまたまこの展覧会に来ていたアルファリゾートのオーナーから「この教会、うちでやってくれませんか」とその場で頼まれる。翌日にはふたりで千歳まで飛び、トマムの現場を訪れた。急転直下の展開である。

このころ、安藤は十字架の問題にのめりこんでいた。「水の教会」が実施プロジェクトとして動きだしたまさにこのときに「光の教会」の依頼が舞いこんだ。そのせいか他にいくつもの大きなプロジェクトを抱えていたが、教会という主題が頭から離れない。安藤の建築に十字が登場するのはその少し前からであったが、幾何学をテーマとしているとおのずから十字形は登場する。城戸崎邸はその最たるもので、基本構造の立方体にあらわれる正方形を分割する十字、あるいはフレーミングされた開口にあらわれる十字の方立(マリオン)など教会関係者の家かと思わせるほどに十字が顕在化していた。

しかし、教会建築において十字架は決定的な意味をもつ。禁教時代に踏み絵として使われたほどに、そのかたちのもつ神性は強く、畏怖、悲嘆、慈愛のすべてを含みこんだ表象として定位されなければならない。ガウディが身を捧げた殉教の十字架、パリ郊外ル・ランシーでオーギュスト・ペレが示したステンドグラスの神々しさ、さらには森を背にして佇立するシレンの野外の十字架。それぞれかたちも意味も異なるが、十字架は重い。これらに対して安藤が見せるのは徹底してミニマルに凝縮された十字の表現である。「水の教会」では墓標のように向かいあう四本の十字架を抜けてチャペルに入り、そこから水庭から立ちあがる十字架を見やる。逆に「光の教会」では聖堂の正面に壁を切り裂いて光となった十字が出現する。前者がプロセッション(道行き)による死と再生の儀式であるとするならば、後者は顕現そのものにほかならない。

「水の教会」。撮影・松岡満男

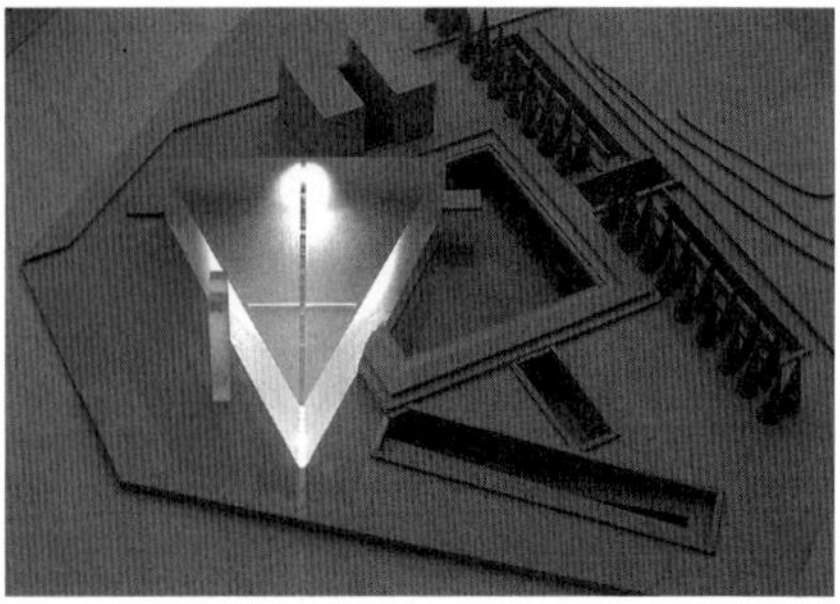

ローマ司教区教会国際設計競技案（1996年）模型

興味深いプロジェクトがある。一九九六年にカトリックのローマ司教区が募集した紀元二〇〇〇年記念聖堂コンペのために安藤がローマに送った案である。ミレニウムを記念してローマの外周部トル・トレ・テステ地区に小教区教会を建設するということで、リチャード・マイヤー、ピーター・アイゼンマン、サンチャゴ・カラトラーヴァらとともに安藤もコンペに招待された。宗派には関係せず自由な造形を期待して建築家が選ばれ、ユダヤ系三名、カトリック二名、日本人一名、あわせて六名が指名されたが、なぜか地元イタリア人はいない。磯崎ではなく安藤に声がかかったのは「光の教会」が圧倒的な評価を呼んでいたからである。聖堂、小教区センター、司祭館を含めた計画が求められ、安藤は教会施設を徹底して周囲の街並みから閉ざすことで内部の緊張感を高めるという方向をねらった。

このころには安藤の教会に対する姿勢ははるかに先鋭化し、さながら中世の原理主義に回帰しているかのようであった。長方形の回廊を埋めこみ、そこに付属する機能をすべて貼りつけるという手法はまさしく中世の修道院のやり方である。逆に聖堂は長方形の箱型から三角形に代わり、東に向かって強い志向性を見せる。その東面の端部、そして屋根面に十字のスリットが入る。フォンタナ的な荒々しさをもって天井にあらわれた裂け目こそ、静謐さに包まれたシトー会の空間原理をこえて天上世界に向けて吸いこまれていくような、上昇感をともなった魂の高揚を生みだす。

最終的にコンペ首位となったのはリチャード・マイヤーで、湾曲した曲面の壁で半開放的な空間をつくり、周囲の街並みのなかに咲いた花のように華やかな印象を与える。コミュニティとの対話を重視した案である。それに対して安藤の案では、聖堂にいたる前の沈黙に包まれたプロセッションを経て魂の浄化を果たし、そこから煌々と降り注ぐ光の空間へと上昇する。この空間原理はひどく神学的で、中世の神学者ボナヴェントゥーラの説く恩寵の光の世界、さらにはシトー会のベルナルドゥスに導かれ至高天にいたりつくダンテの神曲のエンディングにも似て、ローマ側を驚かせたのではないだろうか。

このコンペ案のように理想形を追い求めるものではないが、三角形の構成原理は、広尾の教会（二〇一四）で実際に試される。カトリックではなく、精霊運動の流れを汲む新興プロテスタント会派二十一世紀キリスト教会で、二〇一二年に創設されたばかりの会のイメージ刷新を賭けて安藤に設計を依頼したようだ。

あまり知られていないが、安藤は「光の教会」の後、神戸にプロテスタントの垂水教会（西須磨福音ルーテル教会、一九九三）を設計している。直方体に斜めの壁という点で「光の教会」を踏襲しており、スケール感としては安藤の住宅に近い。こちらは光の十字架といったドラマティックな仕立てがないので、ドキドキするような話は生まれないようだが、スリットを通して入る光の扱いは巧みであり、すぐれた教会であるのは間違いない。外構に植わるケヤキもこの敷地に前からあったもので、建て替えにあたって保存され、建物のあいだにうまく配置されている。

密厳浄土を凝縮した本堂

安藤忠雄が仏教寺院を設計するのは、淡路島にできた本福寺水御堂《みずみどう》（一九九一）がはじめてである。キリスト教会については前述したように、いくつか設計実績があり、アンビルトの計画もおこなうくらいの思い入れがあったが、寺の設計となると、話がもちこまれてはじめて本気で考えたというのが実際である。

寺院といえば地元の社寺大工によって建設され修繕されるのがふつうであり、わざわざ建築家に依頼するというのは、よほどの事情があってのことと邪推されたりもする。伝統的な様式が強く支配する仏教伽藍の場合、モダニズムが入る余地はあまりなく、気心の知れた社寺大工と仕事をするほうがずっと楽である。実際、丹下健三、槇文彦、磯崎新といった大御所といわれる建築家は、キリスト教の教会は設計していても、仏寺の類はほとんどノータッチであった。

安藤に寺の設計の話をもちかけたのは三洋電機の会長、井植《いうえ》敏であった。六甲の集合住宅の建設に際して井植家の資産管理会社がクライアントだった縁で少し前から知りあっていた。井植家は淡路島の出身で、島の東側の東浦町に実家がある。真言宗仁和寺派の本福寺の檀家総代を務めており、その本堂を新築するということでわざわざ安藤に連絡をしてきたのである。「光の教会」ができた一九八九年のことだ。もともと建っていた本堂は庫裏とつながっていて手狭であり、見た目にも田舎の寺といった印象を免れない。時代はバブルのまっさかりというこことで檀家の経済状況も悪くなく、ならば一気に建て替えようということで、住職の打田祐善は寺地の裏の水田を買収して新本堂の用地とした。そして出入りの社寺大工に設計図を描いてもらったが、それを見た井植が納得せず、ならば旧知の安藤に頼んでみようということになった。

安藤の設計行為は敷地を見るところから始まる。ふらっと淡路島にやってきた安藤は、あたりを見まわして「住職、この寺には池がないからつくりましょう」という。住職は平等院のようなイメージを頭に描き「安藤さん、それはいい考えですな」とついつい承諾してしまった。そこで出てきた案を見ると、たしかに池はあるのだが肝心の御堂がない。「御堂はどこにつくるんですか」と聞くと「池の下です」という。たしかに池を屋根にした堂宇が描きこまれている。

安藤が考えたのは楕円形の蓮池をつくり、その下に本堂を置くというアイデアである。全体はコンクリートでつくられ、円と方形を組みあわせて内陣と外陣を入れこむ。間仕切りとして朱色の格子が入る。アプローチは蓮池にまんなかを切り開くように階段が設けられ、地底に降下するように堂宇に入る。

問題はこのような「奇想天外」な本堂案を檀家衆が承認するかである。寺は宗教法人として議決権は檀家会議が握っている。理事会に相当し、住職の一存では決められない。予想されたとおり反対意見が次から次に出て総代の井植も困り果ててしまった。ならば高僧の意見を聞こうということで、総本山の仁和寺や大徳寺の高僧たちに意見を求めた。その結果、当時の大徳寺の立花大亀和尚より「蓮の池を通して御堂に入るとは、安藤はん、なんとすばらしい考えですか！」という言葉をもらい、総本山のお墨つきをもらうことができた。

高僧たちの見解にはそれなりの理屈がある。浄土教の聖典である『観無量寿経』には極楽の風景を想起する観法として十六観が示され、太陽の沈む風景を思い浮かべる日想観から始まって水の風景、大地の風景を経て樹木（宝樹）、池の広がり（宝池）、背後の堂宇（宝楼）、御仏の台座である蓮の花への想いにいたるさまが述べられる。平等院をはじめとして浄土教の庭園はそのような観法に即してしつらえられている。それに対して安藤案は、よりコンパクトな敷地のなかで池の水が「流れて華の間に注ぎ、樹上を尋ねて下る。その声は、微妙に演べて、苦、空、無常、無我、諸の波羅蜜を説き」、そのなかで衆生が彼岸へと渡ろうとするさまを本堂の建築のなかに凝縮している。

真言宗本福寺水御堂（淡路市、1991 年）

むろん、本福寺は真言宗なので、念仏（称名）を重んじる浄土教とは教えが異なるが、中世に入って浄土教の影響下に極楽に対する強い視覚的イメージが形成されてくる。真言宗の教えの核心は曼荼羅にあり、西方浄土は密厳浄土（曼荼羅的浄土）としてあらわされる。安藤が用意周到に準備した本堂の空間構成は円と正方形を組み合わせた曼荼羅的構図になっていて、この点にこそ高僧たちが価値を見いだしたのだ。

色とりどりの光に満ち、無数の蓮の花が浮かび、樹木を伝う水の音が耳に心地よい。その足元に内陣と外陣を仕切った本堂が入る。アイデアはわかったということで、檀家衆たちは安藤の手腕を確かめるために北海道に向かい、トマムの「水の教会」を訪れる。仏教伽藍のためにキリスト教のチャペルを視察するというのも何か変ではあるが、それはそれでみな安藤の仕事の確かさに感心し、それからは彼に仕事を一任する。

一年後、完成の時期を迎える。

「いよいよ落慶法要の時、はじめて皆を中に案内したんです。階段を降りて、皆が本堂の赤い二枚扉の前に立ったとき、突然、西のほうから太陽の光がサアーと差し込んできて、仏さんの後光のように輝くんです。それを見て思わず皆が手を合わされました(2)」

四年後、阪神・淡路大震災が発生する。マグニチュード7・3、震源は本福寺から西にわずか五キロの地点。断層で一メートルの横ずれが生じたが、さいわい本福寺はクラックひとつなく、もちろん池の水漏れもない。地震を見越して屋根部分の鉄筋量を基準の一・五倍として水盤たる楕円の池の両端をピアノ線で引っ張っていたのがさいわいした。

湧水の池に木質の堂宇をつくる

安藤忠雄の仏教寺院で木を使ったということで異なった評価を受けているのが、四国の西条にある南岳山光明寺（二〇〇〇）である。江戸初期にこの地に創建された浄土真宗の寺で、西条では真宗はこのひとつだけである。一九四九年に街なかの寺社地から現在地に移転し、戦後まもない建築ということで老朽化もめだち、建て替えが求められていた。建設委員会が設けられ、門徒のひとり愛媛県会議員の獣医星加茂実が委員長に就いた。寺社大工ではなく建築家に依頼したいとの意見が出て、星加の親族が松山のゴルフ場（エリエール・ゴルフクラブ松山）のゲストハウスの設計を安藤に頼んでいたことで「安藤先生なら連絡がつく」となり、安藤に松山での打ち合わせの帰路、西条で下車してもらった。一九九八年であった。

住職の入江一宏から寺の改築の件を切りだすと、安藤は「淡路島に本福寺をつくっているから、やってみますよ」とその場で承諾した。喜んで本福寺がどんな建築かを調べてみると、蓮池の下に御堂があるという、仏殿としては信じられない建築になっていて、住職は腰を抜かす。「安藤先生、新しいお寺は、地上で、木造で、それと明るいものにしていただけんじゃろうか」と頼みこむのが精いっぱいだった。

しばらくして安藤事務所から案ができたという連絡があり、安藤がスタッフともども模型をもって西条にあらわれる。本堂は真四角でフラットルーフ、まわりを木の縦桟で囲むものであった。たしかに条件どおりではあるが、平らな屋根ではやはり仏教寺院のイメージからほど遠い。それからが大変だった。門徒総代会のメンバー百二十名ほどに諮ると八割方が反対、やはり伝統的な寺院のスタイルから離れるのはむずかしい。いろいろ説得を重ね、最後は「世界的建築家の安藤先生の芸術作品」ということでなんとか納得してもらった。当時の安藤は東大教授、マスコミへの露出も多く、間違いなく世界的な建築家であったが、実際に会ってみると人懐こく高飛車なところはまったくない。最後は人柄がものを言った。

南岳山光明寺（西条市、2000 年）本堂。撮影・松岡満男

古い寺の建物を全面的に建て替える予定であったが、鐘楼のみもとの建築を残すことになった。敷地のなかに庫裏を兼ねた客殿、本堂、そして納骨堂の三棟をつくり、本堂のみ木造で、他はＲＣを基本構造とする。寺の中心たる本堂は、たしかに伝統様式からは逸脱しているが、浄土真宗のベーシックなプラン（内陣・外陣・広縁）と荘厳（配置法）はそれなりに反映している。

一言でいうと、内部のがっしりとした構造体とそれを覆うかのような軽々とした格子状の被膜の組みあわせが秀逸なのだ。四基の柱群（四本の柱からなる）が三段の井桁に組まれた出桁で小屋組みを押しあげ、そのまわりを縦格子と水平垂木を組みあわせた外被がとりまくのである。平面は七間×七間の正方形、両側一間が広縁となって外陣を囲む。小屋組みはフラットルーフであるが、水平垂木を四段に重ねて軒の出をつくり、さながら「四手先」のようになっているのは寺院建築の常識を逆手にとったやり方である。

堂内に入ると不思議な躍動感に襲われる。内陣・外陣の違いは畳敷きの高さを変えることであらわし、広縁は柱の外側で板敷きとなす。金色の須弥壇が来迎壁を背にして内陣中央に置かれているのは真宗の荘厳からだ。室内はともかく明るい。縦格子の隙間から光が燦々と降り注ぎ、同時に池、堂宇（鐘楼）、樹木の光景が飛びこんでくるのは、小さいながらも『観無量寿経』の風景そのままだ。古い鐘楼を残したことで、その意味がさらに深まっている。西条は西日本最高峰の石鎚山の麓に位置し、伏流水が豊富である。それゆえ名酒の産地としても名を馳せているくらいで、安藤は浄土の光景を生みだすにあたって水をふんだんに使った湧水の町のイメージを再現しようと試みた。

この建築は集成材を使うことで新たな木質の可能性を切り開いている。同時に木の構法としても単純ながら新機軸を見せている。鎌倉時代のはじめ、東大寺の大勧進重源が焼け落ちた東大寺の再建をおこなうにあたって宋の様式をそのまま伝え、貫《ぬき》ならびに挿肘木《さしひじき》と呼ばれる水平材を強調した構法を採用したことで、当時としてはかなり尖がったデザインを生みだすことになった。安藤の水平と垂直をたくみに組みあわせた木の構造に、八世紀前の出来事を重ねてみると意外と納得させられる。彼はセビリア万博の日本館でこのもととなる木の架構を試しており、木の扱いに日本人離れした大ぶりの意匠を展開している。強いていえば宋式、すなわち大陸的なダイナミズムを胚胎した建築ということができるだろうか。それゆえに中国でも大いに話題となり、似たようなデザインの出現がマスコミをにぎわしたことは記憶に新しい。

第9章　批判的地域主義の旗手として

日本建築の国際的受容、その三つの段階

安藤忠雄が国際的に知られるようになったのは、一九七〇年代から八〇年代にかけて日本の建築メディアが彼を頻繁にとりあげるようになり、その内容に海外メディアが注目したことが大きい。日本語の記事であれば言語の問題があって海外で知られるチャンスは少ないが、さいわい「新建築」は英文版の「Japan Architect」を出しており、国際的にはこちらが読まれていた。露出度を増すのは二川幸夫が編集する「GA」に登場するようになってからで、二川自身による巧みな写真で安藤の作品への関心を一気に高めた。その結果、安藤事務所に次から次に海外からの問い合わせが来るようになる。

モダニズムの建築はヨーロッパから生みだされ、二十世紀の半ばにはグローバルに展開することになる。その動きのなかでみれば、日本の建築は後発であり、それこそ辺境のそのまたはずれの扱いであった。当初のモダニズムを支配した進歩史観からみれば、日本の建築を構成する伝統的な大工組織、社寺や数寄屋の流れは古き封建制の遺物として歯牙にもかけられず、アカデミズムに支えられた建築学科が唯一モダニズムのお墨つきをもらっ

ていた。そこにあったのは片想い的な欧米への憧れであった。ル・コルビュジエを例にとると、事務所に前川國男、坂倉準三といったすぐれた日本人所員がいたにもかかわらず、日本建築にはさほど関心もなく、戦後、国立西洋美術館の設計を任されたときも簡単な図面九枚を送っただけで、後は東京在住の日本人弟子たちに仕事を任せていたという話が長らく語り草となったほどだ。

日本に深くコミットするモダニスト建築家ももちろん存在した。熱心な浮世絵収集家でもあったライトは、自身のドローイングの画法に浮世絵的構図を採り入れ、ジャポニスムの熱心な推進者となっていた。一方、ナチスに追われて来日し、商工省の嘱託として三年を日本で過ごしたブルーノ・タウトの役割は大きく、日本建築を深く観察し、ニーチェのアポロン／ディオニュソスを範として桂離宮／日光東照宮といった二元論的な日本建築論を展開する。この当時、日本人による現代建築はとくに国際的な関心を惹かなかった。

戦後になると、日本人の側から世界に向けていろいろな発信がおこなわれる。もっとも大きなイベントが「新建築」編集長の川添登が仕掛けた「伝統論争」で、ここでも縄文／弥生といった二元論を措定し、日本の伝統を切る。議論としてはわかりやすいが、中間領域にあるさまざまな価値を切り捨ててしまうおそれがあるとともに、後の日本論に出てくるような曖昧性、両義性といった日本建築ならではの側面に眼を向けることができない。いいずれにしても、この議論は丹下健三らの新たな建築家の世代をオスカー・ニーマイヤーらの力強い造形と同列に論ずるうえで説得力があった。しかも渡辺義雄、石元泰博らモダンデザインを身につけた写真家たちによる伊勢神宮や桂離宮のシャープな映像が現代建築と古典を結びつける役割を果たしたことも大きい。かくして丹下健三を筆頭とする日本のモダニストたちが明快な理論をともなってグローバルな建築的状況にデビューを果たす。

日本建築に対する議論が加速するのは一九七〇年代後半に入ってである。その少し前から世界のあちこちに日本文化の受け皿となる文化会館の類が登場し、ケルン日本文化会館（一九六九）、ニューヨークのジャパンハウス（一九七一）などが設立されるが、主たる活動は伝統芸術の紹介にあり、建築プログラムは時期尚早と判断されていた。その風潮を跳ね返すかのように企画されたのが磯崎新プロデュースの「間――日本の時空間」展（一九七八）である。パリ装飾美術館で催され、日本建築を文化論の枠組みで本格的に紹介した。フランス側委員にはロラン・バルトやミシェル・フーコーらの著名人が名を連ね、長年にわたるフランスの日本研究を下地として、当時アヴァンギャルドの最先端を突っ走る磯崎を招いての展覧会となった。

磯崎は戦略的に日本文化のエッセンスを西洋と対比させることをねらい、空間と時間が混然一体となって存在する状況を「間」という概念を用いて説明した。展示形式としては日本の空間を伝統と現代を対比させながら示すかたちになし、杉浦康平、倉俣史朗、三宅一生、篠山紀信などのクリエーター、田中泯や芦川洋子などの舞踏家などを巻きこんでまったく新しいタイプの展覧会をおこなう。この展覧会は大成功で、フランス語に「MA」という新しい哲学用語を定着させることになる。同じ年に大島渚のセンセーショナルな映画『愛のコリーダ』がフランスで上演され、ノーカット版ということもあって日本の現代文化に対する関心が飛躍的に拡大するのである。この展覧会は翌年にはニューヨークに巡回し、その後ストックホルム、ヘルシンキとまわり、ブームを煽っていく。

磯崎の「間」展がおこなわれるまで日本の近現代建築は外の世界に閉じた専門集団の領域とみなされていて、そもそも日本人一般が建築のことを知らない、いな蚊帳の外であった。そのころいちばん名前が売れていたのはNHKの解説委員としてテレビ露出が格段に多かった黒川紀章で、他の建築家は市井ではほとんど認知されていない。東大教授でもあった丹下健三は建築界では尊敬されていたが、いざ外の世界に出ると、海外の文化人どころか日本人の外交官や企業家のあいだでも無名で、ケンゾーといえばパリでプレタポルテの店を開いた高田賢三というのが相場だった。「間」展にともなう磯崎新のパリでの講演会に際しても、日本大使館は「前国鉄総裁の磯崎（叡《さとし》）さんがいらっしゃるのですか？」と尋ねてくるありさまで、そのくらい日本の建築界と実業界は隔たっていた。

このように段階を追ってグローバルなポジションを獲得し、第三段階において世界のトップランナーをめざして離陸した日本の現代建築の状況を知っておくと、安藤の立ち位置を理解することができる。先輩でもある磯崎新、その盟友の二川幸夫らの活躍が大きな礎となっていた。

ミニマリズムの建築家として高い評価を受ける　パリの安藤展

安藤忠雄の最初の海外展はハンガリーのブダペストでおこなわれた。当時東大の大学院に籍を置いていたハンガリーの建築家パルフィ・ジョージの企画によるもので、一九七九年十月にハンガリー建築家協会で開催された。パルフィは文部省の国費留学生として来日し、当初は大阪外国語大学で日本語を学んだ。そのころ安藤事務所に出入りして安藤と知りあい、持ち前の企画力で自国での展覧会に漕ぎつけたのである。五十点ほどのパネルに製本された図面集という地味な展覧会ではあったが、講演会には地元の建築家など四百名ほどが集まった。

講演会のため安藤は友人の古山正雄らとブダペストに向かい、その後パリに寄り、ポンピドー・センターを訪れた。ポンピドー・センターはその二年前にオープンしたばかりで、そのなかには建築・デザインを扱う産業創造センター（CCI）があり、キュレーターのアラン・ギユーはむろん安藤の建築については知っていた。そのときは漠然と「そのうち展覧会ができればいいですね」と話を交わすにとどまった。

それから二年半後、一九八二年春に建築家のアンリ・シリアニがパリから日本を訪れる。芝浦工業大学の招きで同大にて講演をするためであったが、隠れたミッションは大阪で安藤に会い、パリでの展覧会の準備を進めることにあった。シリアニはペルー出身であるが、大学卒業後パリに渡り、盟友ポール・シェメトフと共同で設計事務所を構えるとともにエコール・デ・ボザールの第八建築分校の教授を兼ねていた。かつてのエコール・デ・ボザールは一九六八年の五月革命の結果、九つの分校に解体されており、第八分校はモダニズムの路線を継承した改革派の学院として認知されていた。シリアニは熱心なル・コルビュジエ主義者で前川國男を尊敬し、さらに新進の安藤に新たなモダニズムの進むべき方向を見てとり、パリに新しくできた国立の建築展示施設フランス建築研究所（ＩＦＡ）での展覧会を強く進言していた。

ＩＦＡは前年の一九八一年に左岸のリュクサンブール公園に近い一画に国立の建築ミュージアムとして創設されたばかりで、展示部門の責任者を前「ル・モンド」記者のフランソワ・シャランが務めていた。開館記念の展覧会はアラブ文化研究所のコンペをめぐる展示であり、その優勝者のジャン・ヌーヴェルを世に送りだした展覧会でもあった。一九八二年秋の大きな企画として「安藤忠雄——ミニマリズム」展が組まれたのは、シリアニの推薦だけでなく、シャラン自身が評論家として安藤について相当程度研究を積んでいたことも大きく作用した。パリでは「間」展の後、一九七九年に建築家協会（ＳＡＤＧ）において「篠原一男——30の住宅」展が開催されており、付帯するシンポジウムや出版を通して日本の現代建築についてのパースペクティブが広く認識されるようになっていた。

1982年、パリのIFA安藤忠雄展での記者会見

安藤展は模型と図面・スケッチを中心として構成された。篠原一男の作品に言語をこえた純粋性と荒々しさが交錯するさまをみたフランス人観客は、安藤に対しては限りない静謐のなかに情念の凝固するさまを感じた。フランソワ・シャランはこれを絶賛して「禁欲の歓びと荒々しい優しさ」をともなう住宅と評論している。西欧では通常ありえない剥き出しのコンクリートに包まれて住む姿はシトー会の修道院を連想させ、そのコンクリートが木や紙のようにしつらえられている点に建築家の優しさをみるのである。それまでの日本理解に多かったいわゆるジャポニスム（日本趣味）ではなく、日本の固有性を認めつつ二十世紀という時代に要求されるグローバルな価値を生みだしたとの理解で、磯崎、篠原と続く日本人建築家の掉尾を飾る。

シリアニはシリアニで、ロバート・ヴェンチューリやマイケル・グレイヴスなど装飾過多なアングロサクソン的ポストモダンの風潮を「建築の退化」とまで言いきり、近代建築運動を再評価したうえで禁欲的な安藤の建築作品にモダニズムのとるべき方向を読みとろうとした。

展覧会は九月後半にオープンし、二ヵ月の会期で展示が続く。展覧会カタログを兼ねてエレクタ＝モニトゥール社から *Tadao Ando - minimalisme*（一九八二）が出版される。内容的には小篠邸（一九八二）までを収めており、シャランやヴィットリオ・グレゴッティの批評文とともに基本的には住宅作品に限って扱っている。この著作が安藤の最初の海外単行本で、英語ではなくフランス語であった点がみそだ。以降、フランスの美術館・批評家たちは安藤忠雄評価にあたってつねに先陣を務めることになる。

フィンランドにも呼ばれた。翌一九八三年には建築家のユハニ・パラスマーの招きで安藤は「ユヴァスキュラ夏の芸術祭」に招待される。ユヴァスキュラは地方の小都市であるにもかかわらず、アルヴァ・アールトの生地であることから彼の作品を収蔵した建築博物館が設けられ、一九五六年から毎年夏に大がかりな芸術祭をおこなっている。ヨーロッパの外れでありながら、フィンランドは高い水準の近現代建築を生みだし、建築に関するイベントや研究プログラムを精力的に実施している。パラスマーはそうした行事の仕掛け人として国際的にも知られ、そのころは建築博物館の館長を務めていた。日本との交流にも積極的で、彼が企画を進めたアールト巡回展は翌一九八四年七月に東京の日本建築学会で開催されることになる。

ユヴァスキュラの安藤展の評判はきわめてよく、多くの専門家とのあいだにパイプができた。その勢いでパラスマーは一九八五年のアルヴァ・アールト賞に安藤を推薦する。世界的に優れた建築家を選んで数年おきに顕彰するもので、前回は三年前にシドニー・オペラハウスの建築家ヨルン・ウッツォンが受賞している。審査員はパラスマーに加えてヘニング・ラーセン（デンマーク）、ロラン・シュヴァイツァー（フランス）など。フィンランドは安藤にとってかつてヨーロッパへの単身の旅でソ連を出て最初に足を踏んだ土地であり、アールトの名作といわれるオタニエミの大学校舎を見るためにヘルシンキ市街から往復一五キロを歩いた記憶が想い出される。展覧会から二年後に授賞式のため由美子夫人とともにユヴァスキュラを再訪した安藤の思いはいかばかりだっただろうか。

磯崎新にP3に誘われ、そして叩かれる

アメリカでの安藤展は多少遅れることになるが、別の理由でけっこう早い段階で足を運んだ。磯崎新に誘われたのである。一九八二年の秋口、パリから戻ってまもなく、磯崎から「今度ヴァージニア大学でフィリップ・ジョンソンたちが集まって会議するから来てほしいといわれたけれど、安藤さんも招待しようと思うんだ」という電話を受ける。出席者を聞くと、ピーター・アイゼンマン、チャールズ・ジェンクス、レム・コールハースらが並び、磯崎は安藤忠雄と伊東豊雄を同行させようとしていた。

P3 会議出席者と（中段左から２人目）

ということで、一二月に東海岸のシャーロッツヴィルに飛び、ヴァージニア大学の由緒ある講堂でおこなわれたP3と題された会議に出席する。奇妙なネーミングであるが、プライベート・パブリック・パートナーシップを略したもので、たいした意味はない。出席者はそれぞれプレゼンをおこない、新しい建築の方向についての議論をすることになっていた。顔ぶれをみると、そのころ流行っていたポストモダン派の面々で、ジェンクスなどは『ポストモダニズムの建築言語』（一九七七、邦訳一九七八）を出し、ポストモダンのイデオローグの急先鋒とみなされていた。「パリの展覧会に集まってくれた面々とは考え方もデザインの仕方もまったく違う人たち

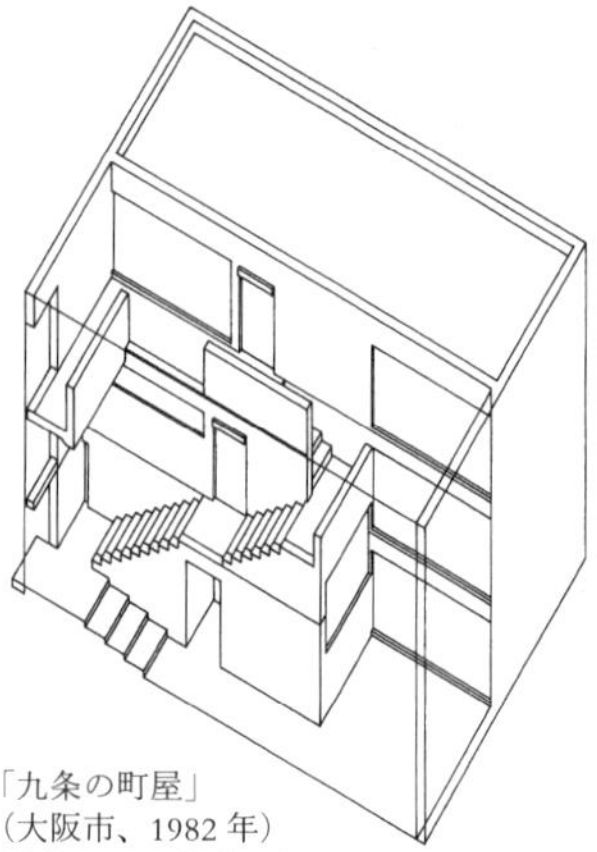

「九条の町屋」
（大阪市、1982 年）
アクソノメトリック

だ」と思ったが、もう遅い。

安藤のプレゼンは新作の「九条の町屋」（一九八二）について。要領はパリのときと同じだ。ところが反応が違う。プレゼンが終わると、参加者のひとりレオン・クリエがゆっくりと拍手をする。それも皮肉を込め、しつこく三分間。そして最後に「これは牢獄だ」と一言だけ喋った。この「拍手」を深読みすれば、旧約聖書の『哀歌』の一節にある破壊された都市（エルサレム）を前に手を叩いて悲しみを表現する預言者の姿とも重なる。熱心なユダヤ教徒であればそのくらいは知っているが、そうではないクリエがそこまで深遠な思考をもちあわせているかどうかは定かでない。むろん安藤にはたんなるブーイングにしか映らない。わからないふりも重要だ。ちなみにレオン・クリエはルクセンブルク出身の建築家で、歴史主義的なアイコンを引用した都市空間の生成をニューアーバニズムとして提唱し、日本人からみるとラブホテルのような建築群を本気でつくろうとしていた。当然ながら安藤の考え方とは対極にある。

啓蒙主義の表象である「自然と理性」を体現したトーマス・ジェファーソンの円堂に集い、名前からしても一見フリーメーソンを気どった会合のようだが、実態はアメリカ建築界のドン、フィリップ・ジョンソンを頭目としたポストモダンの決起集会で、仕組まれた会合の場であったことは間違いない。磯崎の本心はどこにあったのだろうか。安藤からしてみれば、たんに場違いというだけでなく、搦め手に引きずりこまれてジェンクスの本に載せられたりしたぶんには、まったく違う方向に評価が動いてしまう。「抵抗の砦」[1]としての「九条の町屋」を呈示して一線を画したことは結果的に正解であった。

伊東豊雄も同じようにシルバーハットの案をけなされ散々だったという。それでもアメリカ旅行は楽しかったようだ。「会議の後ニューヨークに行って、お金がないから三日間安藤さんと同室で寝泊まりして。そんな経験があるとコンペで争っても、どこか許せる仲間意識がいまもあります」といまでも当時を懐かしがる。

批判的地域主義を代弁する

P3会議では安藤の存在はほとんど無視されたといってよい。アイゼンマンなどは後に安藤のファンとなるのだが、ポストモダンの文脈ではうまく伝わらない。こうした立場に対して、安藤の登場を歴史的必然とみなし、新たな建築的価値の創出として説明するのがケネス・フランプトンである。英国生まれ、コロンビア大学で教鞭をとり、世界の建築現場を見てまわる行動派の近現代建築史家である。モダニズムのあいだで支配的になっているニコラウス・ペヴスナー、ギーディオン以来の欧米中心の建築史観に修正を加え、二十世紀の後半に世界各地で起こった建築的努力を組みこんだ内容でグローバルな建築の動きをまとめようとする。

近代建築史の書き方というと、多くの場合、古典主義に支配された十九世紀的な「帝国」の建築と都市計画の存在に対して市民社会への交代、あるいは社会主義革命という政治的変動のなかで姿をあらわす近代建築運動が徐々に勝利をおさめていくという図式になっている。安藤が若いころ参照していたギーディオンの歴史観がその代表で、彼はルネサンス以来「宇宙」をあらわす概念であったSpaceを「空間」と言いかえて、建築は空間であるというテーゼを前面に押しだした。以後、モダニズムは新しい社会の構造に支えられた空間の追求であるとの基本原理を携えて内容が緻密化されていく。モダニズム第三世代が頭角をあらわす。さまざまな建築メディアがその動きを後押ししたが、一九六〇年代の後半を迎えるころには成長の限界、世界の多様化、異議申し立てなどが大きな課題となり、従来の進歩史観の大幅な修正が求められるようになっていた。

その意味では文化の多元性こそ尊重されなければならず、そのためにも土地や気候、地域の材料などを重んじた建築のあり方が評価されなければならない。そのような問題意識から世界各地の新しい方向を汲みとろうとしたのがフランプトンで、彼の出発点はアールトにあり、それを受けるようにメキシコのルイス・バラガン、インドのチャールズ・コレア、ポルトガルのアルヴァロ・シザといった地域を代表する建築家の名が浮かびあがり、安藤もその流れのうえで評価される。フランプトンはこの流れを「批判的地域主義」（クリティカル・リージョナリズム）と規定し、地域に根差し旧来のモダニズムに対して批判的な立場をとる建築家の総体を含みこんで歴史を考える。辺境性をともなったマージナルな建築家が表舞台に立ったのである。

重要なのは一様化する世界の動向に対して抗う「抵抗する建築」であり、その点では安藤の初期のメッセージはわかりやすい。他方、同時にアイコン化された様式や形態の操作に走るポストモダン的傾向に対してフランプトンは批判的で、当時もてはやされていたヴェンチューリやグレイヴス、ホラインといった装飾性をともなった建築家たちを切り捨てる。「批判的地域主義」をめぐる論は一九八三年にはじめて提唱されるが、そのときはまだ安藤の建築は入っていなかった。しかし、翌年に六甲の集合住宅と那覇のフェスティバルを訪れる機会があり、そのときに安藤の方法論にいたく共感し、「ヨーロッパの近代運動の遺産に負うところがあるにもかかわらず、彼の建築はいわゆるインターナショナル・スタイルの実証主義的ユニバーサリズムとは遠いところにある」(2)として自身の壮大なストーリーのなかに彼を含めるようになった。やがて安藤はフランプトンにとっての主役の地位を得る。

彼とはまっこうから対立するチャールズ・ジェンクスは、一九七七年に『ポストモダンの建築言語』の初版を出し、その後、この著作は第六版（一九九一）にいたるまで繰り返し内容を修正しながら出版される。フランプトンはポストモダンの隆盛に水を差すかたちで自身の所論を展開したわけで、パリのシリアニなどは大いに賛同している。ただ、フランプトンの方法についてもさまざまな批判があるのはたしかだ。基本的にモダニズムを擁護するとの立場を貫き、修正と拡大解釈でその正当性を訴えているために「修正主義」ともいわれ、また正統モダニズムでは掬いきれない「辺境性」を加えてその裾野を広げたので、モダニズムの「在庫一掃」という向きもある。

フランプトンの論述は、建築を生みだす地形や気候を重んじるという点で風土論の援用にもみえるが、その論理構成が「この建築家はこの建物をこうつくった」というかたちとなっているので、個々の場所に内在する強靭な精神、文化的蓄積、生活への希求といったものが霞んで見える。建築家という創造者がその地域にねざしたデザインや素材性を採用したということに偏るあまり、施主や市民、職人といった建築をつくりあげるさまざまな主体に対するまなざしを欠く。さらに現行の技術やデザインにさまざまなイノベーションを果たしながら最適解を求める技術者などへの視点が軽視されているので、創造行為によってその土地と人々に何がもたらされたかがよくわからない。

フランプトンの「批判的地域主義」論はたしかに安藤の立ち位置をグローバルな文脈に移しかえ、アールトやバラガンの後継者としての地位を与えるのに成功したが、安藤自身が潜在的にもつ風土論の枠組み、そしてそこから派生する土地に対する強い思いといったものが掬えない。実際、一九九〇年代に入ると安藤の建築は明らかにフランプトンの文脈をこえ、新たな次元を切り開いていくことになる。

環境と哲学　オギュスタン・ベルクの見方

以上のように建築家としての安藤忠雄のグローバルな位置づけは欧米でさまざまなかたちでなされていった。その結果として彼に関する著作はけっこうな数が出版されるにいたるが、作品集的な扱いが多く、思想について本格的に論じているものは意外と少ない。加えて多くの外国人著者は英訳された安藤のテキストのみを参照し、膨大な日本語の文献にはノータッチなので見方も限られてくる。安藤が参照する日本の伝統建築についての理解もワンパターンなものが多い。

そもそも安藤忠雄の思考をどのようにとらえるか、これは意外とむずかしい。彼には大阪弁の口語表現、標準語の書き言葉、そして間断なく描きだされるスケッチと異なった「発話」の手段をもち、そのすべてを知ったうえでなければ彼の思考のプロセスを追体験できないからである。さらに思考の最終表現として作品をつくりあげている。その意味で、フランスの哲学者オギュスタン・ベルクの見方は大変興味深い。

ベルクは、欧州語は当然として日本語も中国語も自在に操り、漢字の語源に戻って日本語を考えることのできる数少ない専門家である。日中の古典についても造詣が深い。この彼が安藤忠雄に焦点を当て、彼の言説をていねいに分析したうえで現代思想としてまっこうから論じようとしているので、そのあたりを紹介しておこう。

ベルクが着目するのは安藤の抱く土地や自然に対する感性で、和辻の風土論と共通する見方を有していると説く。つまり安藤は独自の風土に対する考え方をもち、それを下敷きとして場所と環境に対して彼なりの視点をかたちづくってきた、ということである。安藤が力説する「「目に見えないもの」、たとえば日本人が長い年月を通じて育てあげた自然観や感受性もまた、われわれの視野のなかに入れておかなければならない」という主張に共感し、安藤のいう「西欧的な超越的視覚」への疑問をさらに根底に戻って問いなおす。そのうえで「近代社会が失った物理的ではない場所や環境のとらえ方の回復」を図るため、ベルク独自の環境思想に引きつけて安藤の考え方を敷衍する。

安藤は現代人が自身の生活から土地や自然の恵みを切り離し、目に見えるものでしか環境を理解しなくなっていることに警鐘を鳴らす。そして現代社会の病理は「西欧的な超越的視覚という病の末期的症状」とまで言いきる。近代社会が成立する過程で、いちはやく近代化を果たした西欧社会の価値観が優先され、本来土地にそなわっていたものを見たり感じたりすることをないがしろにしたというのだ。「目に見えるもの」だけに頼ってはいけない。これに対し、ベルクはハイデッガーやプラトンを引きながら、こう述べる。

「安藤が指摘する「病理」(西欧的な超越的視覚)とは、ハイデッガーが言うところの建築作品が「空間をつくる」ことを拒むという点において近代的な空間概念が陥った収奪、言いかえれば環境が奪われていくということにほかならない。（…）環境（milieu）とは、可視的で建物が定位する物理的な広がりのなかで計測可能な対象に限られるわけではない。実際、作品が場所をつくり場所を与えるうえでの物質的・非物質的関係の総体を含んでいる。建築における「ここにある」（il y a）のなかの「ここ」（y）を指し、「ここ」がほんとうに存在する環境である。つまり、トポスのなかの計測可能性のうちだけでなく、そのコーラ（chora）の茫漠とした広がりのなかにあるものを指す。トポスの内（mi-topos）とコーラの内（mi-chor）、これが場所の内（mi-lieu）という意味での環境なのである」（3）

難解な文章であるが、基本的には場所なり土地をどのようにみるかという議論である。ここで用いられる「コーラ」というのはプラトンの『ティマイオス』で示される森羅万象が生成される場のようなところで、現代哲学者のジャック・デリダが好んで用いる概念であるが、ベルクは「なかにあるもの」を強く打ちだし、場所なり土地なりの内側からほとばしり出てくるものを重視しなければならないと説く。彼は西洋古典学と東洋の風景論を統合し、東洋的思惟の上に新たな環境論を組み立てることを説いているのである。その考え方を身をもって示しているのが安藤忠雄であり、彼の建築はそれ自体が場所の内＝環境（mi-lieu）の考え方をあらわしているとする。わかりやすくいえば安藤が建築を建てるべき土地を訪れて「ここだ！」と叫んだときに、彼が「ここ」に何を読みとり、何を引きだそうとしているかを考えていただければよい。

安藤自身、哲学的議論は必ずしも得意ではない。修業時代に京大の建築系の教室をのぞき、そこに蔓延するペダンティックな空気に辟易したこともあり、むしろみずからの身体を使って土地をきわめることをモットーとした。その身体に蓄積された「見えないものを見たり感じたりする力」こそが本来の意味での環境をつくるのだと考え、その力にもとづく自身の行為と作品を世に送りだす。そこに思想の表現者としての安藤の姿をみることができるだろう。

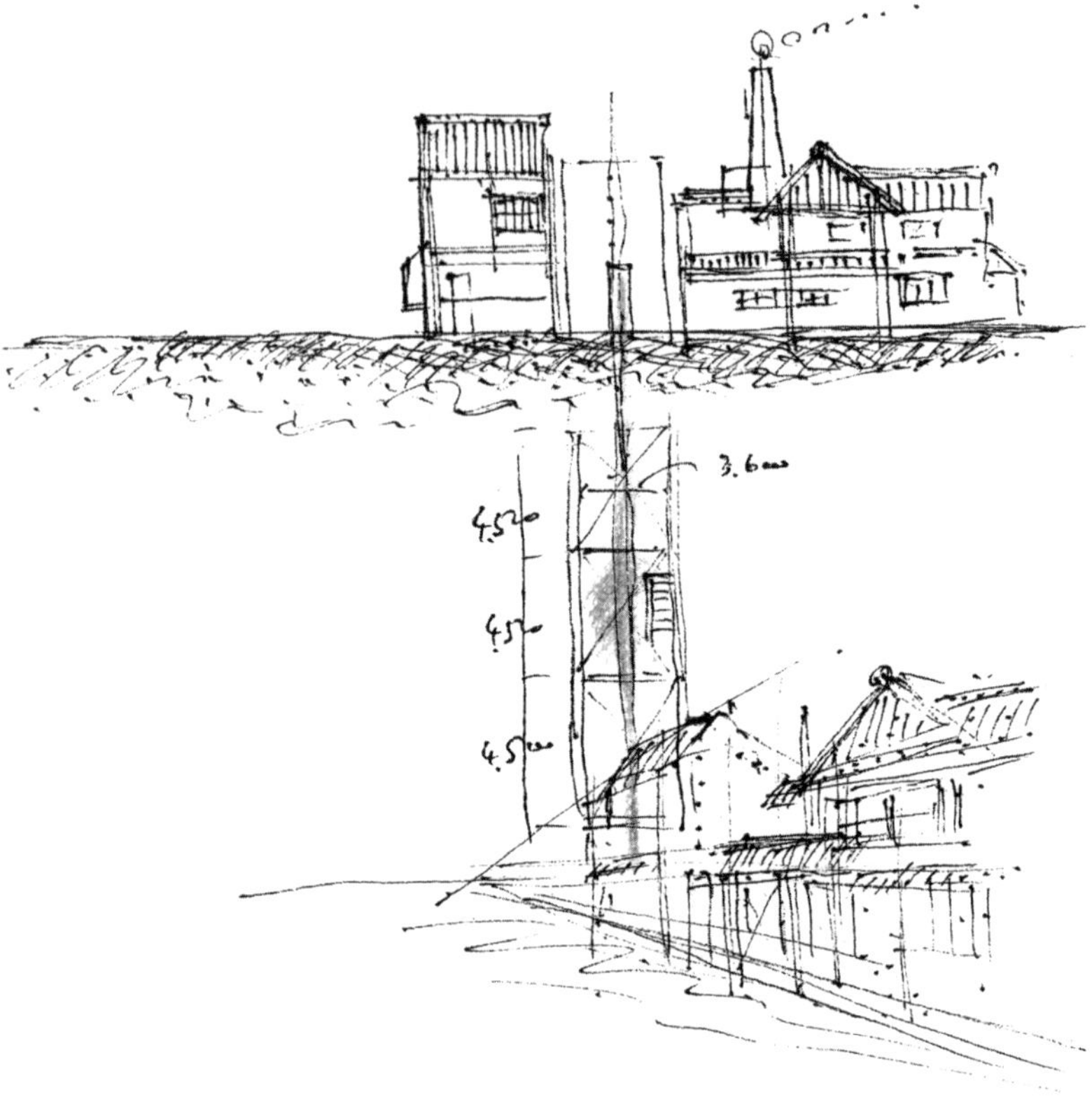

「住吉の長屋」東邸スケッチ

第10章　持続的な集合住宅を求めて　六甲の集合住宅

立体グリッドによる集棲体　未完の岡本ハウジング

形而上学からふたたび形而下の世界に戻り、いま一度「住まう」ことを考えてみたい。安藤忠雄にとっては、生きるうえでのもっとも基本的な営みであるのはいうまでもないが、個から多数となり「みんなで住まう」ことになったときにはどうするのだろうか。彼の集合住宅へのアプローチに焦点を絞ってさらに考えてみたい。

安藤は長屋をモデルとした小住宅から自身のキャリアを始め、人が住まうことについて思索と実践をめぐらせているが、「集合」住宅についてのとりくみをみるかぎり、個人住宅での試行錯誤を経て一気に「六甲の集合住宅」というハイブローな住まいにいたりついた。このプロジェクトは記念碑的な意味をもち、今日にいたるまで四期にわたって持続してきたという事実を含めて日本の集合住宅のあり方に一矢を投じた。

日本の都市型の住宅として、今日見るようなかたちで鉄筋コンクリートの集合住宅が登場したのは大正初期、海底炭鉱を掘るための人工的に造成された長崎沖合の軍艦島に始まるといわれる。第二次大戦後になって公団住宅を中心に集合住宅への関心が増えたが、今日ごくふつうに人々の住まいとして認知されている民間の集合住宅、

岡本ハウジングプロジェクト（1976年）模型

いわゆるマンションは一九六〇年代に始まったもので、現在にいたるまでまだ半世紀の歴史しかない。

だから、若き安藤が最初に民間集合住宅に着目を始めた一九七〇年代はまだまだマンション黎明期にあったことを知っておかねばならない。いまでこそマンション数は国内全住戸の一割強（一〇・六パーセント）にまで増えたが、六甲の集合住宅の計画が始まった一九七八年をとってみると二パーセントにすぎない。当時の建築界で集合住宅というと公団住宅が主流であり、各地で始まっていたニュータウンの造成も住宅公団が中心となって動いていた。ただ、安藤には公団の仕事がまわってこなかった。

現在のＵＲ（都市機構）の前身、日本住宅公団は戦時体制のなかで設立された住宅営団を母体としている。戦時経済を支えるべく労務者のための住宅供給ということで、同潤会を改組して急遽設置された労働者住宅のための機関であり、戦後の集合住宅を牽引する西山夘三などの若手がそこで働いていた。戦後復興の時期を迎えて集合住宅の建設が喫緊の課題となると、関西では京大の西山、関東では東大の吉武泰水と、国や公団と結びついた「科学的」な建築家たちが施設計画をリードする。日本の建築研究はアカデミズムも官庁も社会主義国家と見まがうばかりに社会計画を重んじていたのである。そのぶんデザインは「なんの役に立つのですか」と言われるほどに低く評されていた。だから、東大の丹下健三は建築家としてのネームバリューがあるにもかかわらず学内では傍系に甘んじ、建築学科から分かれた都市工学科に移籍した際にようやく助教授から教授になった。五十歳をこしての昇格で、定年まで十年を切っていた。このあたりの経緯は後に安藤が東大教授になるにあたって重要な伏線となる。

戦後復興が一段落し、一九六〇年代になってニュータウンや都市再開発が大きな課題として浮かびあがってくる。安藤を育てた水谷穎介などはその核心的な仕事をこなし、安藤も彼を通してこの問題に深く関わっていた。安藤自身、事務所を始めてまもないころ再開発コンペで優勝するなど本来なら公営住宅に深く関与してもよかったのだろうが、特命での仕事が来ない。公団系の仕事はよくも悪くも系列化されており、アカデミズムとは無縁の安藤には立ち入る余地はなかった。

安藤が本格的に集合住宅を考えるにいたったのは、一九七六年、六甲山の山麓に集合住宅設計の打診が来たことによる。神戸市東灘区の岡本、六甲山系が海側に迫りだし、宅地を押し戻すかのように急斜面の緑地が突き出している。その斜面地に十七戸の住宅を収めた集合住宅ということで、がぜん安藤は張り切った。このあたりは神戸屈指の高級住宅地であり、かつては梅林の名所として知られていた。山側には神社が構えていて、霊性も高そうだ。それまで隣の芦屋や西宮でおこなってきた住宅の考え方を集合住宅に変換して、新たなモデルをつくることは可能だろうか。めざすは緑、太陽、風景、そして街が一体となり、公団住宅という標準化された住まいではつくれない「どこにもあり、どこにもないトポス＝ユートピア」である。たとえ小さくとも住まうことの歓びを享受する場、イタリアやギリシャの丘陵都市をみればそんな住まいが無数にある。

この住まいを生みだすにあたって考えたのが、六メートルの立体グリッドを介して斜面地に段状の集合住宅を配していくやり方である。地形（具象）とフレーム（抽象）がぶつかりあうことで、凹凸、ヴォイド、階段と予期せぬような空間ができあがった。デザインとしてはうまく収まったが、複雑な構造体ゆえに見積もり額が上がってしまった。土工事はともかく金がかかり、予算面で工面がつかないということで、クライアントもあっさりあきらめてしまった。後になって安藤はこのプロジェクトを「集棲体」と呼び、「個から集合へ――日常的なものと非日常的なものの狭間に」というサブタイトルをつけて発表する。[1] 坂の町神戸にふさわしく、斜面に住むことが住むことの歓びを生みだすという強いメッセージを込めていた。

六甲の集合住宅

六甲の集合住宅（一九八三）が始まったのは、阿倍野の不動産会社「ホームアイデア」が神戸市灘区に分譲集合住宅の設計を依頼してきたことから始まる。岡本ハウジングが頓挫して一年少々、一九七八年のことである。場所は阪急六甲駅の北側、六甲山系の尾根が台地上に突きだした一画で、関西の人には六甲学院と長峰霊園を奥にして緑の台地が南側に張りだしたところというと多少はイメージできるかもしれない。歩くと息が切れるほどの急斜面を経てこの敷地にたどりつく。神戸港を眼下に見晴らしはよく、周囲には立派な住まいが多い。クライアントは崖地を背景にした手前の平地を建設用地と考えていた。面積は八十坪ほどで、小規模なマンションにはちょうどいい。

岡本の経験があったためか、安藤の関心は緑の斜面に向く。クライアントにとっては予想外のものだった。敷地見学の際に急に崖を登りはじめ、上から「こっちに建てたら最高の住宅なんやけど」と叫ぶ。たしかに土地はクライアントの所有なので、理屈としては可能だが、こんなところで工事ができるだろうか。そんな懸念をよそに、安藤は地図を見ながら「ここなら土地も断然広く、ざっとみても六百坪や」とうそぶいている。じつは安藤の頭のなかで岡本ハウジングのイメージがどんどんと拡大していたのだ。規模は岡本とそう変わらないが、問題は急斜面で、岡本の比ではない。ここに安全な構造体を建築するとなると砂防ダムのような頑丈なつくりが必要となるかもしれない。クライアントからみれば瓢箪から駒の話で、安藤の提案に乗るのも悪くないと考えているようだ。構造のことはそう気にしていない。

神戸は安藤の憧れの地であり、六甲山はそのシンボルでもある。現在は深い緑に覆われているが、江戸期から薪炭材などを目的に乱伐が進み、明治中期の写真をみると山全体が禿山状態であったのがわかる。木がないことで表土の荒廃が進み、そのため防災上きわめて危険と判断され、明治末から砂防植林が開始された。ほぼ百年をかけて現在の緑に回復したのである。山の緑がようやく整った戦前の一九三八年に、条例で六甲山系全体を風致地区に指定し、それが現在も続いている。正確にいうと、今回の集合住宅予定地のあたりは、台地の上に六甲学院の校舎とグラウンド、神戸製鋼の寮などが建って市街地化が進んでいるため、第一種ではなく第二種の風致地区となっていて、規制が若干ゆるい。

安藤が着目したのは台地の下の宅地と上の学校用地を隔てる崖地であり、この下部に階段状の集合住宅を嵌めこむことで、新たな土地利用を生みだすことであった。傾斜角は六十度、上から見るとほとんど絶壁である。高層住宅だと思えばなんのことはないが、斜面に張りつくので基礎を含めて面倒な構造計算が必要だ。そこで当時としてはまだ新しいコンピュータを大林組から借り受け、構造解析を進めることにした。この作業でまず時間がかかった。さらに建築基準法、都市計画法など法規的にもさまざまな策が必要となる。

用途地域でいうとこのエリアは第一種住居専用地域となり、それに第二種風致地区の規制を加えると建設可能な高さは最高一〇メートル、建蔽率四〇パーセント、緑地率四〇パーセント以上をクリアしなければならない。そこで思いついたのが急傾斜の法面《のりめん》（地表面）に合わせて建物のレベルを階段状に上げ、法規的には地上二階、地下一階として申請することだった。奇策である。受ける役所の側も首をひねっていたようだが、「株式会社神戸市」として建設行為に慣れているのか、京都市ほどネチネチとはこない。理屈のうえではたしかであり、現実的にも不備はないということで、時間はかかったものの最終的に確認が下りた。ここまでで三年がかかっているが、クライアントも忍耐強い。

安藤のジオメトリーはこうである。岡本よりは若干小さくなった五・八×四・八メートルのグリッドでフレームをつくり、それを法面に合わせてずらしながら積層し、全体で十層を形成する（十階建てではない）。住宅タイプはメゾネットを基本として、全体で十八戸となり、一戸あたりの平均面積が二十七坪となる。そう大きな住戸ではないが、限られた面積を補うために前の家の屋根をテラスとして利用する。さまざまな住戸タイプを入れこみ、テラスに渡るのにブリッジをつけたりして立体感のある住まい方を提示した。最大の魅力は神戸港に開いた

「六甲の集合住宅Ⅰ」（神戸市、1983 年）
工事中の風景（2 点とも）

丘陵都市への想いと現実

ヴィスタである。

難航したのは施工会社を見つけることであった。絶壁に近い敷地で建築工事をすることなど考えられないとして大手ゼネコンは尻込みする。「こんな危ない仕事はできません、どこかほかに頼んでいただけんでしょうか」とたらいまわしの末、地元の小さな工務店がようやく請けてくれた。この殊勝な工務店、大工建設はそれまでこんな大工事を扱ったことはなかったが、若さと元気があり、安藤事務所のスタッフと大いに気が合った。二十代の若手社員二名が現場に貼りついた。

「工事は最初から命がけだった。（…）若い建設チームは、怖いもの知らずの強みというのか、臆することなく掘削作業を進めていった。敷地頂上から高低差三五メートルくらいまで来たときは、さすがに目を背けたくなった。（…）しかし工程どおり仕事を進めて行く若い現場監督と付き合ううちに、徐々に不安は薄れていった。彼らは、各工程に入るまで入念に研究し、周到に準備をする。中途半端な経験によりかかって仕事をするベテラン監督よりよほど誠実で頼もしい（2）」

設計期間の長さに較べて、工事そのものは一年半で済んでいる。小さな工務店にとって一見無謀なプロジェクトにみえたが、容易周到に準備を整えての工事着手で、予定どおりに作業を終えた。依頼を受けてから五年の日数がかかっている。

「六甲の集合住宅」は三十年をかけ、四期に分けて建設されている。それぞれクライアントも建設にいたる事情も異なるが、安藤の強いイニシアティブで住宅地として一貫したポリシーに支えられている。四期に分けるため、便宜的に「六甲Ⅰ」「六甲Ⅱ」という具合にナンバーがつけられているが、後ろになればなるほどプロジェクトの規模が拡大しているのがおもしろい。「六甲Ⅰ」は敷地規模五百六十坪だったのが、三十年以上を経た「六甲Ⅳ」では八千坪あまりと飛躍的に拡大している。

民間の持続的な集合住宅づくりという点で特筆すべきは槇文彦による代官山ヒルサイドテラスであろう。東京の山の手、代官山から南平台という高級住宅地に一九六九年から今日にいたるまで半世紀にわたって集合住宅をつくりつづけている。このあたり一帯の地所を所有する朝倉家による不動産開発がゆったりとしたペースで進み、一貫して槇が設計とデザイン・コーディネーションを続けているのである。旧山手通りに面した一画を商業用途も含めて開発し、抑制がとれヒューマンスケールを重んじた建築群をつくり、ファッショナブルで品格のある街並みを生みだしたことで世界中から称賛を浴びている。施主と建築家が慶應ＯＢという縁で始まり、エスタブリッシュメントならではの余裕ある仕事ぶりである。

安藤の六甲の集合住宅は代官山から約十年の月日をおいて始まるが、そのやり方がいかにも安藤らしく、最初はゲリラ的に小さなプロジェクトに関わり、その仕事を通して輪を広げていく。おもしろいのは「安藤のお節介」がここでも出ていることで、それを介してまわりの人間を巻きこみ、ついにはビッグプロジェクトとなしてしまう。一貫しているのは街並みに対する明快なビジョンとていねいな仕事ぶりである。

「六甲Ⅰ」は、その意味で当初の安藤のビジョンをかなり具体的に伝えている。空間的にみれば斜面に沿って上がる中央の階段が軸線となり、そこから路地状に脇道ができ、それが各住戸へのアクセスとなる。住戸のタイプが異なっているので、それぞれのボリュームが異なり、ブリッジ、溜まりといった仕掛けが眼に心地よい。フランプトンがこの空間構成を分析するにあたって槇文彦が掲げる「奥性」の概念を用いているのがおもしろい。槇

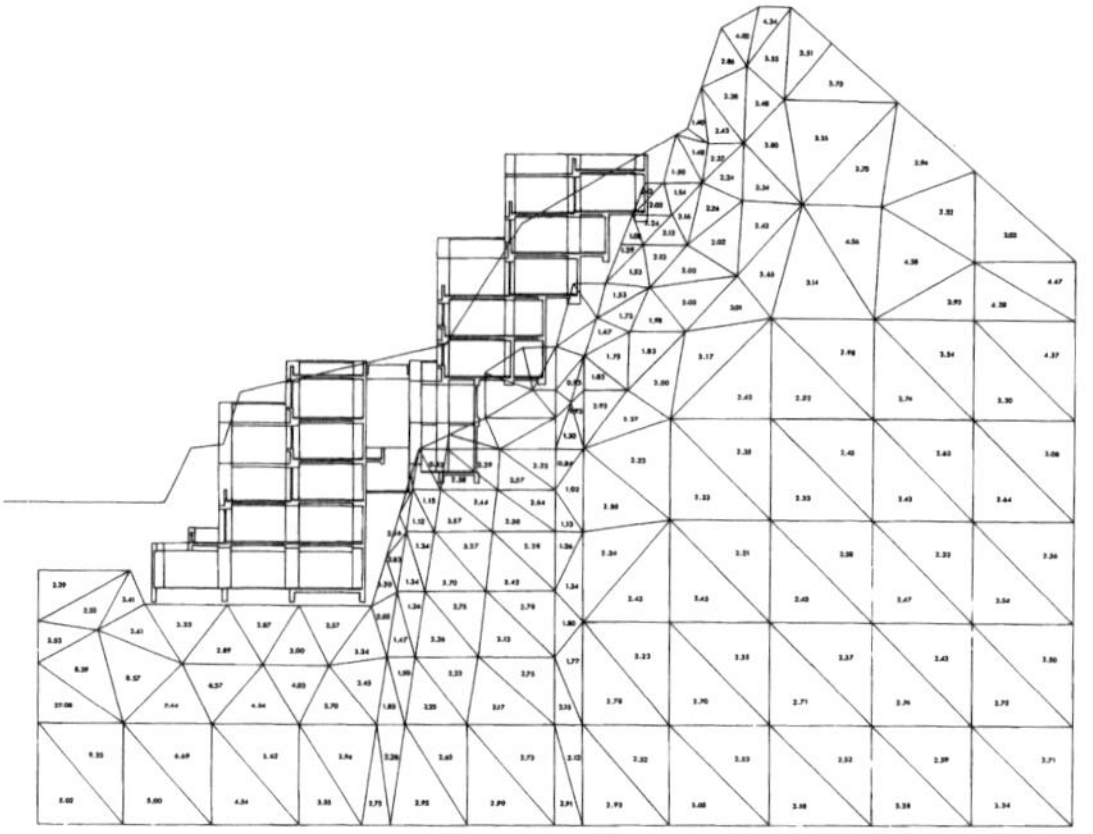

「六甲の集合住宅Ⅰ」断面図

が奥の理論を提唱したのは東大の彼の研究室で路地に代表される江戸・東京の都市空間を研究した結果で、江戸風であって必ずしも関西の文化をあらわしているわけではない。とはいえ、そんな細かいことはたいしたことではない。安藤の脳裏にあったのは日本でいえば瀬戸内海の尾道、海外でいえばギリシャのサントリーニ島やトスカーナの丘陵都市の高低差のある街並みで、フレームのジオメトリーを介するという点では高度に抽象化されており、同時に入り組んだ街路や階段に応じて人の動きが見え隠れする点では人間臭い。

緑の問題についてもふれておかなければならない。じつのところ六甲山系の緑地は大変面倒な問題を抱えている。現在、青々と茂っている山の緑のほとんどが明治末以降に砂防植林された二次林で、しかも地表面に不安定なところが多く、植林の成果が出ているはずの今日でも土砂災害がときおり発生する。そのため、急斜面（法的には三十度以上）の扱いがつねづね大きな問題となってきた。神戸は一九六七年の七月豪雨で多くの土石流に見舞われたという苦い経験があり、この災害を契機として「急傾斜地の崩壊による災害の防止に関する法律」（一九六九）がつくられ、全国的に「急傾斜地崩壊防止施設」の整備、すなわち土留め、擁壁、堰堤などをつくって崩壊を防ぐ策が進められた。自然植生の力も重要で、森林整備も怠ってはならない。急斜面では背の低い樹種が適している。重要なのは人工物と植生を斜面地にバランスよく配置することである。

安藤が六甲の計画にとりかかったころ、眼の前の急斜面は数十年を経たコナラ、アベマキ、クヌギなどの低林に覆われていたが、地盤が脆弱で山地崩壊の被害を未然に防ぐためにも人工物（砂防）と植生の双方があるのが望ましい。現在、隣の敷地に大がかりな土留め（法面工）がつくられていることからもそのことがわかるだろう。ただ、土留めは景観的にはきたない。「六甲の集合住宅」の建設は防災を目的として始まったものではないが、プランの変更を重ねていった結果、集合住宅自体を一体構造となすとともにアースアンカーを大量に斜面に打設して大がかりな崩壊防止施設となった。滑らかな打ち放しコンクリートの肌が景観的に心地よい。

この住宅が持続することは、周囲の植生との関係が逆転することを物語っている。前述したように、安藤の身体には建築のスパンとは異なるもうひとつの時間、すなわち数十年から百年という自然の変化に要する時間が流れており、六甲の自然に対する敬意として集合住宅の計画に当初からインプットされている。工事が終わって人が住みだし五十年を過ぎるころになると、周囲の植生が本来の力をとりもどして建造物を森林で覆うようになった。それが安藤のシナリオであり、夢でもあるのだ。

つい最近、背後にある篠原台で土石流が起き、多くの住宅が倒壊した（二〇一八）。安藤が提起した斜面地の問題は、じつは日本の多くの都市に内在する防災上の問題に深く関わっており、それも「安藤のお節介」を介して防災性を高めた持続的な環境装置を実現することとなった。計画当初ランドスケープ関係者のあいだで斜面緑地の破壊として安藤批判が出ていたが、時とともに集合住宅の装いが変わり、深い緑に包まれた斜面住宅の姿を前にして安堵の声が聞こえるようになった。

隣の土地に新しい集合住宅を　六甲の集合住宅II

一九八三年五月に六甲の集合住宅が竣工する。すると、それを待っていたかのように新しい仕事の申し出があった。なんと隣の敷地により大規模な集合住宅をつくりたいというのである。三洋電機の井植会長の実弟、井植貞夫からのオファーである。彼は井植家の資産管理会社たる塩屋土地の社長を務めていた。時代はバブル期に向かって動きだし、どの企業も不動産開発に鎬を削るようになってきた。安藤が推測するに、隣の敷地で擁壁まがいの集合住宅ができあがり、かなりの完成度なので、それならうちもということで防災用の擁壁代わりに依頼してきたのではないかという。それでもオファーの仕方がバブリーだ。

「安藤さん、周囲の土地を調整すれば二千四百坪ほどになるので、次にチャレンジしませんか」

けっこう広い敷地だということはわかるが、広さで勝負するわけではない。この仕事をする意味は何かと考えこんでいたら「安藤さん、勇気がなくなったのか」といわれ、思わず頭に血がのぼった安藤は「やります」と答えてしまった。もう後には引けない。安藤を挑発するのは意外と簡単なのだ。

そのころ安藤は那覇のフェスティバルや京都のTIME'Sの最終段階を迎えており、多忙であるだけでなく、自身の仕事のもつ社会的インパクトについても相当程度意識するようになっていた。だから、この仕事も神戸にとってひとつのモデルケースになるようにしていかなければならない。

新しい敷地は台地の下と上をつなぐかたちとなる。その点では第一期と大きく異なる条件だ。丘陵都市的な考え方を敷衍し、下の平地部分から急斜面に沿って十四層にもなる段状集合住宅を考えてみた。高低差は五〇メートルをこえ、崖地の全体を覆ってしまうことになった。

「六甲の集合住宅Ⅰ」からのフィードバックが反映されている。「六甲Ⅰ」では屋上テラスをふんだんに設け、そこで休日を過ごす住民を想定していたのが、入居した人の実態をみてみると、みな忙しいサラリーマンで、テラスがそれほど使われていないことがわかった。そのため「六甲Ⅱ」では考え方を変え、みんなのための空間をつくる方向にシフトした。つまり住民の健康増進やスポーツに留意して室内プールやアスレチックジム、子どもの公園などのパブリックスペースの充実をはかるということだ。ふだん顔をあわすことのない住民同士がともに過ごすことで公共性がアップする。クライアントからは無駄が多すぎるとの指摘があったが、建築規模が第一期に較べ四倍近くになり、三十戸を収めることになるので、これらのスペースも十分に入った。逆に規模が大きくなりすぎて、法規上の問題も第一期とは大きく異なる。何よりも安全性がチェックされ、それをクリアするだけで五年以上もかかってしまった。敷地の中央が谷筋になっていて、左右で地盤の特性が異なり、構造上左右を切り離さなければならない。広いがゆえに避難経路の問題もあり、これらの問題を市の安全審査委員会で通すためにそれだけの時間を要したのである。

ジオメトリーは「六甲Ⅰ」で用いた立体フレームの考え方を踏襲してつくりあげたが、単位を少し上げ、フェスティバルで用いた五・二メートルの立方体フレームを三つのグループに分けて配置した。谷筋の部分がメインの軸となっているが、ここは地下に透水層をつくって地下水の通り道となし、表面は下から一直線の大階段となしている。それに接続して路地空間を左右に広げ、それに広場や階段をとりつけて全体の複合性を担保する。住戸は標準化を避け、2DK（八二平方メートル）から6DK（三二七平方メートル）までのバラエティがあり、すべてが異なっている。それらの間にパブリックスペースを埋めこみ、遠くからはめだたない。実際にこのなかを歩いてみると、痒いところに手が届くほど細かい空間処理がなされているのに気がつく。緑地帯はとくに重要で、「六甲Ⅰ」とのあいだをそのように計画する。五十年後には全体が緑で包まれることをめざしたが、実際には二十年でその状態に達している。

「六甲の集合住宅Ⅱ」（神戸市、1993年）

法規制のクリアで五年がかかり、それからようやく施工会社を決める段階に入る。今度は大手ゼネコンが手をあげてきた。「六甲Ⅰ」のときは尻込みして中小工務店に前座を務めさせ、うまくいくとわかれば手のひらを返すように擦り寄ってくる。現金なものだ。そう思ったとしても、いやな顔ひとつ見せずおたがい励ましあう。それがこの業界のしきたりだ。
建設工事そのものは三年半を要し、ようやく一九九三年春に竣工した。十年がかりの大プロジェクトであった。時期的にはバブル期の終わりにいたっていたが、それでも数戸の例外は除き賃貸として多くの入居者が居住し、その三分の一は外国人である。高級感が漂い、ゆったりとした空間の使い方と神戸港を見渡すヴィスタから、住民の評判はきわめてよい。
「吹き抜けのリビングも中庭の緑もすべて気に入っていますが、和室が一つあって、落ち着けるのがいいですね。快適に過ごしたい、いい空間を保ちたい、という気にさせてくれる家」(3)(七〇三号室の居住者、松井浩司)
一九九〇年代になると日本の住宅事情も大きく変わり、いわゆる公団住宅時代も終わりを迎えていた。日本住宅公団もその使命を終え、都市再生や災害復興支援にシフトしてUR都市機構と名称を変える。民間による住宅供給が一般化し、大手不動産会社が大規模な集合住宅地を計画する。六甲の集合住宅はその意味で新しいモデルを提示した。

震災復興住宅としての「六甲の集合住宅Ⅲ」

「六甲の集合住宅Ⅱ」の工事が進むにつれ、安藤忠雄の六甲に対する思いはますます膨らんでくる。「ならば六甲の新しいビジョンを描いてみよう」と「六甲Ⅰ」「六甲Ⅱ」に引きつづき、さらに隣の敷地の計画図を描くことになった。一九九一年のことである。東隣の丘上にあるのは神戸製鋼の社員寮であるが、その土地の建て替えをスケッチし、さらに図面となした。フレームによるユニットをいくつも並べ、緑のなかに展開するものである。その提案書をもって当時の牧冬彦会長にアポを入れた。安藤の名はすでに関西一円で知られており、翌年開催のセビリア万博の日本館設計者にも選ばれているので、財界人として無視するわけにはいかない。丁重に迎え入れ、世間話で時間を稼ぎ、「安藤さん、それはすばらしいアイデアですね。考えておきましょう」と婉曲に断る。

「六甲の集合住宅Ⅰ＋Ⅱ＋Ⅲ」。撮影・松岡満男

このころになると安藤のこうした活動は「お節介」の域をはるかに飛びこして、新たなプランナーとして大きな都市のビジョンを示すようになってくる。自分でも神戸製鋼社員寮の計画は実現にはいたらなくとも、ひとつのアイデアとして世に問う程度と考えていたところ、思いがけずも実現に動きだす。

きっかけは一九九五年一月十七日の阪神・淡路大震災であった。この地震で社員寮の建築構造にめだった被害はなかったが、設備系が壊れ、その修理だけでも大変な出費が必要となることがわかった。全面的に建て替えるしかないだろう。隣の敷地を見ると、「六甲の集合住宅」はなんの被害もなく、斜面地の崩壊もない。やはり安藤はたいした建築家だ。牧会長以下、四年前の安藤の提案をはたと思い出した。

「安藤さんの設計はできとるんですか?」

震災の後始末が一段落したある日、安藤事務所にこんな電話がかかってきた。事務所は神戸の復興計画を含め、てんてこ舞いの忙しさであったが、安藤を頼っての依頼に彼の義侠心が沸き立った。「やりましょう」

被災した社員住宅を建て替えるにあたっては復興住宅

特別融資の枠組みにもとづいて震災復興住宅としての補助を申請することができるが、コストは公営住宅並みに抑えなければならず、面積にも縛りがある。当該の敷地が丘上の一・二ヘクタールの緩傾斜の土地となるため、土工事は斜面住宅に較べて安易でなおかつ安価に抑えられるのは都合がよい。安藤と神鋼側との摺りあわせで建設戸数は百七十四戸とすることが決まった。震災以前に安藤が考えていたよりも大きい数字である。

与条件が異なるゆえに住戸の配置形式もそれまでとは異なってくる。高い密度でおさめなければならないので、高層棟が必要となり、全体として高層棟を三棟、鍵型に並べ、その前に低層ならびに中層棟を置くかたちとなった。「六甲Ⅰ」「六甲Ⅱ」と較べるとマッシブで、最上部に地上七階の高層の建物（A、B、C）が壁のように建ち、丘上を横一文字に切りとる。屋上緑化には力を入れ、中低層棟の上は原則として植栽を植えることとした。住民が集まるスイミングプールの設置など共用空間の充実は必須の課題で、緑のプロムナード、中庭、階段などのデザインにはこだわっている。「六甲Ⅰ」の地上面から数えると高層棟の屋上面まで七七メートル、緑に包まれた丘陵都市としての風貌を整えることができた。

「六甲の集合住宅」はまだまだ続く。「六甲Ⅰ」の近傍に七千八百坪の土地をもつ大病院があったが、これをセコムが購入して、老人医療をともなった総合医療施設につくりかえることになった。神戸海星病院の二棟が前面に建ち、背後の丘上に有料老人ホームの「コンフォートヒルズ六甲」（一般住居百十一室、介護居室五十八室）が控える。「六甲プロジェクトⅣ」（二〇〇九）として完成したこの建築群により、四十年あまりをかけて六甲の台地斜面で規模を広げていった集合住宅の進化の痕跡を見てとることができよう。少なくとも日本では他にこのような例をみない。安藤の執念が刻まれた記念碑的な集合住宅地である。

第11章　木の建築をめざす

プロデューサー堺屋太一もボクシング出身

作風からコンクリートの建築家とみなされることが多い安藤忠雄だが、実際はより柔軟に素材を選んでおり、木や鉄骨を主体構造とすることもけっこうある。

彼の手になる木の建築というとまず思い浮かぶのが、スペインのセビリア万国博に際して建設された日本館（一九九二）であろう。「六甲の集合住宅Ⅱ」で四苦八苦している最中に設計者選定のためのコンペがあり、木を大胆に採用した安藤の案が選ばれた。一九八八年のことである。日本館の総合プロデューサーとなっていたのは堺屋太一で、彼とのつきあいのなかでいろいろなものが生まれてきたこともあり、万博の内容に入る前に堺屋と安藤の関係について少し述べておきたい。

堺屋は官僚出身で、作家であり、プロデューサーであり、大臣も務めた稀有の人材である。通産官僚として一九七〇年大阪万博を実現に導き、万国博に関しては右に出る人がいないとまでいわれた。イベントにめっぽう強い。大阪生まれ、戦時中の疎開のため奈良に移るが、大阪の高校に通い、しかも高校でボクシング部に所属していたこともあって、安藤とははじめから馬が合った。体育会系で強引かつ粘り強い性格というのも共通している。

神戸でローズガーデンをつくっているころ、堺屋から神戸の住宅を見学したいという連絡があり、安藤が案内してまわったという縁でつきあいが始まった。堺屋が通産省を辞し、プロデューサーとしての仕事も軌道に乗った一九八〇年代の半ばになって彼の自宅兼オフィスのビルを設計する機会を得た。大阪北区のＴＳビル（一九八六）で、堂島川に面して天神祭を見て楽しむことができる建築がほしいというイベント好きの堺屋ならではの要望を叶えて実現した作品である。セビリア博のコンペに応募したのも堺屋からの強い推薦があったからだ。

京都府立陶板名画の庭（1994年）。撮影・松岡満男

このコンペと前後して大阪で開かれる「花と緑の博覧会」（一九九〇）の展示パビリオン設計の打診があった。名古屋のダイコク電機の展示館のプロデューサーとなった堺屋から、陶板仕立ての名画を展示するパビリオンを設計してほしいというのだ。ダイコク電機はパチンコなどの遊興器具業界の大手であるが、新たな文化産業のイメージを追って、陶板に転写されたダヴィンチなど古今東西の名画を並べた展示館にしようという企画である。大塚オーミ陶業のセラミック技術を示すもので、日本の陶芸の進化した姿をアピールしようといういかにも堺屋らしいアイデアだった。安藤はこれに応えて、水を張った庭、フレームによる空間構成、幾何学的に配置されコンクリートの角柱というかたちで半屋外のパビリオンをつくり、「名画の庭」と名づけた。小品ではあるが、その後の海外でのプロジェクトの原形となるさまざまな試みが詰まった作品である。花博後に壊すには忍びないということで、その後は京都につくられた「陶板名画の庭」（一九九四）に移された。このアイデアも堺屋が練り、設計は安藤がおこなった。

花博パビリオンの設計で堺屋は安藤に日本のトップランナーとしての資質をみていた。日本人の定型的な思考方法を飛びこえて仕事をする安藤に自身の夢をぶつけるのである。

「安藤忠雄という人は、日本的学校段階を踏まずに登場してきた。それがいいんでしょうね。「建築家か、芸術家か」と訊かれれば、芸術家ですよ。あらゆる意味で表現力の豊かな芸術家ですね。文章もうまい、話もおもしろい、あの風貌もいいじゃないですか。一言で表現するなら「思想の表現者」でしょうね」(1)

セビリア万博日本館の成功

セビリアにはコロンブスの墓がある。一九九二年がコロンブスによる新大陸の「発見」から五百年を数えるということで、セビリア万博は「新しい時代の発見」をテーマとする。ヨーロッパ中心の歴史観が勝ちすぎているとの意見もあったが、結果的にはこのテーマで収まり、日本館もその線で内容を絞ることとなった。

万博パビリオンは仮設建築でなければならない。テーマ的には日本と西洋との邂逅をあらわすものがよい。こうした条件をまとめると、堺屋が日本文化のもっとも爛熟した時期とする安土桃山時代を想定し、それに見合った巨大な木質建築がふさわしいのではないか。ペンネームである堺屋太一のもととなった堺の町を想定してみればうまくいきそうだ。こうして安藤のアイデアはどんどんと膨らんでいく。コンペの前年、東京浅草に下町唐座をつくっているが、これを世界規模に展開してみたいとの意欲がわいてきた。万博という遊興地の中ほどに巨大な見世物小屋をつくろう。木を用いた構造体で、空中高くもちあがる柱梁を覆うように木の薄膜がかぶさったかたちとなる。天幕の代わりに木の幕となっているのがみそだ。ガレオン船でやってきた異国人の前に巨大な見世物小屋がそびえるといった南蛮絵図を思い描いてみるのもよい。小屋のなかは異界であり、そこに入るには太鼓橋を伝わり彼岸へ渡る。和風建築といったジャポニスム的な解は避け、素材にイメージを託してストレートに建築化するのが安藤のやり方だ。

1992年、セビリア万博日本館前にて

だから、木の使い方にもこだわりがある。ここでは「生《き》成《な》り」を基本として、着色されていない素の状態で木の肌をさらす。パビリオンの反った壁面を覆う下見板がすべてそのように処理され、それだけで木質感がいっぱいだ。重要なのは構造で、これは四本の柱を組んで一基とした柱群を五基ずつ二列に並べ、その上部を直交する梁で結ぶ。梁が上に行くほど迫りだしていくこのやり方は鎌倉初期に宋より伝わった大仏様《よう》の構法に想を得ている。建物の中心軸上に柱を置くのは伝統建築からみればご法度であるが、それを意図的に採用して新たな空間づくりをするのも安藤らしい。ここで生みだした新たな木構法が後の光明寺（二〇〇〇）の基本となったことは先に述べた。材は集成材を用い、あえて伝統木造から距離を置いた。

日本館のもうひとつの特徴は、その製作から施工にかけてのプロセスを経て木質技術の開発と共有化を進めることにあった。材の調達に加えて、各国から集まった職人たちのあいだで技術を共有させ、面倒な工事をおこなっていく。チームワークのつくり方に関しては相当のレベルに達したと安藤は自負している。

六ヵ月の工期を経て日本館はできあがった。間口六〇メートル、奥行き四〇メートル、高さ二四メートル、いまでこそ巨大な木造建築が建つようになったが、当時としては世界最大級の規模をもつ木造現代建築だった。屋根材としたテフロン膜から射しこむ白濁した光で展示室が満たされ、アンダルシア特有の乾いた空気のなかで木のぬくもりが妙に心地よい。百七十六日の会期で五百二十万人の来館者を迎えた。

日本館に対する評価は、「この内部空間に展示物はいらない」[2]（ジョージ国広）とまで言いきるものを含めて、その独創性を褒めるものが大半である。それに異を唱えたのが、内井昭蔵のように「架構の組み方にひ弱さを感じるのは残念なことだ」[3]といった辛口批評である。当時建築界のご意見番的な立場にあった内井は装飾性をともなった過剰な建築をめでる傾向にあり、それまでにも伊東豊雄や石山修武とのあいだで「健康論争」を交わしていた。一九四一年世代の前衛性が建築から健康な精神を奪っていると考え、苦言を呈したところ、逆に伊東たちからカウンターパンチを食らうことになる。安藤のミニマリズムにも物足りなさを感じていたのだろうか、「新建築」の誌面にそのような挑発的な文言を載せた。当の安藤はまったく気にしていないようだ。

堺屋がプロデュースしたふたつの博覧会パビリオン、花博のパビリオンとセビリア万博の日本館は車の両輪のような関係にある。前者がコンクリートを使いながら水と光が交わりあう柔らかな空間となるのに対して、後者は木の感触と木の空間を最大限に生かした大空間だ。

移築話から始まった「木の殿堂」計画

セビリア万博の日本館は興行面でも建築面でも大成功を収めた。その結果に満足したプロデューサー堺屋太一は、このパビリオンをなんとか永続的なものとして日本に移したいと考えて、いろいろ手を打った。史上最初のロンドン万博（一八五一）で水晶宮がロンドン郊外に移築された話は有名だが、一九七〇年の大阪万博でもスカンジナビア館が北海道の石狩、サンヨー館がカナダのヴァンクーヴァーに移設された例があり、需要さえあれば、すぐにでもできる。

そこにあらわれたのが兵庫県の北、村岡町（現香美町）への移築話である。一九九四年に第四十五回全国植樹祭が村岡町で開催されることになり、それを機に森林と林業に関わる展示施設を建てようとの構想がもちあがった結果、建設委員の梅原猛の紹介で堺屋と安藤のもとに打診が来た。そこで村岡町の敷地を調べ、法規や構法、予算面でのチェックをしてみると、どうみても規模が大きく、またスペインでは通った確認申請もここではむず

兵庫県木の殿堂（美方郡、1994年）、
南西からの鳥瞰。撮影・松岡満男

かしいという結論が出てしまった。

ならば新しい案を作成しよう。森を相手にするのであれば一にも二にも手がけてみたい。というので、できあがった案が現在の円形プランの展示棟である。

全国植樹祭は一九五〇年に始まる国土緑化運動の最大の行事で、都道府県でまわりもちとなるが、天皇・皇后によるお手植えがあり、皇室行事的な色彩が強い。この祭典が東京・神奈川を除いて全国を一巡し、兵庫県が第二ラウンドの出発点に選ばれた。そのため但馬地方が重点整備の対象となる。このエリアは急峻な山岳地帯で、見た目には深い樹林に包まれている。ただ戦後の植林でスギ・ヒノキなどが主体となったことで、かつてあった常緑樹の多様性はめだたない。この森林資源をいかに活用し、いかに木を用いるかが地元としての大きな課題である。そのシンボル的な意味を込めて村岡町西部の十石高原一帯を「自然とのふれあいの森」として整備し、その中核施設として「木の殿堂」が建設されることになったのである。こうした事業を進めるうえで皇室の存在はきわめて大きい。

隣の兎和野《うわの》高原には一九六七年より兵庫県青少年本部により研修施設として県立兎和野高原野外教育センターが発足し、宿泊棟、食堂棟、体育館をともなった自然学校を運営していた。「木の殿堂」を含む十石高原の森もこの野外教育センターに組み入れられ、「青少年の健全な育成」をモットーに広く一般に開かれた研修・教育施設として運用する。

安藤のアイデアは没となったセビリア万博日本館移築案を下敷きとしている。ただここでは森林のまんなかに位置し、建設用地も限られるということで、全体のプランを集中式（正三十二角形）として中央に中庭、そのまわりをリング状に木の膜をまわすかたちとした。構造はセビリアと同じく四本一組の柱群十六基を環状にまわし、その上部に梁を架ける。こうしてできあがった構造体に木の膜を環状にかぶせ、直径四六メートルのドーナツ型の展示館ができあがる。「生成り」のスギ板を下見板として貼りつけるのもセビリアと同じやり方だ。地元産のスギの間伐材による集成材を用い、地産地消をアピールした。

この建築の構成秩序は自然との関わりから導かれている。敷地一帯に隠れた幾何学として正方形を連続させ、そのなかに建築物として円を顕在化させているので、遠目にもきわめて整った配置と映る。前年に竣工した「六甲の集合住宅Ⅱ」では正方形（フレーム）を顕在化させ円を隠しているので、逆の手法である。植生（森）と人工物（殿堂）の対比は完璧といってもよく、そこを貫く一筋の線（通路）が強烈な印象を与えるのは、フォンタナ的な一筆書きが生きているからだろうか。それでも下町唐座、セビリア万博日本館にはみられた遊興小屋のもつ仮象性のイメージは消え去っていて、より抽象的だ。太鼓橋に代わって殿堂を貫いて東の斜面をまっすぐにのぼる道行に、自然界への旅立ちの儀式を重ねてみることもできそうだ。

自然との対話が主題となる。地となるのは周囲に密生する樹林であり、そのなかから素材循環をあらわすかのように木材でつくられた円堂が浮かびあがる。この全体が立派な環境装置となっている。内部には世界の木造民家や民具、組み木細工などが展示され、木づくしの建築なのである。もっとも訪れる子どもたちにとっては、むずかしい生態学の話よりも安藤の建築が周囲の森と一体となって醸しだすトトロ的な情景のほうがずっと心に残るにちがいない。

中学校は木質系で

昨今、日本の公共建築は木質系への傾斜が顕著となっている。先進国のあいだでは循環型社会をめざした森林の保全と木材の利用促進が国レベルでの政策となり、公共建築における木の利用が増えている。日本でも「公共建築物等における木材の利用の推進に関する法律」（二〇一〇）が策定され、公共建築の木造化・木質化が推奨されるようになった。

学校建築はとくに重点が置かれ、文部科学省は一九八五年から木造利用の促進を図ってきた。現在では年間に建設される小中学校のおよそ三分の二が木造・木質（内装）となっている。安藤にとっても避けては通れない課題だ。安藤の哲学からいえば文科省のそのような指針に縛られることは潔しとしない。子どもにとっての居場所づくりこそが建築家としての使命であると感じている。不思議なことであるが、安藤が小中学校を手がけるようになるのは一九九〇年代半ばになってのことで、けっこう遅い。それ以前に大学施設の設計はいくつもおこなっているにもかかわらず、である。兵庫県の播磨高原東小学校（一九九五）、同中学校（一九九七）であるが、これは播磨科学公園都市内に設置された実験的学校で、つくり方もテクノポリスふうである。

石川県のふたつの小中学校に注目してみたい。かほく市（旧宇ノ気町）の金津小学校（一九九五）と加賀市の錦城中学校（二〇〇二）である。ともにローカルな土地柄を重んじつつ、木質の新たな境地にチャレンジすることとなった。宇ノ気町は安藤が敬意を払う西田幾多郎の生地で、後に記念館（二〇〇二）を設計することになるが、金津小学校建て替えの話が来たときはごく素直にその土地の子どもたちとふれあった。高台の斜面地となっていた校舎候補地を訪れ、そのまわりの森の風景に強く打たれて、その場でこう言いきった。「日本の学校の見本となるような森の学校をつくりましょう」。宇ノ気には安藤を元気にさせる霊気のようなものが潜んでいるようだ。

地形は重要である。土地になじみ、森に交わることをめざして「あえて平地に造成せず、斜面を生かした校舎。そして教える場でなく、考える子を育てる場としての学校」となるよう光、風、音といった自然の恵みを子どもたちが身体で感じる居場所づくりをめざす。高台の上に建つ教室棟はコンクリートとしたが、一段下がった体育館では木造の大架構を導入する。全体が膨らみをもったボリュームとなり、それを集成材でつくった斜めのV字柱、変形方杖（わずかに湾曲した斜材）、天井アーチを組みあわせた架構で構成する。コンクリートの空間では生みだしえない不思議なジオメトリーで、直線で処理することが多い安藤の木質建築のなかでも異色の存在である。かくして「周辺には小鳥がさえずり、虫が飛び交い、さわやかな風と太陽の恵みをいっぱい受ける森の学校」（金津小学校ホームページ）ができあがった。

錦城中学校は、一九九六年に創立五十周年を迎えた同中学校の建て替え事業が決まり、木質化の枠組みで設計を進めたものである。建て替えにあたって一九九九年に新市長に選ばれた大幸《おおさか》甚は前市長が進めていたコンクリートによる新校舎計画を覆し、「木造校舎が持つ「ぬくもり」や「やわらかさ」等が、成長期にある子供の精神や肉体によい影響を与える」と主張して木造・木質化路線に転換する。むろん、文科省の補助事業とするうえでもそのほうが都合がいい。そこで安藤忠雄に相談し、安藤は木質化を前提に設計を進めることになる。

加賀市立錦城中学校（2002年）、コモンスペース。撮影・藤塚光政

中学校用地は城下町大聖寺の西側、山沿いの一画にある。一学年百四十名程度ということで、規模的にはほどほどの学校となる。敷地としては緑に恵まれ、環境はよい。安藤の頭に浮かんだのは、教室棟を長楕円として、そこに長方形の地域開放棟を斜めに交差させる案である。ふたつの異なったボリュームがかみあい、動きのあるスペースができそうだ。中学生がこの校舎と敷地を十分に楽しむには共有の空間が重要な役割を果たす。そこで長楕円の中ほどをコモンスペースとして外周に沿って教室（一般・特別）を配置する。コモンスペースは二層の吹き抜けとして両脇に階段を設ける。天井の中央にトップライトが設けられ、光がこの

スペースの中ほどに落ちる。全校生のヴィスタがこの共有空間に集まり、場所の一体感がより強まる。外部空間も重要である。背後の山肌を借景として校庭が広がり、そのまわりに桜を植樹することになる。

ここでひとつの問題が起きた。室内空間をシンプルかつ広々とした構成に落ち着かせるためには、木材では十分な構造強度が出ない。セビリア万博日本館から光明寺にいたる大仏様《よう》的な構成では中学生の空間利用パターンとそぐわない。体育館的な大架構というわけにもいかない。ということで主体構造に鉄骨を導入した。柱は鉄骨を集成材で覆って丸柱となし、梁も鉄骨と集成材を組みあわせる。こうして確認申請上は鉄骨造となった。しかし内装、外装ともに木を用い、鉄は見えない。文科省仕様でいうところの木質化建築に収まり、補助金事業としても難なく認可された。

ところが実施設計段階で地元の新聞が「錦城中学校、鉄骨化へ」と大きく報じたために市議会で紛糾する。議員の多くが倉庫のような鉄骨建築をイメージしたようで、市長のポリシーが一貫しないと激しい議論となった。そのときの教育管理局長の答弁記録が残っている。

「錦城中学校の改築につきましては、実施設計段階において安藤事務所から「地盤の強度や避難建物としての強度を確保する必要を勘案した場合、使用部材に鉄骨を採用するほうがよいのではないか」との提案要請を受けました。そこで庁内で協議を重ねた結果、木造校舎建築における理念の柱である木のもつ特性を損なうことなく、かつより多くの木材使用面積を確保できるとの結論を得ましたので、使用部材を鉄骨とする提案を受け入れたわけでございます」(二〇〇一年九月十七日)

そのとおりではあるが、いかにも役所的で、これでは議員たちも狐につままれたような気持ちだっただろう。ともかく大幸市長の強い意志で施工に漕ぎつける。大義名分となっている木材利用に関しては地元産のスギ材を使うことになり、教育委員会が森林組合から直接購入して施工業者に支給するかたちをとった。

一年後に竣工した中学校の校舎は、よい意味で議員たちの想像を裏切った。柔らかく流れるような外観、広々として木のぬくもりがそのまま感じられる内部空間に誰しもが称賛を送る。そして市長は市議会でこう述べて溜飲を下げたのである。

「先般遠山〔敦子〕文部科学大臣や西田幾多郎記念哲学館の大橋〔良介〕名誉館長など多くの著名な学者や教育者が見学し、絶賛の言葉をいただいておるところでございます」（二〇〇二年九月十日）

木造に執念を燃やす加子母村

林産地域の木質化事業に深くコミットしたのが岐阜県加子母《かしも》村（現在は中津川市に合併）である。二〇〇三年になって、村の進める加子母ふれあいコミュニティセンター（二〇〇四）のプロジェクトに関わることになった。

加子母村は典型的な林業の村で、東濃《とうのう》ヒノキの産地として知られる。村内には伊勢神宮にヒノキを供給する神宮林もあり、江戸期から続くいくつもの林家《りんか》が村を支えてきた。そのひとりでもある村長粥川眞策は精力的に木質化の事業を推し進め、地元材（ムク材、集成材）を使った交流センターや給食センターなど中規模の公共建築を木造で建設した。その次の段階として耐震性の低い中学校の建て替えを考え、安藤忠雄に接触してきた。大断面集成材を用いた大型建造物を考えてほしいという内容である。

ヒノキで有名な加子母からの依頼に安藤の好奇心が刺激され、村長と折衝を続けたが、予算の問題もあり、中学校は耐震補強をして存続することとなった。村長からそれに代わる案として、地域の福祉センターの設計を提示される。

人口三千人あまりの小村だが、美林と銘木に支えられた伝統は大きく、地芝居がさかんで明治中期の建立になる歌舞伎小屋「かしも明治座」がある。加えて地元の人々はプライドも高く、木の技術を徹底的に究めようとの意欲に満ちていた。「ほんとうに木に暮らす人々だ」とこの村がすっかり好きになった安藤は、新しいやり方で福祉センターのアイデアを膨らます。

加子母村ふれあいコミュニティセンター（2004年）。撮影・松岡満男

体育館のような大空間は必要ない。社会福祉協議会やデイサービスセンターの機能を入れるために平屋の長方形ボックスを三つ用意し、それらを斜めに交差させてその上を大屋根で覆う。構造的にはV字型の柱を並べて壁面をつくり、上部で梁をつなぐかたちとなる。V字型の柱はかほく市の金津小学校体育館で試みているが、こちらは大空間ではないので大スパンを飛ばす必要もなく、斜めに飛びだす方杖の類も必要ないので、すっきりとした空間処理ができる。安藤にとっての新機軸はこのV字型柱と大屋根で軸をずらしたことで、その結果余白のスペースを外部空間として木の列柱で仕切る。

この工事は地元の中島工務店が担当した。一九五六年創業で、社長の中島紀于のもと全国展開するまでに業績を伸ばしてきた。木造に執念を燃やし、加子母木匠塾といった木造・木質の専門家育成の組織をつくって全国から若者を集めている。そんな社長が安藤との協働に意気込み、村内の製材所、プレカット、集成材工場、造作工場などをまとめて完結した木材供給システムをつくった。安藤が全体の指揮者だとすれば、生産者（林家）から木材市場、製造工場、そして施工まで、業界用語でいうところの「川上から川下まで」を中島が仕切り、村は村で林野庁からの補助などの行政事務を担当した。小さいながらも高い密度の仕事である。安藤にとっても新鮮な刺激で、若いころに体験した身体の奥から込みあげてくる熱気を感じた。

第12章　公害の島を生まれ変わらせる　直島での実験

鬼が島から宝島に

瀬戸内海に浮かぶ小島にすぎない直島は、現在アート・ツーリズムの勢いを得て年間四十万人から七十万人の訪問客を惹きつけている。香川県でいちばん人を集めているのではないだろうか。こんなにもてはやされているのをみていると、逆に過去のことが気になってくる。じつは直島を含む直島諸島は、日本人なら誰でも知っている昔話『桃太郎』のなかに出てくる鬼が島であったという説が根強く残っている。直島の南、女木島《めぎじま》がその根城である。

この種の鬼退治の民話は、若者が成人になるための通過儀礼として悪鬼との闘いに出立し、その末に財宝を獲得して凱旋するというパターンで、北欧の竜退治の話に似ているといわれるが、急を襲われた女木島衆の立場からみれば理不尽そのものである。瀬戸内の小島は海賊の根城だったといった偏見もあり、その程度に見下げられていた直島がこの数十年で鬼が島の汚名をぬぐって宝島になっていく逆転のプロセスがあったということであり、そのなかで安藤忠雄は決定的な役割を果たしている。

ベネッセアートサイト直島。撮影・藤塚光政

桃太郎的な瀬戸内の理解は支配と収奪の構造に対応しているので、島の住民にとっては残酷な話だ。そうした江戸期までの地域間の勢力図に対して、瀬戸内の風景を横断的に眺めてその美しさをめでる見方もあり、関西人のあいだでは広く共有されている。入り組んだ海岸線と島並みとがつくりだす絶妙な景観に景勝地としての認知を与えるということで、昭和のはじめ（一九三四年）には国立公園になっている。そのおかげで小豆島、仙酔島、周防大島、因島《いんのしま》など並みいる島々が観光の対象となり、人を集めるようになった。

ところが直島の場合は、その恩恵に与るどころか逆のベクトルが働いた。衰退の結果、大正期になって日本各地で公害問題を引き起こしていた銅の精錬所の受け入れを余儀なくされたのである。島の北側で三菱合資会社（現三菱マテリアル）の精錬所が稼働を始めると、各地から多くの従業員が集まり、人口も税収も増えるが、同時に鉱石を溶錬する際に発生する硫黄酸化物による深刻な煙害が発生した。そのため直島および周辺の島々で樹木が枯れはじめ、あっという間に禿山状態となってしまった。公害抑制技術もない時代、美観を失うだけではなく環境そのものが悪化の一途をたどることになるが、その対価として香川県内では有数の経済的利益を得る。直島は金のために身売りしたとまで言われた。

町民のなかで先見の明があったのが八幡神社の神職、三宅親連《ちかつぐ》であった。一九五九年に町長選で初当選し、一九九五年まで九期三十六年にわたって町長を務めた人物である。五十歳になって町長になったが、なんのしがらみもなく政治の世界に入ったことがさいわいし、豊かな財政をバックに気兼ねなく島の将来ビジョンをとりまとめることになる。公害問題が大きな国内問題になった一九六〇年代から環境問題の克服、生活基盤の充実、観光業の振興などをあげて新たな方向に舵を切り、長期政権のなかで徐々に環境改善の努力を積みあげていった。

三宅町長は建築家石井和紘を育てた人物としても知られる。学校建設のため東大教授の吉武泰水に相談に行ったところ、一九六八年の学園闘争の最中でとりあってもらえなかったが、吉武のもとで大学院博士課程に在籍する石井が手をあげて町の振興計画に参加する。その延長で彼が直島小学校（一九七〇）の設計をおこない、吉武風を受け継いだデザインが好評を博したこともあって三宅の信頼を得る。その後アメリカへの「通勤留学」をおこないながら、直島の一連の公共建築の設計に携わる。とくに町役場（一九八二）はポストモダンの影響を受け、飛雲閣もどきのデザインで建築界を驚かせたのは記憶に新しい。いまではデザインのよし悪しよりも直島を広く知らしめたということで評価されている。

三宅町長は、そのころ直島の観光資源の活用をめぐり、つてを頼ってさまざまな企業に打診をしていた。まっさきに手をあげたのは藤田観光で、島の南に土地を購入して海水浴場を開設するが、オイルショックもあって撤退してしまう。遅れてあらわれたのが岡山に本拠を置く福武書店で、一九八五年になって社長の福武哲彦が直島を訪れて三宅町長に島の南側一帯を文化ゾーンとして開発したい旨の提案をおこなった。たまたま町長の甥、三宅員義《かずよし》が福武書店の社長室長をしており、彼がふたりの会合をセッティングしたのが発端である。これが福武書店、後のベネッセ・コーポレーションの直島への展開の始まりであった。

この時点で、安藤忠雄はまだ表舞台に出てこない。

福武總一郎による直島メソッドの試み

一九八六年四月に三宅町長を驚かすニュースが伝わる。福武哲彦が心不全のために急逝したというのだ。福武書店の創業者たる哲彦は教育畑を歩み、学習教材の出版から始めて進研ゼミを成功させ、同社の業績を飛躍的に伸ばしたことで注目を集めていた。次のステップは同社を地域に根差した文化産業に育てあげることであった。哲彦の死によって長男の總一郎が急遽東京から呼び戻され、新社長に就く。

福武總一郎は即決即断の人である。父親の直島に対する思いに深く共感し、「直島については親父の遺志を継いで私がやります」と町長に告げ、そのうえで彼なりの事業計画をつくりあげる。そして翌一九八七年にはかつて藤田観光がリゾート開発のため所有した南部一帯の約一六五ヘクタールを一括譲り受け、壮大な「直島文化村構想」を打ちだして地元の協力を求める。自然と歴史、現代アートとの融合が大きなテーマであった。そしてその実現者として安藤忠雄をこの島に誘うのである。福武書店に移る前、岡山の工務店松本組にいたことで安藤と知己になっていた三宅員義が福武を安藤事務所に連れてきたのが最初のコンタクトだった。その後、堺屋太一の住宅兼オフィスのお披露目に福武があらわれ、その場で直島への協力を求められた。安藤は「それなら石井さんという建築家がいますよ」と石井和紘を勧めたが、福武は「東京の建築家は信用できない」といってきかない。

安藤はその当時のことをこう述懐している。

「私が福武さんに連れられて一九八八年に初めて訪れた時は、直島はまだはげ山の状態だった。そんな荒廃した島を前に福武さんは、「ここを世界の一流芸術家の表現の場とすることで、訪れる人が感性を磨くことのできる文化の島にしたい」というのだから、当初は理解に苦しんだ(1)」

最初につくられたのは直島国際キャンプ場で、これはむしろ父哲彦の考えに近い。モンゴルからゲルを購入して海浜に並べ、学習漬けの日々を過ごす子どもたちを自然のなかに解放すべく滞在型のキャンプ生活の場を提供する。直島の南端は山によって北部の工場群から切り離されているので、海浜でのリゾート生活が売りにできる。このリゾート性をさらに発展させたのが美術館とホテルの複合施設で、その牽引役が安藤であった。

それにしてもなぜ安藤でなければならなかったのか。

福武は「私は東京の人間は嫌いです。ですから建築の仕事を頼むなら、大阪の安藤さんしかいないと思っています」と言いきる。社長になるまで彼は東京で福武書店の仕事をしていたが、急に岡山に移って心境が大きく変わったようだ。

「それまでは毎晩のように都心で飲み語らっていましたから、最初は困ったんだ。でも趣味も兼ねてクルーズで島々を回るうちに、素晴らしい自然と、共に生きる暮らし、根ざす歴史や文化を知り、逆に東京の歪さに気づいたんです。情報や娯楽は多いけれど、ストレスも多い。そして文化は海外の真似ばかりでしょう。赤坂迎賓館すらベルサイユ宮殿の真似で[2]」

生まれ故郷の資産である瀬戸内の自然にめざめ、それが近代化や都市化の犠牲となって取り残されている状況に問題意識を強めていく。かつて美しくあった場所に力を回復させるため、直島を「文化的なレジスタンスの『アジト』のような存在にしたい」と思いはじめるようになる。六八年世代であり、かつての都市ゲリラ、安藤が発したメッセージと同じ発想だ。しかも「過度な近代化や都市化のシンボルである東京との闘い」を前面に掲げ、安藤にその力をみる。

ベネッセハウス・ミュージアム工事現場で福武總一郎と

「安藤さんという、言ってみれば非常に人間臭くて、なおかつボクサー上がりのファイティングな建築家の建築、その最も闘っている建築の中に、今度は自然とアートのファイティングなせめぎ合いも生まれてくる[3]」

直島の戦略的な価値についても十分に研究したようだ。離島とはいっても玉野港の目と鼻の先で、三菱マテリアルの工場は島の北側にあって、南は海に開いて風光明媚な景観美を残している。地元は過疎化の兆しを見せているとはいっても町長以下やる気がある。工場も環境汚染型を脱して環境親和型に移行し、リサイクルなど新たな技術革新が進行しているので、その協力を得たうえで島の自然の回復に力点を絞ればよい。足りないのは総合的なビジョンとリーダーシップで、それこそが自身の役割と認識する。

場所のポテンシャルをこのように見抜き、地元直島町や三菱マテリアルのとりくみを横目に見ながら、新たな戦略をインプットする。基本とするのはアートを介した地域の回復である。その路線の上で美術館としてはじめてできあがったのがベネッセハウス・ミュージアム（一九九二）であり、以後さまざまなアネックスができて滞在型のミュージアムの体制を整えていく。これにともなって福武書店の名をベネッセ・コーポレーションに変え、企業イメージの転換をはかる。

このようなミュージアムの計画がスムーズに進んだ背景には、現代美術のアートコレクターとして相当の蓄積を積んでいたこともある。福武は父親譲りの目利きでもあり、直島のアイコンとなった草間彌生をはじめとして、これと眼をつけたアーティストを招聘して直島の現場でアートワークの制作をさせ、サイトスペシフィックな作品を次から次に並べていく。

冒頭に示したように直島はいまや世界が注目するホットスポットであり、独創的な現代美術のマネージメントにもとづいて地域の復興をはかるという点から「直島メソッド」と命名されている。スペインのビルバオ・グッゲンハイム美術館（一九九七）がフランク・ゲーリーの手になる強烈な建築によって年間百万人をこす来館者を集め、いつしか「ビルバオ方式」と呼ばれるようになったのと似ている。ただ直島の場合は、アートワークが環境再生の下地となり、地域住民が深く関わっている点で独自の領域を切り開いた。宝島の秘訣はここにある。

ベネッセハウス・ミュージアム

ここで直島における安藤忠雄の役割をあらためて考えてみよう。安藤は最初の時点から福武總一郎のアドバイザーであり、パートナーであり、当然のことながら建築家であった。いつもなら安藤が周囲をぐいぐい引っ張っていくのをここでは福武が先を走り、安藤がその姿を見て一瞬驚きながらも、その人となりに共感してプロジェクトに全精力を注入していることがわかり、大変おもしろい。「まさか」というような発想ができる企業人で、そのような人間の存在が日本の現代文化を元気にしているといってよいだろう。

直島の安藤シリーズは、大きく三つのグループに分かれる。第一グループとしてベネッセハウス・ミュージアム（一九九二）に始まる滞在型のミュージアム、第二グループとして街なかの古民家などを用いた「家プロジェクト」（一九九九—）、第三グループとして南西部の丘のなかに埋めこまれた地中美術館（二〇〇四）といった具合に展開し、さらに李禹煥《リ・ウファン》美術館（二〇一〇）が加わって大小のミュージアムやギャラリーなど計八件の建築が島の南に点在する。直島に来れば過去三十年間にわたる安藤の仕事の推移を眼にすることができるという点でもお勧めの場所である。

ベネッセハウス・ミュージアムは、当初「直島コンテンポラリーアートミュージアム」の名でオープンし、安藤にとっての最初の本格的なミュージアムとなった。瀬戸内の入り組んだ地形を意識して、山並みのなかに尾根を構成するように巧みに配置され、外からはその存在がわからない。訪問者は海からアプローチしてエントランスまで斜面を登っていく。桟橋に始まるその道行きがドラマティックで、景観の変化を味わいながら美術館への期待を徐々に高めていく手法は絶妙だ。折れ曲がった斜路を経てエントランスに到達すると、今度は丘のなかに半ば埋めこまれた幾何学の空間が姿をあらわす。圧巻なのはエントランスのすぐ先にある巨大な円筒形の展示室で、地中にこんな大きな空間が開いていることに驚きながら、一気に地底降下の気分を味わうことになる。上から降り注ぐ光が心地よい。その先にあるのは直方体となった展示室で、正面のサンクンガーデンとは十字のマリオンで隔てられ、側面のピクチャーウィンドウからは壮大な瀬戸内の風景が飛びこんでくる。

この空間の構図は、先述したように未完の渋谷プロジェクト（一九八五）やコレッツィオーネ（一九八九）などの商業空間で試みた地底の空間を直島のコンテキストにあわせて翻案したもので、土地の起伏を巧みに利用して静と動、明と暗のコントラストをつけ、時間とともに変化する光のダイナミズムを十全に実現した。

アーティストの選び方は、ポロック、ラウシェンバークといった現代美術の古典に始まり、ブルース・ナウマン、ジョナサン・ボロフスキーといった中堅世代、川俣正や杉本博司といった当時としては新進の世代にいたる

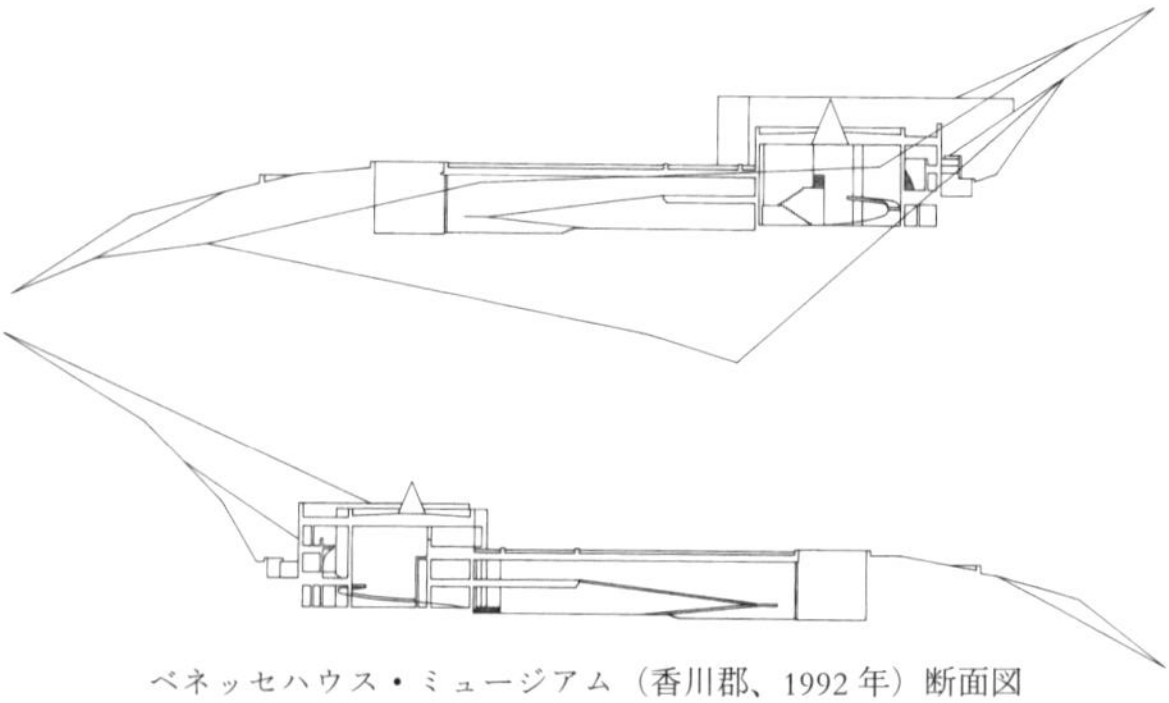

ベネッセハウス・ミュージアム（香川郡、1992年）断面図

まで万遍なく選ばれており、昨今評判となってきた現代美術館の潮流に先鞭をつけたといってもよい。滞在型のミュージアムと銘打っているが、これはアーティストにとっても同様で、サイトスペシフィックの理念を追求するうえでもこの地に一定期間滞在して作品を制作することが求められる。作品を購入するのではなくアーティストに制作依頼をするという意味でコミッション方式といわれる。当初、福武のコレクションは数が限られていたが、このやり方で直島ならではのアートワークをどんどん増やしていくことになる。

　安藤の空間は、ときには展示物をはるかに凌駕してしまうインパクトを有しており、万国博のパビリオンではたしかにそのようなことが指摘されている。しかし、直島においては現代美術のアートワークと一定の緊張関係を結び、適度の計算された配置を結んでいるといってよいだろう。建築自体が装飾性を斥けているので、アートワークがコンクリートによる生の素地の上にひとつひとつ浮かびあがり、安藤が重視する回遊性の構図にしたがって順番に鑑賞者の眼に飛びこんでくる。その最初となるナウマンの「百生きて死ね」（一九八四）は、巨大な円筒空間の底にネオンの文字盤が点滅するオブジェがただひとつ置かれ、大空間に輝きわたるその光彩のまばゆさゆえに圧倒的な表現力を獲得している。「あの作品は、オークションで一度は負けて買えなかった作品なんです。でも、一年くらい後に、一割だか二割だかの金額を上積みして買いました」と福武がいうほどのこだわりがあり、そのために唯一無二の空間が用意されているといってもいい。

　直島に滞在しながら瀬戸内の風物とアートワークを楽しむために、このミュージアムには宿泊施設が設けられ

ベネッセハウス・オーバル（香川郡、1995年）全景。撮影・藤塚光政

ている。ミュージアム棟の上に斜めに宿泊棟が載り、十室を擁していた。

四年後、山上に新たな宿泊棟「オーバル」（一九九六）が安藤の手によって完成する。VIPの宿泊を前提としたもので、客室数は六室で、一室の面積が三二―六五平方メートルと広く、各室にテラスが設けられて、そこから瀬戸内の眺望を十分に味わうことができる。その名からもわかるように、楕円形平面で構成され、楕円の水庭を囲んで客室が配置されている。地中に埋めこむというコンセプトは一貫しており、屋上は緑となって山並みに溶けこんでいる。

このオーバルには多くの賓客とともにアーティストも宿泊している。安藤がおもしろそうに語るのはイギリス人アーティストのリチャード・ロングの話である。アーティストには絵を描く、彫刻をつくるといった本能的な衝動があり、そこに画材があれば衝動に駆られてほとんど無意識で作品をつくってしまう。福武の指示でホテル側がロングの部屋に画材一式を置いておいたところ、数日後には壁面に彼独特の円環が描かれていたというのだ。アーティストの落書きだから、とくに報酬を払う必要もないが、部屋のほうはそれ自体がアートワークになって付加価値がつく。「福武さんはすごい人、こうやって彼のコレクションはどんどん大きくなっていくんだから」。安藤を驚かすほどだから、福武は役者が上である。

直島への訪問客がその後どんどん増えていく。滞在型ミュージアムといっても部屋数が限られており、部屋がとれないというミュージアム側にとっては嬉しい悲鳴が聞こえてくる。そこで二〇〇六年になって海岸部に新たな宿泊棟が木造で二棟、それにレストラン専用棟が建設される。それぞれ「パーク」「ビーチ」「テラス」と名づけられ、そのすべてが安藤の設計である。

街並みに分け入る家プロジェクト

直島町は本島を中心にいくつもの島から構成されており、そのそれぞれに大小の集落がある。中心となるのは本島の本村《ほんむら》で、町役場もここに置かれている。「家プロジェクト」はこの本村の街並みに現代美術が貫入したのコンセプトで、古い民家や寺社を用いてアーティストがそれぞれのアートワークをつくりこんでいる。いわばミュージアムが外に出ていって人々の暮らしのなかに分けいったということだ。過疎化に見舞われたこの地域の活性化を図るべく、空き家を利用して街並み自体がアートの空間となる。

本村内の空き家数は百棟近くになるが、むろんそのすべてを利用するわけではない。アートとマッチングする個性ある建築を順次選び、ベネッセで購入する。プロデューサー役は美術評論家の秋元雄史《ゆうじ》が務めていた。最初のプロジェクトとして白羽の矢が立ったのは、天明期（一七八〇年代）建立の立石家住宅で、当時無人のまま荒れ果てていた。切妻、田の字型平面で限りなく町家に近いが、冠木門《かぶき》と前庭をもつ点で町役人としての家格がうかがえる。一九九七年春に町役場から立石家を紹介され、場所、建築とも申し分がないとして購入を決定する。修復が必要なため、地元の建築を知り抜いている高松在住の建築家山本忠長にその作業を依頼した。少し遅れてアーティストとして宮島達男が指名され、彼のヴェネチア・ビエンナーレ出品作をここで再度インスタレーションすることが決まった。田の字となった居室部分全体に水を張ったプールをつくり、そのなかにデジタルカウンターを配置してアートワーク「Sea of Time 98」（時の海）を完成させる。この建築は立石家の屋号を用いて角屋《かどや》と呼ばれる。

角屋プロジェクトは外構も含めて足かけ二年を要した。その間に町民とのワークショップや意見交換を実施して地元との距離感を縮め、町側の期待も高まってきた。むろん、安藤も一連のプロジェクトに興味をそそられた。「あの角屋という作品、おもしろいな、秋元さん、おれもやってみようか」と思わず秋元に声をかけた。それが第二弾となる南寺プロジェクト（一九九九）の始まりである。もちろん、この安藤の申し出に福武自身もふたつ返事で賛成した。

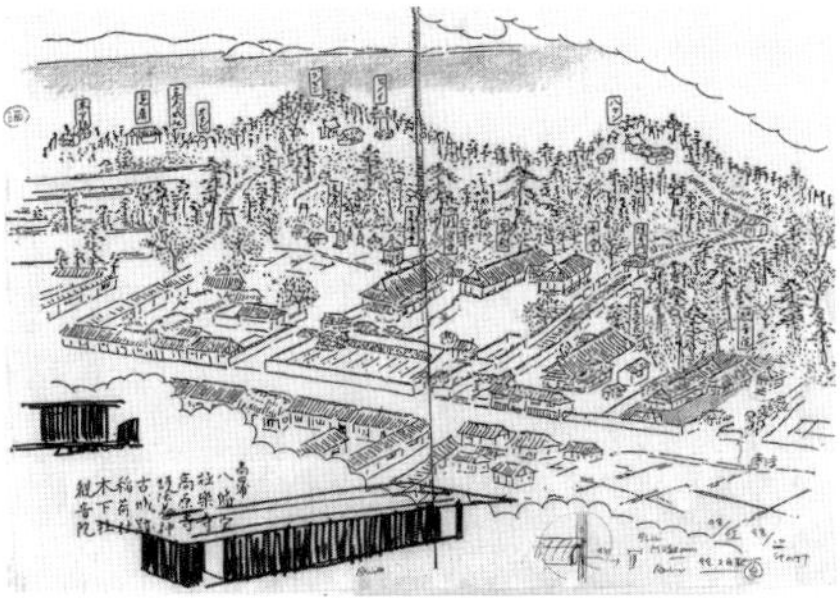
直島本村の古図に描かれた南寺のスケッチ

そこからの展開がダイナミックである。まだ敷地もアーティストも何も決まっていなかったので、場所探しが最初の作業となる。例によって安藤みずからが本村を歩きまわり、可能性のある建築を片端から見てまわった。そして角家のさらに奥にある寺社地に入って立ち止まった。

八幡神社を擁する八幡山の一帯は寺社地となっているが、江戸期には神仏混淆で神社内にいくつもの仏寺を擁していたが、明治維新にともなう廃仏毀釈の動きがあってそれらの寺院が廃され、神社地から姿を消した。安藤が足を止めたのは眼の前まで斜面が迫り、その当時なんの変哲もない木造の建物が集会所として使われていた一画で、かつては地蔵寺観音院と呼ばれる寺院が建っていた。このあたりは三つの寺院が南北に並んでいたが、そのふたつが消え、まんなかの極楽寺のみが今日に伝わっている。北側に以前あった高原寺は北寺、南の地蔵寺は南寺と地元では呼ばれており、とくに南寺の隣家は八幡神社の社家である直島三宅家の本宅で、元町長の三宅親連が住んでいた。いにしえの土塀がきれいに残されている。

土地を読むことにかけては抜群の嗅覚をもつ安藤がかつて観音院の境内であったその土地の潜在的な力に惹かれ、そこに新たなプロジェクトを起こしたのは偶然ではない。失われた過去の再興にひきつけてアートワークを成就させてみよう。そう考えてとりくんだのが南寺のプロジェクトである。そのイメージを福武と秋元に伝えたところ、さっそく光の魔術師ともいわれるジェームズ・タレルを紹介された。これがタレルの日本での最初の作品となる。

寺院と光の芸術。この組みあわせは淡路島の本福寺、西条の光明寺などで試みてきた主題だが、ここでは母体となるべき寺院はとうに消滅している。ということは、安藤と地元とのあいだで共有される仮想の寺院を軸に自由な発想が可能で、文化的背景がまったく違うアーティストを引きこむこともとくに問題はない。集会所を取り払うことを前提にこの場所に成立すべき寺のイメージは、極端にシンプルで箱のような建築である。木造とするが緩やかな金属屋根を載せ、二軒《ふたのき》となった軒の出が大きいのは光明寺と同じであるが、通常の柱梁構造にして特殊な解は用いない。この地域の民家と同じテクスチャーをもつということで、瀬戸内一帯で用いられる杉の焼き板で全面を覆う。仏寺であれば内陣があり、本尊があるのがふつうだが、ここではその役割を担うのがタレルの光／闇の空間だ。

三宅家のむかしの土塀が空間の緊張感をつくりだすうえで大きな意味をもった。訪問者は軒下を歩くことになるが、その横に土塀によって仕切られた石庭が展開する。しかも奥に行くにしたがってすぼまっていくために遠近法が強調される。そして漆黒の闇が待つ堂内に招き入れられる。やがて時間が経ち、眼が慣れてくると室内に漏れてくるいくばくかの光に身体が感応する。本福寺で実現した西方浄土の神々しい光ではなく、わずかに変化する微細で宇宙線のような光である。一見小さな建築の小さな展示空間だが、タレルがこの作品を「バックサイド・オブ・ザ・ムーン」つまり「月の裏側」と名づけていることからも、無限の闇に包まれた壮大な宇宙のシーンがここに再現されているのである。

「家プロジェクト」は今日まで八件のアートワークを街中に送りだしている。その最後を飾るのがANDO MUSEUM（二〇一三）である。多少時間が経っているが明治中期の民家のなかにコンクリートの箱を入れこみ、地下の瞑想空間に誘うもので、小品ながら空間体験を味わう場として構想された。

新しいジオメトリーの誕生　地中ミュージアム

ベネッセによる直島のアートスペースの拡大は、二〇〇〇年代に入ってさらに拍車がかかる。国内での人気に拍車がかかり、海外からの訪問客が増えるのにともなって世界の水準で勝負ができるミュージアムをめざす。デンマークのルイジアナ美術館（一九五八）やオランダのクレラー・ミュラー美術館（一九三八）などランドスケープと一体となったミュージアムが知られているが、それらを抜いた環境型の美術館としていきたい。ベネッセハウス・ミュージアムの床面積は三五〇〇平方メートルほどとなっており、ルイジアナの規模にするにはさらに新しいスペースが必要だ。そこで計画されたのが地中美術館（二〇〇四）である。安藤にとってはジオメトリーという点で大きな転換点となるが、その点については後章で詳述する。

地中美術館建設のきっかけは、福武總一郎がいわゆるホワイトキューブとしての美術館ではなく、サイトスペシフィックでアーティストがその土地との対話のなかでつくりあげていく新しいタイプのミュージアムを本格的に考えはじめたことによる。すでに作品がベネッセハウスのコレクションとなっているウォルター・デ・マリア、南寺で協働したジェームズ・タレルのふたりに加えて印象派の巨匠クロード・モネがその対象となった。前のふたりは現在活動中の現代アートの旗手であるので、直島で彼らが実際に制作することは問題がないが、とうのむかしに他界しているモネが含まれたことについては少々説明しておかなければならない。

福武は一九九八年にボストン美術館でモネの「睡蓮」の連作を眼にする機会があった。そのすばらしさに感動

地中美術館（香川郡、2004年）全景

するとともにコレクション意欲をいたく刺激された。後日それを入手することができ、印象派独特の光の扱いにインスピレーションを得て直島にモネのための光の空間をつくることを決意した。ジヴェルニーのモネのアトリエで制作された「睡蓮」の連作は大小あわせて三百点におよび、上野の国立西洋美術館にも収められているが、その多くはパリのオランジュリーの特別展示室に展示されている。福武の構想は、散乱する光の渦が画面いっぱいに広がる「睡蓮」の連作五点を、美しい自然光を通してさらに覚醒していくことにある。建築家にとっては大変むずかしいテーマといってよい。しかも「パリのオランジュリーよりもモネの「睡蓮」が美しく見える」場所をというのだから、安藤としても大いに刺激され、かつ悩んだにちがいない。

さらに福武のイメージは広がっていく。「モネの「睡蓮」を、宗教的なものをこえる概念の曼荼羅のような象徴にしたい。大きいモネをご本尊さまに見立て、曼荼羅の両サイドはウォルター・デ・マリアとジェームズ・タレルの作品を置いてはどうか」ということで、これに安藤は「おもしろい」と答えたが、ふたりのアーティストはそもそも強烈なエゴの持ち主であり、その調整だけで大変な作業であった。

敷地は段状となった塩田跡で、これは福武自身がすでに決めていた場所であった。直島でもっとも眺望がよく、景観的にも最高といわれる敷地である。

こうして安藤が三人のアーティストのためのミュージアムの設計を始める。ここでも主題が地下空間となり、この地に跳梁跋扈していたであろう神々や怨霊に想いをめぐらせながら大地を刳りぬき、それぞれのアートスペースを地中にばらまくように展開させた。サンクンガーデンとなった中庭とトンネル状の通路を媒介として各スペースがつながる。中庭は破砕された石灰岩、トクサなどで覆われ、地下の迷宮をたどる。上空から見ると正方形、長方形、正三角形が一見バラバラに配置されているが、基本は立方体、直方体、三角錐といった立体図形が散逸的に並んだものである。ベネッセハウス・ミュージアムと異なるのは、アーティストとのあいだで徹底して「妥協のない対話」をおこない形状と規模を決めていった点であろう。

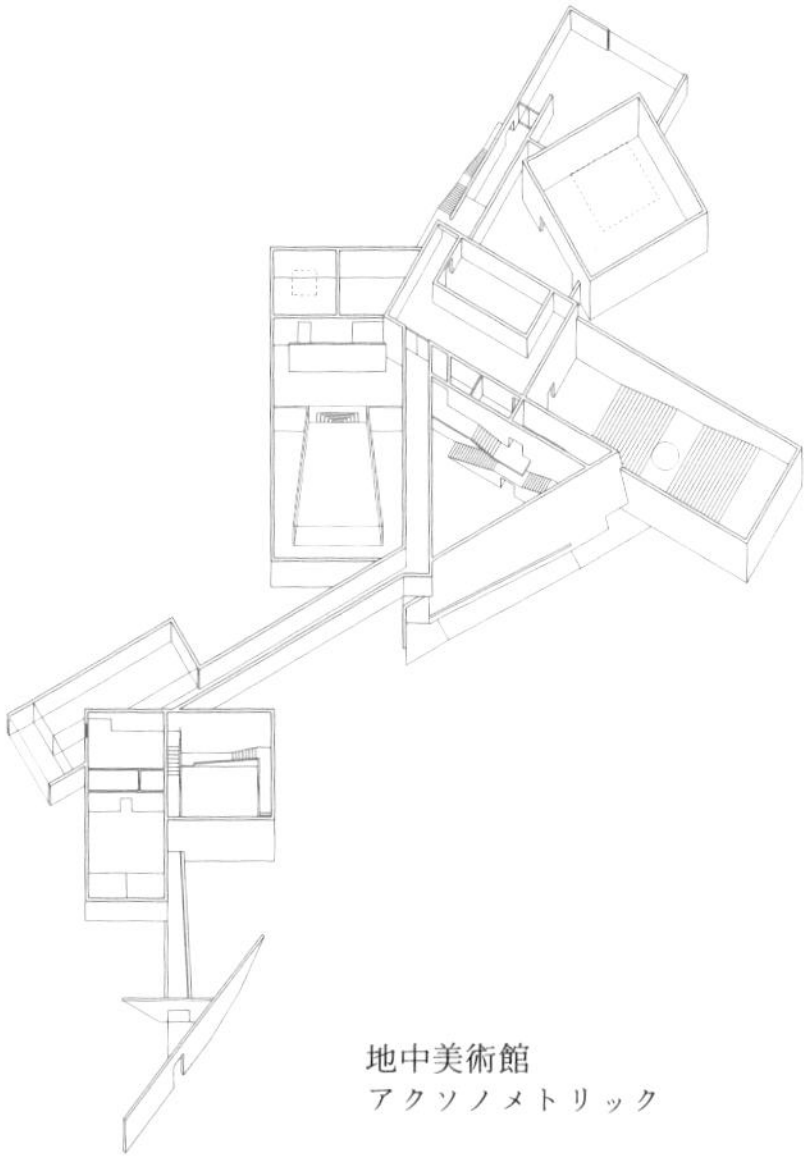
地中美術館
アクソノメトリック

ふたりのアーティストはミリの誤差すら許さない完璧主義者であり、アートワークの設置の仕方、光の入り方、階段のサイズなどがおたがいのぎりぎりのところで決まっていった。

デ・マリアの「タイム／タイムレス／ノー・タイム」(二〇〇四)を眺めてみよう。このアートワークは彼にとってアイコニックなオブジェでもある黒の球体と二十七本の金箔張りの木製オブジェからなり、それを安藤のスペースいっぱいに展開することで完結する。黒花崗岩の球体は十六段の階段の上に置かれ、その後ろにさらなる十六段が続く。上昇する階段は安藤にとってのトレードマークであり、デ・マリアにとっては祭儀の場の表出にほかならない。上部の縦長のトップライトから入る陽の光が時間を追って変化するのは、マクロコスモスのミクロコスモスへの反映である。古代ギリシャのピタゴラス教団を思わせる数値への徹底したこだわり、光学機器の精度で磨きだされた球体がわずかの誤差もなく置かれたさまは、さながら啓蒙主義時代の「理性の神殿」のごとき佇まいで、アーティストが祭司となって「感覚を思考に、思考を感覚に」とそらんじているかのようだ。

モネのスペースはというと、ひたすら光を散乱させ吸収させることに力を注いだ。印象派の点描を髣髴させるように床仕上げは二センチ角の大理石を敷き詰め、粗い漆喰仕上げとなった壁面、茶室の洞床にも似た丸みを帯びたコーナーの処理などモネの絵画を徹底して空間に翻案し、その空間を上部のスリットから間接光で入ってくる白い光で満たしていく。

第13章　ミュージアムの建築家として

佐治敬三とサントリー・ミュージアム

直島のベネッセハウス・ミュージアム（一九九二）は安藤忠雄にとって最初に完成した本格的な美術館建築であるが、じつは直島よりも若干早く、サントリー社長の佐治敬三から同社発祥の地である大阪天保山にデザインのミュージアムをつくるよう打診されていた。一九八八年のことである。ふとした縁で住吉の長屋を案内したのが気に入られたのだろうか。規模を尋ねると四千―五千坪くらいがよいという。そんな美術館の経験もないので躊躇していると「情けないこと言うな。とにかく文句はできてから言う。好きなようにやれ」と叱咤激励され、気をとりなおしてプロジェクトにとりかかった。

洋酒メーカーから成長したサントリーによるデザインに特化した企業ミュージアムの構想は、三千八百点にわたるポスターを擁した英国のグランヴィル・コレクションを購入し、同社蔵のコレクションとあわせて世界のポスター八千点を所有するにいたったことに始まる。サントリーの前身、寿屋の時代から広告宣伝には力を入れ、開高健、柳原良平といった作家やイラストレーターを抱え、ポスターはもとよりＴＶコマーシャルなどにも積極的に打って出ていた。そうした宣伝部の遺産を下敷きに社内コレクションを増やし、また音楽活動のメセナとしても熱心である。一九八六年に東京六本木にサントリーホールを開設し、著名な演奏家を招聘してすぐれた演奏会を催していたのは記憶に新しい。企業の利益の三分の一は文化活動にというのが佐治のポリシーで、彼のまわりには多くの文化人が集まっていた。

佐治は関西財界人のなかでも伝説の人であった。父鳥井信治郎が興した洋酒メーカー寿屋を引き継ぎ、ウィスキーのメーカーから総合的な生活文化産業に育てあげ、「サントリー文化」をつくりあげた人物として知れわたっている。育ちのよさと軽妙洒脱な身のこなしから大阪人からは愛される存在で、交友関係も政財界から文化人まで幅広い。その一方で、口の軽さが災いして失言騒ぎを起こしたことがあった。一九八八年二月の公開シンポジウムで、仙台遷都にひっかけて東北人を「熊襲」呼ばわりしたことが世間の反感を呼び、全国でサントリー不買運動が起きるまでになった。当時、日本開発銀行の大阪支店長で秋田人の金《こん》秀太郎がこの発言に激怒し、開銀大阪に関わるサントリー製品をすべて取引停止とした話は都市計画関係者のあいだで語り草になっている。おりからサントリーホールでの公演のためカラヤンが来日していたが、佐治自身は東北各地の謝罪行脚のため会えずじまいとなった。

サントリーミュージアムの設計を打診されたのはこの舌禍事件の直後であり、サントリーはしばらく非常事態体制を敷いていた。しかも、サントリーがそれまで仕事を出していたのが安井建築設計事務所で、社長の一存で安藤とするのはいかがなものかと社内でも揉めることになる。最終的にサントリー文化財団理事長であった山崎正和が安藤を推すことで決着した。

敷地は大阪南港、天保山桟橋に面している。戦前に寿屋の工場があったところで、サントリー発祥の地として記念すべき場所である。隣の敷地には水族館海遊館（一九九〇）が計画され、大阪のウォーターフロント開発として期待された一帯である。このころニューヨークやロンドン、そして東京までもが臨海部の開発に精力的にとりくみ、次から次に新しい公共施設が生みだされていた。大阪南港の場合は港に面したエンタテインメント地区と位置づけられていた。佐治の願いは単純で、西に面したこの天保山から夕日がきれいに見えるようにしてほしいということだった。

サントリーミュージアムはデザイン・コレクションに特化しているので、直島のような現代美術志向の美術館とは性格が根底から異なり、したがってそのプログラムも違えている。アートディレクターの坂根進が企画進行役で、美術史界の重鎮たる木村重信や高階秀爾がアドバイザーを務めていた。坂根はこのミュージアムに三次元の映像IMAXシアターの導入を考え、ボリューム的にはそれがいちばん大きなスペースとなる。シアターは球体となるので、これと展示スペースをどのように組みあわせるかが設計上の大きな課題となる。最終的に球体を逆円錐のなかに入れこみ、海に向かってふたつの直方体（展示室）を突きだすかたちでミュージアム全体の構成が決まった。海に面するということで超耐候性ステンレスとガラスを使用し、従来の安藤の建築とは異なった雰囲気となった。

サントリーミュージアム（大阪市、1994年）。撮影・大橋富夫

海に接する外構をどうするかが、いかにも安藤らしい。ミュージアムを海水面に連続させるために親水広場（マーメード広場）をデザインする。海面に向かって段々に降りていくものだが、じつはその敷地は市の港湾局、国の運輸省（現・国土交通省）と管轄のまたがる土地で、本来ならば一介の民間企業が手を出せるような場所ではなかった。ここで六甲や高瀬川の経験が役に立った。水際のデザインなしではここを訪れる人々のアメニティを確保することができない旨の説明を滔々とおこない、なんとか説得するのに成功する。実際にはもっとも困難な運輸省との折衝をすでに済ませていたのを安藤に花をもたせようという佐治の親心で、

そのあたりも芸術や文化を大切にするサントリーの面目躍如である。幅一〇〇メートル、奥行き四〇メートルの親水広場はテラス、階段、列柱などを擁し、堺屋太一のもとでおこなった大阪花博の「名画の庭」(一九九〇)の海浜版とでもいうべき外部空間ができあがった。新宮晋の動く彫刻(「波の記憶」)が彩りを添えている。

こうして夕陽と海を主題としたサントリーミュージアムができあがったのが一九九四年十一月のことである。オープニングの展覧会は「美女100年」展、佐治好みのテーマであった。それから二ヵ月後、阪神・淡路大震災が神戸を襲い、天保山は神戸への救援物資輸送の発着基地となった。

アサヒビール、樋口廣太郎の場合は　大山崎山荘美術館

同じ洋酒業界でいえばアサヒビール社長の樋口廣太郎とも親交を結ぶ。樋口は佐治敬三とは異なって銀行出身の経営者であったが、硬軟あわせもち、せっかちなところは安藤と似ている。経営危機にあったアサヒビールを立てなおし、東京浅草にフィリップ・スタルクのデザインになるスーパードライホール(一九八九)を開館させたことで知られる。そのかたちから俗に「黄金のうんこ」と呼ばれ、そのことが逆にアサヒビールへのPR効果となって注目を集めていた。

一九九一年はじめ、その人物が事務所の正面玄関から「アサヒビールの樋口や、安藤さんいるか」と突然訪れてきた。これが最初の出会いである。そのとき樋口から依頼されたのが大山崎山荘美術館(一九九五)、正確にいえば大正期に建設された京都郊外の洋館を美術館に改装する仕事であった。むろん、古い建物をとりこわして新たな美術館をつくるということではなく、歴史的建造物を利用しながら新たな美術館スペースを加えてほしいという依頼であった。

このプロジェクトは安藤にとってはじめての古建築の保存と抱きあわせの計画であった。その後イタリアやフランスで続々と手がけることになる一連の歴史的建造物の再利用計画の端緒となった。石造や煉瓦造の建築であ

ればコンクリートとボリューム感は変わらないが、木造の住宅は小ぶりとなるので、そのとりあいがむずかしい。

　大山崎山荘（一九二二）は、実業家加賀正太郎の別荘として大正末に建築されたチューダー風の住宅である。加賀が若いころの英国留学を思い出し、みずから図面を描いてハーフティンバーの家をつくったということである。一九六七年に加賀家の手を離れた後、所有者が点々と変わり、近年は会員制レストランとして用いられていたが、老朽化が進んでマンション建て替えの話がもちあがる。これに対して地元住民から反対の声が起き、専門家を巻きこんでの騒動となっていた。

　こうした環境保護の高まりに対して、京都府は知事の荒巻禎一が動き、京都府と地元大山崎町が土地を買収し、さらに生涯学習推進事業のなかでこの建築を用いるべく旧友の樋口にメセナとしての参加を求める。加賀正太郎はニッカウキスキーの創設者で、ニッカがアサヒビールの子会社となっているという縁もあり、樋口は建物を買いとって保存することを決め、安藤に相談してきたのである。「安藤さん、あんたの建築は勇敢でおもしろい」。ありがたい話ではあるがサントリーのライバル会社からの依頼ということで、安藤はまずは佐治に仁義を切る。「アサヒビールさんから仕事が来てますが、引き受けてもよろしいでしょうか」。そのうえで樋口に「わかりました。サントリーさんと掛け持ちになりますよ」と念を押す。

　美術館として何を展示するか。樋口の頭にあったのは、アサヒビール初代社長である山本為三郎が柳宗理の民藝運動のスポンサーとなってバーナード・リーチや浜田庄司などのけっこうなコレクションがあり、それにアサヒビール本体が所蔵するモネやヘンリー・ムーアの作品があるので、それらを新しい美術館の目玉にできないか、ということであった。安藤にそれらを見せて展示のイメージを確かめた。大正から昭和にかけて開発された別荘地大山崎にぴったりのテーマであり、庭園との相性もいい。安藤はそれを即座に了承し、さっそく設計にかかった。古い山荘は保存修復するとして、新たな展示室も必要である。樋口からは「安藤さんにお任せしますから、自由にやってください」といわれ、いろいろ案を思いめぐらせた。

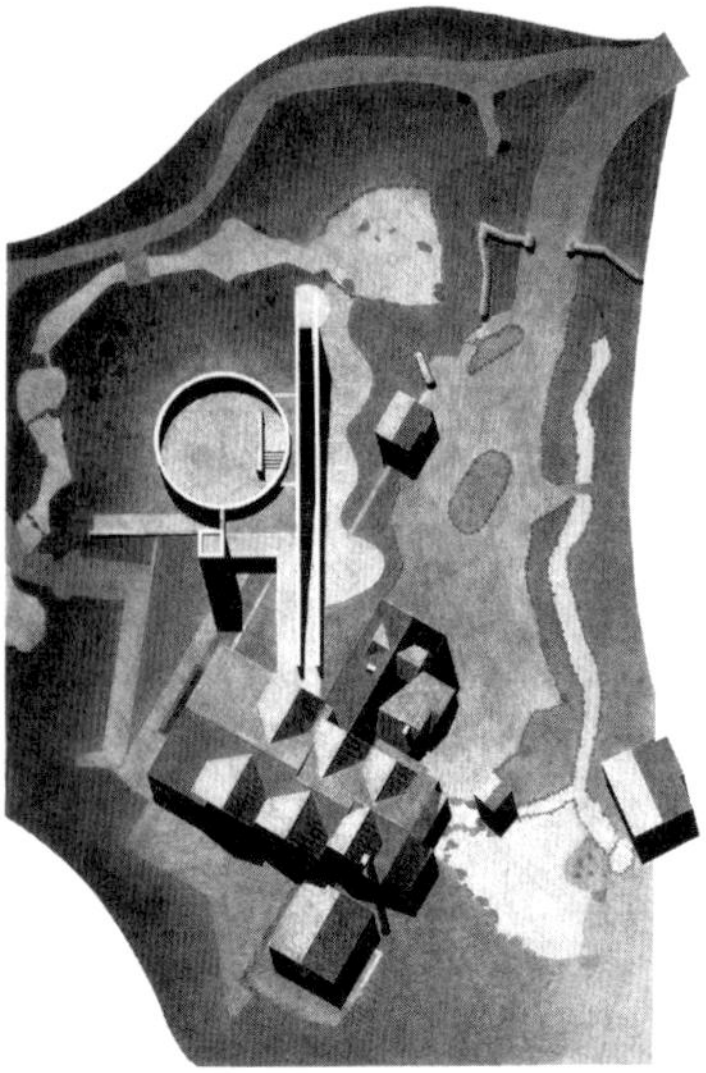

大山崎山荘美術館（乙訓郡、1995年）平面図

　土地を読み、ジオメトリーを決めていくのが重要である。そこで浮かんだのが、古い建物を大きな円形のなかに入れこんでしまうやり方だ。山荘のまわりに大きなリングを描き、第一案ではその半周をギャラリーとなし、第二案ではリングを地下に埋めこんでしまうというものだった。どちらの案も山荘のなかを通ってギャラリーにアクセスするので、新旧の連続性も担保できる。しかし、このリング案を見た樋口は「これでは敷地境界を出てしまいますよ」、「自由とはいってもそれは法律の範囲でお願いしますよ」といって承諾しない。隣は京都府の所有地なので決断次第でいろいろできるはずではあるが、さすが樋口は銀行出身で規則には厳しい。「なかなかしぶといおっさんやな」と思いつつ、不承不承で新たな案にとりかかる。

　思いきって全体の構図を変えてみた。不整形な敷地を前提に、山荘と新たな建築を完全に分ける案である。新規の展示棟は直径一二・五メートルの円筒（シリンダー）として地中に埋めこみ、山荘から一直線に出る階段通路で両者をつなぐ。この案が思いのほかうまくまとまったのは、地底降下の手法に加えてシリンダーの直径を方形の山荘平面の内接円のサイズとなし、その円周に対応する長さをもつ線（通路）で両者をつないだからだろう。同サイズの円と正方形という図形的処理は、ルネサンスの究極の課題である円積法を敷衍したもので、それが日本の近代空間であっても汎用性があることを示す好例となった。

　円積法的主題は、ダヴィンチがそうであるようにつねにいくばくかの謎を残す。京都郊外の和風庭園にこの要素が入りこむとより謎めいた庭園となり、和の空間に「生まれ出づる円」をモチーフにした幾何学庭園とが混じりあって不思議な魅力をつくりだす。訪問者にとっては、洋館の雰囲気とアート気分とが一緒になり、季節ごとに庭園の彩りが変化する。時とともにアンズウメ、ソメイヨシノ、カエデ、イチョウ、ツバキといった常緑樹の花々が咲き、葉に彩りを与えていく。展示棟の予定地には北米原産のセンペルセコイアなる希少種の樹木があったので、これは敷地内で移植し、大切に保存した。そんな魅力に惹かれて開館当初は年間十五万人の訪問者が訪れ、その後は十万人前後で推移している。人口一万五千人の大山崎町において最大の入りこみ客数を誇る観光スポットだ。

安藤とアサヒビールとの縁はそれ以来続き、神奈川県南足柄市にも神奈川工場ゲストハウス（二〇〇二）をつくり、さらに二〇一二年になって大山崎山荘の反対側に山手館「夢の箱」を設計した。大山崎山荘は、安藤が本格的に歴史的建造物の保存修復を手がけ現代建築との共存をはかった最初の例で、その本物感が圧倒的な力をもつと同時に、一九九〇年代から多くなる歴史的建造物の改修プロジェクト、とくにヨーロッパでの仕事に際して少なからぬ知見を提供することになる。

ベネトン社のための芸術学校

舞台はイタリアに飛ぶ。

北イタリアのトレヴィーゾに本社を置くベネトン社の社長ルチアーノ・ベネトンからセビリアのホテルに宿泊していた安藤忠雄のもとに電話がかかってきたのは一九九二年のことであった。地元トレヴィーゾに芸術学校をつくりたいという。同社のアートディレクターたるオリヴィエロ・トスカーニが仲介役を果たした。トスカーニはその十年前、一九八二年にニューヨークにて石岡瑛子より写真家として紹介され、その後ベネトンに移った彼が発する激しい広告戦略を目のあたりにしてきた。ベネトン、トスカーニともにセビリア万博で日本館を訪れ、巨大な木造建築の迫力に圧倒されて安藤に連絡してきたのである。

ベネトン社は一九六五年にルチアーノ・ベネトンによってトレヴィーゾに設立された。アパレル企業としてグローバルな展開をしているので、ミラノをベースとしていると考えている人も多いようだが、トレヴィーゾを動くことなく一貫して地域に根差した活動をしている。本社は市郊外の十六世紀のヴィラを改修したもので、カルロ・スカルパや息子のトビア・スカルパが一族の建築を手がけており、デザインの質の高さでも有名である。

安藤への依頼は、ベネトン一族が所有するトレヴィーゾ郊外のヴィラを核となし、世界各地から応募する若者たちに自由な学びの場を提供することを目的とした国際的なデザイン研究教育機関を設立し、そこにベネトンの広告部門を入れるとともにメディアデザインの学校を整備するという内容であった。これまで培ってきたベネトンのノウハウを生かした少数精鋭教育をおこなううえでもデザイン性の高い施設が必要である。トスカーニは安藤を「まるで黒澤の映画に出てくる役者のような眼をしているんだ。カリスマ的な力のようなもの、強いエネルギーを感じた」（1）と評してクリエーターとしての資質を高く買い、社長のルチアーノに推薦している。

遠く離れたイタリアでけっこう大きなプロジェクトということで安藤は一瞬迷ったが、パラディオやスカルパの建築とじかにふれる機会ということが大変魅力的に映り、トレヴィーゾに飛ぶことにした。そこで会長ルチアーノに引きあわされた安藤は、会長の強い信頼を得るとともに現地の体制がしっかりしていることに安心し、最終的に設計を承諾する。古い建物を眼にしていると、その場でイメージが次から次とわいてきた。

「「ファブリカ」の土地を見せたとき、彼は、昼食をとったレストランのナプキンに設計案を描き出した。古い建物をL字型にして、そこに新しい建物をつくっていくというアイデアがあっという間に生まれたんだ。実際に作られた「ファブリカ」もその通りのものだった」（2）

敷地には十七世紀のヴィラと厩舎などの付属の建物が建っており、この建築を残したまま新たな講堂、スタジオ、図書室などの要素を付加していく。大山崎山荘のときと同じ歴史的建造物の保存修復との抱きあわせだが、スケールははるかに大きい。安藤が傾倒するスカルパはそのようなプロジェクトをいくつも手がけている。

最初にイメージしたのは、大山崎の最終案と同じく既存の建物から突きだす線（ギャラリー）とそれに接する円（サンクンコート）の構図である。円すなわち地下に沈む円筒が結節点の役割も果たし、そこに諸室が集まるかたちとなる。その後、円筒は楕円筒に変形して地下八メートルのサンクンコートの空間をかたちづくり、別に螺旋状の書庫が地下に置かれる。折れ曲がった既存の建物の形状を「隠れたジオメトリー」として補助線を引き、そこから全体配置を決めていくという点で、少し遅れて始まる淡路夢舞台と共通している。

FABRICA（トレヴィーゾ、2000年）模型

安藤がＥＵ外の日本の建築家である以上、イタリアでの建築設計には現地の建築家（事務所）と組まなければならない。そこがすべての申請（建築許可など）、現場監理をおこなう。さらに修復に関しては歴史的建造物の監督事務所の許可が必須であり、それについても修復用の図面を描かなければならない。そこで立ちあげたのが、ベネトンの建築部門を統括するエンジニアのエウジェニオ・トランキリを中心に現地の建築家やエンジニアを集めた組織で、これで日伊の共同プロジェクトを動かす。安藤が現地事務所を開設する必要はとくにない。

工期は既存建築の修復を第一期、新築を第二期として進められた。施工は地元の施工会社イヴォーネ・ガルブイオが担当し、そのもとでさまざまな職人が入る。核となるべきヴィラは学校の本部機能が入るので、修復を施してそのまま用いることができるが、付属棟については、スタジオなどを入れるので全面的な改修となる。材料の劣化が激しく、小屋組みを含めて相当の材料を交換することになる。工事を始めたころ、コンクリートの打ち放しにはまったく不慣れだったので安藤たち日本からのメンバーは相当焦った。その後法規上の問題もあり、「ヨーロッパ人って寿命が永遠にあるという感じ」で五年間待たされつづけた末にようやく工事再開となる。この間に職人たちの腕が向上したのはさいわいであった。彼らは熱心に個々の技術をマスターして、最終的には過去にない最高水準のレベルで完成した。

このプロジェクトで安藤が学んだことは、イタリアにおける保存修復に対する情熱と充実した社会的仕組みであった。歴史的建造物はどこにでもあり、その修復は日常的な仕事である。職人の腕は高く、熱心かつプライドをもって働く。文化財指定された建物は当然、そうでなくとも歴史地区に立つ建築であれば、必要な修復計画にしたがって石工、大工、左官、家具職人などが交代に仕事をする。その職人たちの仕事の仕方が日本と同じであり、徒弟制度という点ではいい意味でむかしを残している。イタリアの家業のあり方に感銘した。

空洞化したセントルイス中心街にピューリッツァー美術館を

ベネトンに先立つ一九九〇年秋に安藤はアメリカからも仕事のオファーを受けている。シカゴ美術館の館長ジェームズ・ウッドからの紹介で、セントルイスに住むピューリッツァー夫妻から自身のコレクションを展示するミュージアムをという依頼であった。ウッド館長とは東洋館の仕事で知りあっていた。そのときの東洋部長が、後に兵庫県立美術館の館長となる蓑豊であった。

このころの安藤はベネッセの仕事にとりくんでいたが、まだ美術館の実作はなく、しかもアメリカでは大きな展覧会もおこなっていないので名は知られていない。夫妻としてはかなり思いきった依頼である。夫妻が安藤の名を知ったのはその一年ほど前で、懇意にするアーティストのリチャード・セラとエルスワース・ケリーから別々に日本には安藤というすごい建築家がいる旨の話を聞き、その後関心をもって調べたところなかなかよい。そこで旧友のウッドが安藤を知っているというので紹介してもらった。

セントルイスはアメリカ中西部、ミシシッピ川に面する産業都市であったが、中心部は空洞化が進み、住宅やオフィスビルの荒廃がめだっていた。報道文化を顕彰するピューリッツァー賞の創設者として名高いジョゼフ・

ピューリッツァーを祖父にもち、地元名家としてさまざまな貢献を果たしてきた夫妻は、再開発の一助として自身のコレクションを展示する美術館の建設を決意する。規模的にはさほど大きなものではないが、近現代美術の傑作を収めたハイブローな美術館によって都心部の文化性をとりもどすという構想である。衰退地の再生を目的としているという点では福武總一郎の戦略と共通するところがある。

安藤に依頼した半年後、夫のジョゼフが他界する。未亡人となったエミリーから一九九四年に敷地の変更をしたうえで再度の設計依頼をされ、本格的に設計を開始する。新たな敷地は、ミシシッピ河岸から北側に若干ずれたところで、廃屋や空き地がめだつ典型的なインナーシティ現象の進んだ地区であった。美術館によってこの街が息を吹き返し、人々が楽しめる場所とならなければいけない。当初は古い自動車工場のリノベーションでプロジェクトを進める話であったが、新しい敷地では新築で進めることとなった。

1991年、セントルイスのピューリッツァー夫妻宅にて

壁と箱が大きな主題となった。ふたつの高さの異なるコンクリートの直方体のボックスを並べ、あいだに水庭をつくる。エントランスまわりはスカルプチャー・コートをつくってコンクリートの壁で閉じる。こうして閉じた空間のなかに水を見やりながらの回遊空間が成立する。このミュージアムで重要なのは、当初からふたりのアーティスト、セラとケリーのコミッションワーク、つまりこの美術館にあわせて制作した作品を設置することを前提にして設計が進められた点である。セラの場合は螺旋状にまわる鉄のオブジェ、ケリーの場合は長方形の青。このふたりの個性の強いアーティストに安藤はかなり翻弄されたようであるが、最終的に寸分の狂いもなく、彼らの作品が安藤の建築と一体化する。

都市計画的な視点でいうと、安藤の美術館の果たした役割はきわめて大きい。

ピューリッツァー美術館（セントルイス、2001年）。撮影 Robert Pettus

ピューリッツァー財団のコレクションがあることで街の文化レベルの向上に大きく寄与するのだとすれば、安藤の建築は規模としては小さいが、それ自体が環境形成をおこなって街を救う。一見、強い幾何学的形態から周囲に閉じた閉鎖的な環境と思われがちであるが、彼の建築に宿る強烈な生命力、強靭な構築力によって周囲に町がおのずから生成されるといってよい。ル・コルビュジエの「プラン・ヴォワザン」的な強権的かつ画一的な再開発ではなく、控えめで節度のとれた街への影響力だ。しばしば「絹のような」と形容される柔らかなコンクリートの被膜で、しかも高さを抑えて、見た目にはほんとうに小さな建築に思えるのだが、ひとたび中に入ると、奥の先に奥がまた続く深遠でドラマティックな建築を体験することができる。建築の内と外とを分節することで、街のスケールと建築内部のスケールを調整することができる。「閾《しきい》」を介して内と外とを切り分ける手法といってもよい。

かくして伝統的なファサード主義を退け、絹のようなコンクリートの肌面を見せる安藤の建築が登場する。

「自然光はしばしば水面を反射しつつ、天井、壁面、そして床を渡っていく、明るいドラマティックな投影をみせることもあれば、曇った日には静謐で瞑想に誘うような雰囲気を醸し出すこともあり、その質をさまざまに変化させます」

キュレーターとしてのキャリアを積み、みずから館長となったエミリー・ピューリッツァーの言葉である。ここでは緑ではなく隣の広場の向こうにある神殿風の巨大なフリーメーソン本部の建物が借景として安藤の建築に影を落とす。

二〇〇一年十月、ピューリッツァー美術館はオープニングを迎える。このためセントルイスを訪れた安藤は、途中でニューヨークに立ち寄り、九月十一日の同時多発テロの現場に衝撃を受けた。同年十二月、安藤はピューリッツァー美術館を含めたそれまでの業績でアメリカの建築界の最高峰ともいわれるアメリカ建築家協会（AIA）ゴールドメダルを受賞することになり、十二月六日の授賞式出席のためワシントンを訪れる。現地の雑誌がこの日を太平洋戦争開戦記念日、つまり真珠湾攻撃の一日前とあえて記しているのが意味深長である。

年が明けて二〇〇二年一月、安藤はニューヨークのWTCビル倒壊現場に対するメモリアルの案を発表する。古墳に想を受けた鎮魂の碑である。

ドイツでは旧NATO軍のミサイル基地の跡地計画を

デュッセルドルフ近郊の町ホンブロイッヒに計画されたランゲン美術館（二〇〇四）も、ピューリッツァー美術館と同じく設計から竣工まで十年を要している。最初に安藤のもとに話が来たのは一九九四年、設計はすぐに終わったが、話が大きいので計画の調整、資金調達などさまざまな問題にぶつかることになる。

不動産開発を生業とするカール・ハインリヒ・ミューラーは、現代美術のコレクターであると同時に環境運動家でもあった。環境芸術こそが地球を救うとの理念のもとホンブロイッヒの地に壮大なアーティストのコロニーを構想し、一九八七年にエルフト川沿いの湿地帯を取得した。中州（島）状になっていることから「ムゼウム・インゼル・ホンブロイッヒ」と名づけられた二三ヘクタールにおよぶこの土地一帯にギャラリーやアトリエ、アーティストの住居などを配し、周囲の田園風景と一体となった環境志向のエコパークをつくりあげた。ミューラーの理念に賛同した彫刻家のエルヴィン・ヘーリヒや西川勝人らがこの構想の推進役となり、「忘れ去られた地球の片隅」に環境芸術の足跡を刻んでいった。ドイツでは十九世紀から二十世紀の産業化の過程で失われた環境

ホンブロイッヒ/ランゲン美術館（ノイス、2004年）

の回復が喫緊の課題として認識され、ＩＢＡブランデンブルクなどの環境再生型の建築が議論の俎上にあがっていた。ライン河の流域圏をかたちづくるホンブロイッヒの地においても同様の問題意識を共有する人々によって環境と芸術をつなぐ試みがなされていた。

ミューラーの構想は環境事業として位置づけられる。州や民間の資金を入れるとともに、アーティストたちが自律的にこのコミュニティを運営し生活していくことが求められている。一九九二年になってこのインゼル（中州）から北西に一キロほどのところにかつてＮＡＴＯ軍のミサイル基地であった一二ヘクタールほどの土地「ラケテンスタシオン」を取得し、新たな美術館群の構想を始める。彼のアイデアではこの土地を核として三〇〇ヘクタールほどの土地全体を環境型コミュニティに分け、都市にかわる新たな共同体をつくりあげていくことにあった。ラケテンスタシオンはその中心としてミュージアムが立地することになる。その役割を安藤に依頼してきたのである。

掩体壕などの上物が撤去された後も、ラケテンスタシオンの敷地にはミサイル発射の爆風から身を守る防風土塁がめぐっていた。むかしの城跡を想わせるような起伏である。安藤はマウンド状となったこの土塁は維持し、それを地形要素として配置計画に入れこむことを提案した。美術館はふたつの土塁に挟まれて、コンクリートの直方体をふたつ並べて地中になかば沈め、それに斜めに接するガラスの直方体からなる。後者の形状は従来にないもので、正確には内側のコンクリートの細長いボックスを外側のガラス壁で覆い、二重被膜となっている。この方式は一九九二年、ブリュッセルのボードワン国王記念財団の依頼で始めた美術館プロジェクトではじめて試みたもので、ガラスとコンクリートで挟まれた空間が日本家屋の縁側のような中間領域の役割を果たすということで、それまでコンクリートの壁で閉じることをつねとしてきた安藤にとっては新機軸であった。明るく軽快な印象を与えると同時に、光を好まない美術品はコンクリートのボックス内に入れこむことができる。建物の前面には水庭を配し、ゲートから水庭沿いに美術館本体へのアプローチを設ける。

設計は早い段階でできあがり、まずはデモンストレーションとしてゲートの建設をおこなう。これが事業開始の合図であったが、実際の資金集めもこれからであり、ゲートは出資者に対する建築見本のようなものであった。

出資者は容易には集まらなかったが、六年の月日を経て、やはりコレクターであったマリアン・ランゲンが美術館建設の出資を申し出る。齢九十歳で自身の財団をつくって活動していた。安藤の建築に強く惹かれ、亡き夫ヴィクトールとともに収集した東洋美術と現代美術のコレクションを展示するということでミューラーに事業参加を伝えてきた。これでようやく二〇〇二年秋に工事再開となった。

東洋美術の作品は二重被膜の内側の細長いギャラリーに展示する。こちらは照明をなるべく落とし、とくに高さは必要ない。他方、現代美術の作品に関しては大きな空間のほうが都合がいい。半分を地下に埋めこんだ二層吹き抜けのギャラリーのなかで展示する。

ミューラーには失われた環境の再生という大きな志があり、日本でも同種の活動を続けてきた安藤にとっては、問題意識を共有する同志でもあった。だから、安藤ははじめてインゼル・ホンブロイッヒを訪れたときに感じた「アートの楽園」のイメージを十年間変わらず抱きつづけ、夢の実現をじっと待ちつづけた。やがて敷地は樹木で覆われ、美術館は「森のなかにひっそりと息づくその佇まいのうちに、ミューラー氏、ランゲン夫人の生涯をかけた夢が込められ(3)」た建築として未来に向けて刻印される。マリアン・ランゲンは美術館オープンの六ヵ月前、この世を去っていた。

指名コンペ優勝で獲得したフォートワース現代美術館

テキサス州のフォートワース現代美術館（二〇〇二）は、安藤がはじめて指名コンペで優勝し、それを実現させたケースとして記念すべきものである。一九九七年に開かれた二段階コンペで、第一次で百組ほどが選ばれ、第二次でリカルド・レゴレッタ（メキシコ）、デイヴィッド・シュワルツ（ワシントン）、磯崎新、安藤など六組に絞られた。インタビューに磯崎は出席せず、ガラスとコンクリートの二重被膜の空間を提案した安藤案が首席となる。近くにルイス・カーンの不朽の名作といわれるキンベル美術館（一九七二）があり、ある意味では大変むずかしい場所であるが、そのぶん報われる機会でもある。

二重被膜の登場によって安藤の美術館建築のイメージは大きく変わった。ランゲン美術館（二〇〇四）、フォートワース美術館、兵庫県立美術館（二〇〇二）、そして未完に終わったパリ郊外のピノー財団美術館（コンペ案、二〇〇一）など大規模な美術館建築に大々的に応用され、それまでとは違った空間のつくり方を示すようになる。ランゲン美術館の場合は完成に時間がかかったので、他の美術館でデザインされた後、ランゲンに導入されたかのように思われることも多いが、じつはボードワン国王財団の美術館プロジェクトを端緒としてランゲンでこの新しい形式が最初に試された。

フォートワースのコンペの年、兵庫県立美術館のプロポーザルでも安藤案が選ばれている。神戸もフォートワースもともに長方形の箱を並べる配置であるが、内側がコンクリートのボックス、外側がガラスの二重被膜となり、貴重なアートワークを外光から保護し、セキュリティの面でも万全を期す一方、透明なガラスを介して公共空間の延長としての開放性を担保し、周囲の都市や田園のランドスケープを内側に採り入れる。安藤はこのガラスによって導かれる中間領域を日本の伝統空間になぞらえて「縁《えん》」と呼んでいるが、安藤の建築にこのような相互貫入的な共有スペースが定着してきたのは大きな意味をもつ。神戸では大震災で大きな被害を受けた街並みに対して開き、同時に港の眺望をとりこんでいるのに対し、フォートワースでは周囲の広々とした緑あふれる風景

フォートワース現代美術館（2002年）。撮影・松岡満男

が内側に飛びこんでくる。

安藤にとってもっとも大きな課題でありプレッシャーであったのは、やはりキンベル美術館との関係のとり方であったようだ。その点は安藤の残した一群のスケッチからはっきりとうかがえる。当初の段階ではキンベルを構成する六本のヴォールトに対して、それに直交する六本の直方体を並べ、カーンへのオマージュとしていた。その並べ方もキンベルを中心とした軸線を設定し、一本が長く突きだした配置から徐々に変化していって、パブリックな部分をまとめた二本の長い直方体とする。最終案では六本が五本に変わり、その比例関係も5：3のプロポーションを入れこんで、カーンの黄金比とほぼ同じ形式に近づけている。このようにしてふたつの美術館によって構成されるこの土地全体の風景を、小ぶりながら圧倒的な緊張感を漂わせるキンベル美術館を消点とした透視図法的な構図のなかに組みこみ、その手前に置かれた現代美術館の透明な箱がすべて奥のキンベル美術館に収斂するようにした。

実際の工事は大変だった。アメリカでのはじめての大型案件であったことから、実施設計、着工への手続き、施工監理など次から次に新しい問題が発生し、もぐら叩き的に乗りきったとして、いまでも強烈な想い出を残している。何よりも驚かされたのは、アメリカのビジネス習慣にのっとってさまざまな手続きがすべて弁護士を通した作業となり、二、三ヵ月に一回、三十名程度が集まって戦場のような会議をこなさなければならないことだった。それだけの人間が移動するコストだけでもばかにならない。大阪風の商習慣をベースとして何事も合理的、経済的にと考えてきた安藤としてはやっていられない。だが、そんなことを言っていてはアメリカでは生きていけない。ともかく、それを乗りきって竣工に漕ぎつけた。

第14章　阪神・淡路大震災をこえて

一九九五年一月十七日

一九九五年一月十七日、午前五時四十六分、淡路島を震源としたマグニチュード7・3の地震が神戸を襲う。阪神・淡路大震災、死者六千四百三十四名、重軽傷者四万三千七百九十四名、全壊十万四千九百六棟という激甚災害が人口密集地を襲った。早朝のまだ暗い時間帯だったこともあり、被害の全容がわかるまで数時間かかっている。

安藤忠雄はそのときロンドンに滞在していた。テート・ギャラリー現代美術館のコンペで最終審査に残った六組の建築家グループのひとりとして、インタビューを控えていたのである。審査会は一月十七日朝に予定されていたが、時差が九時間あるので、前日の夜には日本からの電話で地震の件を知り、テレビの映像を見て驚愕する。朝のインタビューを終わらせ、その後の予定をすべてキャンセルして日本行の飛行機に飛び乗った。同じコンペでファイナリストのひとりとなっていたレンゾ・ピアノは関西空港の設計者であり、彼も地震被害について不安を募らせていた。

1995年、被災地を頻繁に訪れた安藤忠雄（左）

一月十八日午前中には大阪に戻り、その足で神戸になんとか出て被害状況を目のあたりにする。あまりの惨状に自分への怒りと無力感に襲われた。一度大阪に戻り、翌日には関西経済連合会会長で東洋紡会長の宇野収と落ち合って天保山から船に乗り、神戸のメリケン波止場に上陸、倒壊した建造物群のあいだを抜けて三宮まで歩く。市役所で笹山幸俊《かずとし》神戸市長、県庁で貝原俊民知事に会い、状況の確認をした。

それからの三ヵ月間、三日に一回の割合で神戸に通い、破壊された町をひたすら動きまわった。一月二十六日になって安藤事務所を訪れた朝日新聞記者の松葉一清は、「彼は、所員の家族を失ったこともあり怒髪天を衝くかのような形相」[1]だったと記している。

「震災の後、数ヵ月の間は事務所の仕事を一旦全て中断して、時に一人で、時に事務所のスタッフと共に、被災地を歩いてまわった。被災地につくってきた建物の被害状況を一軒一軒自分たちの目で確かめていくのと、何より、あの風景の凄惨さを、深く心に焼き付けておきたいと思ったからだ」[2]

建築家としては自身が手がけた住宅やビルの被害状況を把握し、しかるべき対応をしなければならない。だから急斜面に建つ六甲の集合住宅などは大変気になったが、実際訪れてみると地滑りも損傷もなく、逆にプールの水が断水に陥った地域住民の役に立っていることを見て少し心が和んだ。同じように、震源からわずか四・七キロの本福寺に足を運ぶと、とくに屋根の水盤に破断の後はなく、これも水源として地元の用に供されていた。

しかし倒壊したビル群や密集市街地の焼け跡に立ってみて、日本の都市が抱えている脆弱性にあらためて気がつかされた。倒壊したビルはいずれも一九八一年の新耐震基準以前の建築で、さらに長田区では古い木造住宅や町工場が密集して建ついわゆる木密地域が焼け落ちている。事務所に戻り座っていると、込みあげてくる強い思いに手がひとりでに動いて復興住宅のスケッチを次から次に描いていた。焼け跡に取り残された人のことを想い、怒気に身を震わせながら、街を建てなおすための手立てを考える。建築家としてのミッションは何か。たとえ修羅になろうとも絶対に生き抜くのだ。都市ゲリラの心意気がふたたび頭をもたげてくる。人々を叱咤激励し、手をとりあって復興をめざさなければならない。

後に「海の集合住宅」（一九九五）と名づけられたプロジェクトは、震災から三日後の一月二十日にとりかかり、一週間で仕上げた提案である。多くのビルが倒壊した三宮のウォーターフロント・エリア（岩屋南町）に七千戸を想定して低層・中層・高層の集合住宅を配し、被災者の用に充てる。コートヤード、防災区画、水際公園、グリーンベルト。いままで培ってきたノウハウを入れこみながら、強靭でしかも水際線をきわだたせる住宅地となすもので、いわば神戸のフロントラインと位置づける。住宅地に隣りあって「海の劇場」と題された水際公園も計画された。彼の頭のなかには、水際に展開するこの「海の集合住宅」から山腹の「六甲の集合住宅」まで連続した街区として一体化していくイメージがあり、それが彼なりの神戸の市街地に対するソリューションなのである。

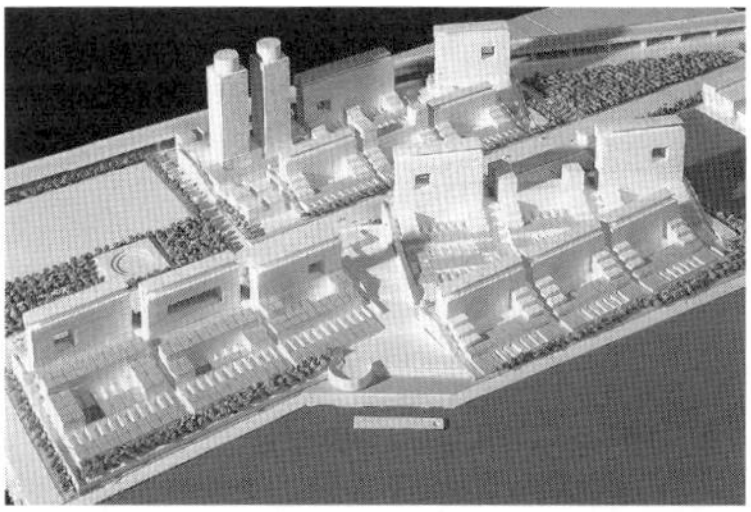

上・「海の集合住宅」（神戸市）模型
下・「丘の集合住宅」（宝塚市）模型

さらに宝塚の丘陵地帯を想定した「丘の集合住宅」（一九九五）も計画を進める。こちらはセットバックした中層集合住宅で七棟八百戸を収め、さらに小学校を加えたもので、山間の緑のなかに建築が入りこむ。むろん、これらについては後に国の復興住宅の基準がおよぶわけではなく、安藤なりの被災者に対する住戸の提供を案としてまとめてみたもので、特定の公共団体から依頼されたものではない。

阪神・淡路大震災に際して日本における災害ボランティア活動がはじめて組織的に動きはじめたといわれる。被災地支援そして復興支援と全国から数多くのボランティアが集まり、地元と協力しながら救援の手を差しのべた。仮設住居の提供、避難施設の手配などで建築関係者も多く携わり、坂《ばん》茂の出発点もここにあった。しかし復興住宅については緊急性が優先され、大胆な復興予算を発動したにもかかわらず、都市計画や住宅地計画という面で新しいアイデアは出てきていない。新しいプランニングの仕組みを下敷きに防災コミュニティ計画が実施に移されるのは、二〇一一年の東日本大震災の復興に際してである。

その意味で安藤の復興計画は建築家側の想いを反映したプロジェクトであり、地元コミュニティとの摺りあわせのうえで描かれた提案ではない。彼自身の経験の蓄積に将来へのビジョンを重ねてつくりあげられた。興味深いのは、六甲などでおこなってきた彼の集合住宅は斜面の擁壁に匹敵する構造強度をもち、それ自体が強靭性の塊のような建築で、実際に被災後の現場を訪れてそのことは十分に感じたにちがいない。小篠綾子によって「ダムのような住宅」と揶揄されたことが、逆にここではプラスに働いている。「海の集合住宅」自体は日の目を見ることはなかったが、迅速性をそなえた防災街区への建て替えという点で大変ユニークなプロトタイプと理解すべきであろう。モダニストの建築家のなかでこのような大がかりな復興計画を構想したのは、爆撃によって壊滅したル・アーヴルの復興を果たしたオーギュスト・ペレなど限られた人物しかいない。

奇しくもこの年、安藤は建築界でもっとも権威あるプリツカー賞を受賞する。日本人では丹下健三、槇文彦に次いで三人目、前年には盟友クリスチャン・ド・ポルザンパルクが受賞していたが、そんなことよりも神戸の復興支援で頭がいっぱいだった。五月二十二日にヴェルサイユ宮殿で授賞式が執りおこなわれ、安藤は受賞講演に際して古代ローマの建築家ウィトルウィウスの美・用・強の理論を引きながら、建築の人間の精神と肉体を守るシェルターたるゆえんを力説した。賞金一〇万ドルはできたばかりの震災遺児育英資金に全額寄付した。

ひょうごグリーンネットワークを組織し、三十万本を植樹

震災直後に貝原知事と面談した際、ひとりででもよいから復興支援の活動をということで宇野収と話が進み、その後仲間を募って定期的に意見交換をおこなう。復興の方向が見えてきた七月になって「阪神・淡路震災復興支援十年委員会」を設立することになり、安藤自身が実行委員長を引き受ける。委員としては下河辺淳や堺屋太一など国土計画の専門家を筆頭に、被災地の文化人・経済人五百五十名が参加する。年配者が多い財界人からみれば五十代半ばの安藤はまだまだ若手で、危機に立ち向かう行動隊長としてうってつけの人材であった。

十年委員会はその名のとおり復興に要するであろう十年を区切って活動し、以下の三つのミッションを実施に移すことを目的としている。

第一に震災で親を亡くした児童への支援。四百人以上におよぶ遺児・孤児が対象になると予想され、奨学金の手当てが大きな仕事となる。第二は被災地における植樹。復興住宅に対応して樹木を植えていく。第三に文化と街の復興。音楽やアートで人々に文化的潤いを与え、精神の涵養をはかる。これらは基本的にボランティア活動で、財源としては全国から寄付を集める。

安藤は全体の実行委員長として委員会をたばねるかたわら、とくに第二の目標たる植樹に対してはみずから前面に出て積極的に動いた。もともと樹木に対して強いこだわりをもち、森林の保護や植樹を率先しておこなってきたこともあり、震災で荒廃した神戸やそのまわりの都市に樹を植えていくことは自身の使命と感じていたふしもある。そのための組織「ひょうごグリーンネットワーク」を八月に設立し、梅原猛、瀬戸内寂聴らにメンバーになってもらう。このときの彼の組織力は抜群で、しかも迅速であった。復興住宅が十二万五千戸と算定されているので、一住戸二樹として、十年間で二十五万本の木を植えることを目標とした。誰しもが自身の樹をもつのがよい、というのが根底にある。

ひょうごグリーンネットワークが植えたモクレン

とはいっても、樹を植えようという気持ちは理屈では割り切れない。被災後の神戸で、相方を亡くした老婦人が安藤の眼を見ながらふともらした「春が来るたびに咲くモクレンのように、おじいさんも帰ってきたらいいな」という言葉に心が動かされたから、といったほうが正直だろう。白い花は鎮魂の花だ。モクレン、コブシ、ハナミズキなど五十三種を樹種として選び、百七十あまりの自治体から苗木を提供してもらうほか全国に向けて苗木募金を呼びかけた。

なぜ安藤はここまで樹木にこだわるのか。

安藤がかなり早い段階から環境論者として建築と都市そして自然環境を総合的にとらえていることは先に記した。世間的にはコンクリートの箱の建築家というイメージが強く、その部分に限って抽出されることが多いが、彼の思考はつねに緑とともにある。それも盆栽やガーデニングのレベルではなく、生命力をもった自然そのものに対する深い関心だ。震災は人々の生活を脅かし損なうという点で、生命力を蹂躙し破壊する由々しき災害である。戦災で焼け落ちた廃墟のあいだから木の芽が出て、やがてそれが大樹として育っていったように、震災後の復興も樹木によって果たされなければならないとする。戦災復興のシンボルでもある仙台のケヤキ並木がよい例だ。人々は春の訪れとともに町の一画に咲くモクレンを見て亡くなった人々のことを想い出し、震災の記憶を未来に伝える。記念碑やモニュメントのような権威的なオブジェを通してではなく、そっと人々の心に寄り添うかのような優しさが必要なのである。春の大和路を訪れた人であれば、中宮寺や秋篠寺の庭の「冷酷なほどの静けさのなかに、木蓮の花が白く咲き乱れている」(亀井勝一郎)さまを目にするにちがいない。如意輪観音の思惟のお姿と形容される慈愛の花である。

植樹運動は予想をはるかにこえて広がり、関西一円はもとより日本中の市町村から寄付が集まり、天皇・皇后

（明仁上皇・美智子上皇后）も淡路夢舞台を訪れて植樹をするなど国民的な運動となった。その結果、植樹数も当初の目標をはるかにこして十年間で三十万本となる。老婦人の想いは十分に伝わった。

大幅に設計変更された淡路夢舞台

このころ安藤忠雄は淡路島にて大がかりなプロジェクトを動かしていた。島の北東部に広大な土砂採掘場の跡地があり、荒れ果てたその土地の再生事業に携わっていたのである。この採掘場は大阪ベイエリアや関西空港の埋め立てをおこなうため、山ごと切り崩して、そのまま放置されていた。一九八〇年代に入って環境再生の動きが広まり、兵庫県の肝煎りでこのエリアの総合計画（一九八八）が策定される。

県の構想は淡路島全体を「ガーデン・アイランド」と位置づけ、ランドスケープ重視の地域整備をおこなうというもので、土砂採掘場跡地一四〇ヘクタールはその拠点として「淡路島国際公園都市」となす。荒廃した土地であり、しかも斜面状に土砂を切りとっていることから、再生には相当のノウハウと技量が要求される。兵庫県内で山間部・海浜部などでむずかしいプロジェクトをいくつもこなしてきた安藤に白羽の矢があたり、彼がマスタープランづくりを進めることになる。安藤は貝原知事に対し「建築は育ちませんが、樹は育つ。森で街を覆うのです」と緑地の回復を進言し、知事も大いに賛同した。

その結果、敷地全体を斜面地（灘山緑地）、中間部（淡路夢舞台＝コンベンションセンター）、海浜部（国営公園）の三ゾーンに分けることとなり、安藤自身は「淡路夢舞台」の設計をおこなうことになる。灘山緑地は文字どおり失われた緑の回復にあり、安藤は削りとられた斜面地に苗木五十万本の植樹を提案する。屏風のように立ちあがる法面に段状に植栽基盤をつくり、苗木を植えていくやり方は明治末から始まった六甲山の植樹を踏襲している。一九九四年から四年間をかけ、県によって植樹が始まった。ウバメガシ、ヤマモモなど周辺の森で生育する樹種をとくに選んでいる。

中間部の淡路夢舞台は敷地面積二八ヘクタール、大学キャンパス程度の大きさだ。荒廃した土地の再生という点では直島と同じだが、こちらはランドスケープとして保持すべき豊かな緑があるわけではない。安藤は斜面地を利用して丘陵都市的な施設配置を考え、その間にカスケード状の水庭が広がるイメージを追求した。ようやく実施設計を終え、いざ工事をスタートというときに大震災が起こる（一月十七日）。そのため、すべてが中断してしまう。

この敷地は震源となった野島断層まで六・六キロのところに位置している。地盤調査を再度おこなうと敷地内にも活断層が見つかり、プロジェクト中止の瀬戸際まで追いこまれた。だが、知事の決断でプロジェクトは続行ということになり、防災基準を改めるとともに断層を避けるよう大幅な設計変更をおこなう。当初の丘陵都市案はあきらめ、むしろリニアに施設群を結ぶ配置となした。当初の案とは大きくイメージを違えるが、国際会議場、ホテル、店舗、ギャラリー、温室、野外劇場を擁した公園都市ができあがった。敷地のまんなかには丘上から広大な水庭がカスケード状に流れ、それによって敷地が南北ゾーンに分けられる。水の循環はイスラエルの灌水装置に倣うのがよいということで、それを深く研究し雨水利用の循環システムをつくりだした。加えて、斜面上には「百段苑」と名づけられたこれまた広い花壇が設けられる。

形態的には円、楕円、正方形、長方形、三角形など幾何学的フォルムが散りばめられ、仕上げとしてもコンクリートの壁面だけでなく乱積みの石壁、淡路瓦、帆立貝といったさまざまなテクスチャーが試されることとなった。後の地中美術館に較べてこれらの要素は外に向かって顕在化しており、安藤の建築のなかではかなりにぎやかな構成である。一見テーマパーク然として人工が勝っている点は安藤自身も認めているが、最初の時点で仕込んだ樹林が十年のタームで育っていき、いまでは周囲や内部があたかも自然林のごとく深い緑に覆われている。

圧巻は「百段苑」と呼ばれるテーマガーデンである。当初計画で斜面地に六甲の集合住宅のようにフレームでホテルを建てることになっていたが、再調査の結果、この部分に活断層が見つかり、ホテルは低地部に移した。

淡路夢舞台（1999年）、西側斜面の「百段苑」。撮影・松岡満男

そのかわりこの場所に震災犠牲者の追悼を目的とした大がかりな花壇をつくることとなり、ホテルのために用意した平面計画を利用して縦横四・五メートルの花壇百面とすることになった。この花壇に植えるべき植生については国際コンペ（一九九八）を実施し、最優秀賞となった井上芳治（環境設計）の案を実施に移す。井上案は世界中のキク科植物を原産地別に百種を植栽するというもので、その根底には阪神・淡路大震災の犠牲者に対する鎮魂という意味でキク科を選んだ。兵庫県の県花がノジギクであること、キク科にはコスモスやヒマワリなど意外な花も含まれていることも勘案され、審査員を務めた安藤らの共感を得た。安藤はこのアイデアにもとづいて百面の花壇全体が震災犠牲者への献花壇となるようデザインする。春先に咲く白いモクレンに対して、こちらはカラフルで季節ごとに色調を変える広々とした花壇であり、人々の視覚に亡き人へのはなむけを強く刻むのである。

この淡路夢舞台は隣接する国営明石海峡公園とともに二〇〇〇年に開催された淡路花博（国際園芸・造園博ジャパンフローラ）の主要会場と位置づけられている。「奇跡の星の植物園」と名づけられた日本第二の規模の温室があるのはそのためであり、温室内に三千株の花卉が植えられている。淡路花博はイベント型の都市開発のオープニングイベントとして位置づけられ、当初一九九八年度開催ということに決まっていたが、震災のため二年ずらして実施に漕ぎつけた。会場内には百七十株百五十万本の花卉、四十五万本の樹木が植えられているが、その多くが安藤の発案で植樹にいたったものであることを考えると感慨深い。会期は三月から九月までの半年間、入場者は六百九十五万人におよんだ。

臨海部の兵庫県立美術館と政令指定都市の森

神戸市は日本国内の自治体のなかでも都市開発にきわめて積極的で、臨海部を埋め立ててポートアイランドなどの人工島を造成してきた。そのため、かつて工業地帯として製鉄や造船業を抱えていた旧来の臨海部の再開発が必要になり、川崎製鉄、神戸製鋼の工場跡地を含めたエリア一二〇ヘクタールを東部副都心（HAT神戸）として業務・商業機能を集積する計画が進んでいた。ところが震災のため、隣りあう住宅地を含めてすでに操業を停止していた工場群などこのエリア全体が被害に遭い、防災性ならびに復興住宅の供給という観点から以前の計画を大幅に見なおす必要が生じた。復興計画に即してマスタープランを描きなおさなければならなかった。

阪神・淡路大震災で露呈したのは木密地区の脆弱性、港湾の経年劣化、避難所の不徹底などであったが、東部副都心はそうした問題を第一義的に処理したうえで国際化、ビジネス拠点化、高度化などをあわせもつ総合地区としての開発が期待された。災害対策基本法では一定範囲のなかに広域避難所を設けることが義務づけられており、神戸市により水際線に面して水際広場が防災拠点としてつくられることになった。安藤は「海の集合住宅」の計画をもって最初からこの計画に加わることになる。防災拠点として防災器具のストック、水供給などの防災インフラをそなえつつ、海に対する一体的な景観など公園としてのアメニティも整える必要があるが、それらの点をクリアして震災直後に描いた構想案がほぼそのかたちで実現した。幅五〇〇メートルにおよび、人工物とと

水際広場ごしに見る兵庫県立美術館（2001 年）。撮影・小川重雄

もに樹林の役割も重要である。

新たな復興マスタープランのなかで、この水際広場に隣りあうエリアは文化ゾーンとして整備されることが決まった。その核となるのが兵庫県立美術館（二〇〇一）で、一九九七年に公開プロポーザルとして設計案が公募される。隣の防災未来センター（二〇〇二）とともに臨海部の文化的な核として位置づけられた。五点の応募案があり、このエリアを徹底的にスタディしていたことで安藤案が実施案として選定される。結果的にこの美術館と水際広場が連続することになるが、行政的に調整されてそうなったわけではない。安藤はいつのまにか県と市をつなぐマスターアーキテクト的な役割を果たすようになっていた。

神戸の水際は緑が少ない。岸壁など土木構造物で覆われているので木を植えようにも余裕がないからである。復興計画にあたって安藤は、グリーンエリアの問題にとくに力を入れている。なかでも特筆されるのが「政令指定都市の森」構想である。一風変わったネーミングだが、これは「ひょうごグリーンネットワーク」の一環として全国の政令指定都市からの寄付で植林をするということになり、記念の意味を含めてこの名が選ばれたという。五十年後、百年後になってこの森を訪れた市民が神戸の復興にあたって日本中から義捐金が贈られた事実を思い起こす、ということである。

樹種としてはクスノキが選ばれた。兵庫県の県樹であるが、それ以上に関西では生命力を胚胎し崇敬の対象となる樹木として神社などに多く植えられており、安藤自身も幼少期からその神々しさに憧れていた。神戸の復興にあたって生命をとりもどすという願いを込め、クスノキの樹林を思い描いた。水際広場と県立美術館のあいだに二百二十四本を植樹した。ところが何年か経ってみると木が育っていない。海岸部の工場地帯で、もともとの土が汚染されていたようだ。そこで土を全面的にとりかえたところ、ようやく木が育つようになった。海浜部の森が大きなグリーンベルトを形成し、六甲までつながるというのが安藤の夢である。

県立美術館は二〇〇二年にオープンした。ちょうどアメリカやドイツでいくつもの美術館を手がけているころだったので、構成的には共通するところが多い。石張りで立ち上がった基壇の上に直方体ボックスが並行配置された形態をとり、外見的には外をガラス、内をコンクリートとした二重被膜のボックスに深い庇が特徴である。それまでの安藤の建築を特徴づけていたコンクリートのボックスからは次のフェーズに離陸している。基壇部分に展示、スタジオ、収蔵などかなりのスペースを入れているので、上部の三つのボックスだけでは規模感はわからないが、パリ郊外のピノー美術館（三万二七〇〇平方メートル）が実現しなかったので、安藤が携わった美術館建築としては最大の床面積（二万七四〇〇平方メートル）である。空間装置として強調されるのが、上下をつなぐシリンダーやキューブで、これは螺旋やジグザグ状の階段を組みこむとともに光の井戸（ライトウェル）を兼ねている。

知事の貝原俊民は「その外観は、六甲山に映えて、灘五郷に点在する酒蔵のような風格をもつシックなデザインである（…）大きな美術館があたかも神戸の風景にスッポリとけこんだような素晴らしい設計である[3]」と喜びを隠さない。

お返しとしてネパールに子ども病院を設計する

阪神・淡路大震災に対しては世界中から支援の手が差し伸べられた。先進国だけでなくアジア・アフリカの発展途上の国々からも義捐金その他の支援が届く。一年あまりを経て復興へのめどがある程度立ったところで毎日新聞が続けていたアジア・アフリカを対象にした難民救済キャンペーンの一環で震災支援のお返しのプロジェクトを考えた。そこで選ばれたのがネパールの子どものための病院であり、国際ボランティア組織ＡＭＤＡ（アジア医師連絡協議会）を介して子どものための病院建設をすることとなった。

ＡＭＤＡがネパールでの子ども病院設置に関わるようになったのは、震災以前の一九九二年に大阪の医師篠原明がＡＭＤＡで働くネパール人医師のラメシュワル・ポカレルと出会ったことによる。ネパールの五歳未満の乳幼児死亡率は人口千人あたり百二十八人（一九九七年）で、先進国の二十倍ほどになり、しかも子どものための病院は首都カトマンズにしかない。日本から支援の輪を広げられないかと大阪を拠点としてふたりでキャンペーンを始めたところで震災を経験する。震災を経て人々の命に対する意識が高まっているところで、一九九六年から毎日新聞がネパールの子どもたちについて「明日を生きたい――ヒマラヤのふもとから」と題した記事を連載し、それが被災者たちのお返しの気持ちと重なってネパールへの支援活動へとつながっていく。

建設中のネパール子ども病院（ブトワル、1998年）

篠原は体調を崩し、一九九六年十一月に逝去したが、その遺志は多くの人によって引き継がれる。安藤もそのひとりで、「喜んでお手伝いしましょう」と手をあげる。ボランティア活動として設計の一部始終を無償でおこなうということであり、それにともなうさまざまな折衝や口利きもおこなうことになる。

病院の設置場所については比較的人口が稠密な南部の平野部が好ましいとされ、釈迦の生誕地ルンビニに近いブトワル市となった。人口十万人ほどの町である。ＡＭＤＡとの調整の結果、病院規模は五十床程度、数名の医師が貼りつくことが決まった。知名度のある安藤が全面的に関わっているということで、それが一種の信用状のようになり、ネパール側も多くの人々や機関が参加する。

土地とインフラは地元のブトワル市と地元商工会議所が提供することになり、日本側は病院の建設費と医療機器の手配をおこなう。日本でのキャンペーンは全国レベルに広がり、被災者たちを含めて一万人をこえる人々から寄付が集まった。

いざ建設段階となると、いろいろな制約がある。ネパールの物価は安いとはいえ、建設費はふんだんではない。コストを落とすため、軀体はシンプルなものとして、材料も現地で入手可能でなければならない。地震が頻発する国なので十分な構造強度が必要である。その結果コンクリートのラーメン構造で外壁を煉瓦で覆うとしてデザインがまとまった。高さの違う直方体を病棟としてふたつ並べ、そこに病院の諸機能を配する。そこに斜めに貫入する棟（斜路）は、言ってみれば安藤のサインのようなものである。病棟の南側は列柱としてテラスを設ける。ジオメトリーとしてはきわめて単純だが、逆に煉瓦によるマッシブな量体が存在感を増している。構造的にはコンクリート造であるが、人力で積んだ煉瓦壁の感触が安藤のきわめて人間的な建築のつくり方を示唆している。

こんな話もあった。ある日、設計段階のはじめのころ、現地の施工スタッフからファックスが届き、「敷地にうまく入らないので平面図を反転して使います」とのこと。見るとたしかに平面図を裏焼きした状態で図面ができている。いわく「機能も面積もみな同じですから問題ありません」。これにはさすがの安藤も腰が抜けた。いまさら設計のなんたるかを議論する気にもなれず、一言「ありえない」といって事務所スタッフにＮＧの返信をさせるが、おそらく現地では「安藤さんは頑固な人だな」と思ったにちがいない。建築のリテラシーを共有するのはなかなかむずかしい。

それでも建設工事は順調に進み、一年で竣工にいたった。一九九八年十一月、開院式がおこなわれた。運営はＡＭＤＡがおこない、スタッフはネパール人医師三名、日本人医師一名、看護師四名、検査技師五名となる。地元の地域住民のみならず一〇〇キロから二〇〇キロも離れた地域に住む人々の来院も多い。その後、新生児集中治療室（ＮＩＣＵ）を併設し、開院から五年でのべ六十六万人をこす母子の命を助けることになった。

第15章　東京大学教授として

東京大学教授に招かれる

安藤忠雄が東京大学に教授として招かれていると聞いて、妻由美子は驚いた。それまでアメリカの大学に客員教授として呼ばれたことはあったが、それは短期集中の設計の授業で、いわゆるフルタイムの教員ではない。学者経験など皆無の人間が象牙の塔の、よりにもよって東大などに席を落ち着けた矢先には何を言われるかわからない。由美子の母フミも含めて「あなたには分不相応」と強く反対した。

こんな話を相談できるのは、家族以外であれば人生の師として敬愛している佐治敬三くらいしかいない。佐治のもとに足を運び、率直に尋ねてみた。すると「興味があるなら行ったらいい。ただし、お前は大阪人だから、大阪から通え」との返事。これで心が決まった。ほんとうは佐治も少々心配だった。学歴云々という問題ではなく、真の自由人たる安藤が堅苦しい東大のしきたりを守ってやっていけるかどうかという心配である。そこで佐治は安藤の話が正式に決まった後、一月十日の十日戎（えべっさん）の日にミナミの料亭で安藤の東大への壮行会を開いた。東京から田中一光、三宅一生、鈴木博之、藤森照信などを呼び、関西の財界人も含めて「大阪から

鈴木博之（左）と安藤忠雄

東京に行って安藤さんがいじめられないか心配です。みなさん、ここまでもてなしておいたら、いじめられないやろ」とジョークを飛ばして応援した。

安藤に声をかけたのは鈴木博之である。建築史の教授で、一九七四年に専任講師に就いて以来、二十年以上を東大で過ごしてきた生粋のアカデミシャンである。このころ彼は建築学科の学科主任を務めており、人事権を握っていた。

東京大学建築学科は一八七七年（明治十年）に工部学校造家学科に着任したジョサイア・コンドルに始まるアカデミックな建築設計の歴史を有し、辰野金吾、伊東忠太、堀口捨己《すてみ》など並みいる建築家を輩出してきた。一八九三年以来、講座制が導入され、建築設計、建築史、構造などの専門領域が講座を通して今日まで代々引き継がれてきている。安藤は当然ながら建築設計（建築意匠）の教授として迎えられるわけだが、アカデミズムとは無縁と思われていた安藤がなにゆえにその講座の継承者に指名されたのか、その背景を含めて考えてみたい。

先にも述べたように、戦後の東京大学で高い知名度をもつ設計系の教官というと丹下健三の名がまっさきにあがる。ただ丹下が教授となったのは建築学科ではなく新設の都市工学科に移ってからのことで（一九六三）、建築学科時代は岸田日出刀《ひでと》のもとで長らく助教授を務め、後輩の吉武泰水が岸田の後継者となったために昇格は見送られていた。岸田といえば内田祥三《よしかず》とともに安田講堂を設計したことで知られ、また戦後の復興期にあたって各地のコンペ審査委員を歴任し、弟子の丹下健三を世に送りだしたその人である。しかし建築学科の主流は岸田（建築計画第一講座）が退官した後、吉武泰水（同第二講座、一九五九—一九七三）に移り、官庁と組んで施設設計のデータベースを築きあげる建築計画学にシフトしていた。本来の意味での設計は、東大闘争の混乱を経た一九七〇年に新たに意匠学講座が開設され、芦原義信が教授として着任してからとなる。今日の他の大学での設計教育・研究のあり方からみるといかにも古く、まだまだ十九世紀を引きずっているように思えるが、それがよくも悪くも東京「帝国」大学の特徴なのだ。

芦原義信は一九七九年に退官し、その後任となったのが槇文彦（一九七九―一九八九）である。そしてその後を香山壽夫（一九八六―一九九七）が襲う。いずれも東大ＯＢではあるが、アメリカ東海岸での大学院教育を受けた知米派であり、槇に関していえば帰属意識は東大よりも幼稚舎から過ごした慶應にあった。

一般に大学人事では、自身のポストの後任に関して退職予定者は関与しないという不文律があり、残された教授職のみで後任人事を決め、助教授（現在は准教授）以下は関与しない。香山が退官したとき、教授であったのは建築史の鈴木博之、建築計画の長澤泰、建築構造の坂本功といった面々であったが、建築設計学講座の大野秀敏、建築生産講座の松村秀一らはまだ助教授で人事は蚊帳の外であった。また活発に評論活動をおこなっていた藤森照信は生産技術研究所所属なので、本郷の人事には口を出せない。長澤は吉武の娘婿であり、病院計画を専門として吉武の正統な後継者ではあったが、学部では鈴木の同級生という間柄で、無用な口出しはしなかった。

鈴木がはじめて安藤と会ったのは、一九七〇年代の終わり、磯崎新の設計した住宅の見学会においてであった。それから三十年近く、彼は押しも押されもせぬ建築批評家となり、その長い評論活動を経てみずからとは正反対の経歴をもつ安藤忠雄を敬愛していた。

「安藤の視点は明快であり、その発言も誤解の余地なく明瞭である。彼の建築は、そのような安藤の明快な視点から生まれる勁さをもっている。多くの人びとに彼の作品が受け入れられ、支持されるのは、建築のなかに明確な世界観が込められているからである(1)」

一般に大学教授の資格要件として博士論文が必須とされることが多く、丹下健三ですら教授昇任を見越して四十五歳になって博士論文をまとめているくらいだ。むろん、安藤も博士論文など書いていない。東大よりも少し前に京都大学から内々に安藤に教授着任の話があったが、安藤が博士号をもっておらず、またもつ意志もないということで沙汰止みとなった経緯もある。しかし、東大の場合は一九六八年の混乱を経て大きく改革に動き、講座制は変わらないものの、人事についても他大学の卒業者を多く採用するようになり、業績についての解釈も杓子定規ではなくなっていた。設計者やデザイナーに関していえば、「芸術性において日本建築学会賞や芸術院賞などを受賞した類稀なる」作品があれば、それを博士論文と同格の業績とみなしうる。

鈴木の周到な根まわしもあり、学科人事として安藤の意匠講座の教授着任は問題なく進み、学部教授会にまわされる。大学に行っていないということで驚きの声はあがったが、その仕事の圧倒的な内容、華々しい受賞歴に異を唱える者はいなかった。実際、安藤は生存する建築家としては世界で最多の賞を授かっている。

安藤の人事が香山の退官後に始まったので、着任は一九九七年十二月と変則的であった。そこから四年間あまり教授を務めるが、このときに東大は六十歳の定年を延ばすための経過措置がとられるようになったため、定年を一年延長して二〇〇三年に退官する。足かけ六年であった。後任には難波和彦が選ばれ、その後任が隈研吾である。

建築界の三嫌われ者?

鈴木博之は二〇一四年に世を去る。六十八歳で、長生きが多い建築界のなかでは早世であった。早稲田大学の教授を務めていた友人の石山修武が追悼文でこんな指摘をしている。鈴木とは「お互いに言い始めたら聞かぬ、自説を曲げぬの悪癖が似通っていたからだ。以降、それを言う安藤自身も含めて「建築界の三嫌われ者」としての筋を曲げず、そのことによって盟友ともなった」(2)。

石山は論争好きで先輩の内井照蔵に対して「健康論争」を仕掛けてみたり、あるいは磯崎新の事務所で開かれた建築家の集まりで若手に啖呵を切って凄んでみたり、何かとエピソードが多い。革ジャン・リーゼントの風貌から学生には恐れられていたが、実際には人なつこく、職人集団や地域集団の組織がうまい。それに反して安藤は、見かけは反体制のゲリラ風ともいわれるが礼儀正しく、ブラックなジョークはあっても人を正面から敵呼ばわりすることもない。渡辺豊和、毛綱毅曠《もづなきこう》とひとくくりにされて「関西の三奇人」と呼ばれていた時期もあったが、何かにつけて癖ある面々と一緒にされて「三悪」のように語られるのはさぞかし迷惑な話であろう。

鈴木の場合はたしかに論争好きで、一歩も譲らぬ姿勢は石山と共通するかもしれないが、石山が言うほどに嫌われ者ではない。物腰も柔らかで彼のファンも多い。その彼の心にトラウマのようにのしかかっていたのが大学院時代の苦い思い出である。一九六八年から翌年にかけての東大闘争の経験だ。東大の建築学科は都市工学科と並んでノンセクト・ラジカルといわれる急進派の学生を多く生みだした。鈴木もそのひとりである。一九六九年の一月十八日、十九日の学生と機動隊との間の安田講堂攻防戦を前にして、安田講堂に籠城を続けるか退出するかで道が分かれ、鈴木は後者を選んだ。籠城組からは多くの逮捕者を出したが、「菊屋橋１０１号」と呼ばれる完全黙秘を貫いた女子学生など、筋を通したことで一目置かれていた。以後、アカデミックなキャリアを進めるなかでこの経験が負い目として心のどこかにひっかかっていたのだろう。磯崎新からはこのことで日和見主義と揶揄されることもあり、それで荒れることもあったくらいだ。

安藤にとってもこのころの思い出は強烈で、安田講堂に立てこもった全共闘の学生たちに強い共感を覚えていた。東大生へのメッセージで「大学のあり方を問いかけながら、自らの肉体と精神をかけて闘っていた若者達の姿には胸を揺さぶられ、自らの体験のように覚えている」[3]と熱っぽく語り、学生たちの奮起を呼びかけているほどだ。

それゆえに安藤忠雄の存在は、鈴木にとって大きな希望であったはずだ。東大の権威などとは無縁の世界で実績を積み、その行動的な姿勢と心に響く建築は彼がまさに追い求めていたものだ。鈴木は安藤に奈良時代の勧進僧行基の姿を重ね、足を運ぶところすべてに功徳を施してまわるというエシカルな姿勢に建築家以上の存在をみ

東京大学建築学科の製図室にて

ていた。そして東大の建築学科を根底からひっくりかえすくらいの覚悟で新しい人事に臨むのである。

こうして決まった安藤の東大教授就任は、東大に関わる多くの人にとっては「安藤忠雄という事件」として驚きをもたらし、六八年世代にとっては東大闘争のスローガン「帝大解体」そのものであった。しかし世の反応は逆で、東大のリベラルさ、学閥主義の排除と実力主義の徹底、国際化時代に向けての柔軟な選択、と称賛を送る。同じ年に仏文出身の映画評論家たる蓮實重彦が総長に選ばれ、安藤の登場と重ねて世に「東大も変わった」との印象を与えた。

安藤は正規の教授であるから、大学でのオブリゲーションは授業以外に会議や試験など多岐にわたる。研究室も構え、卒論生、大学院生を抱えて研究指導もおこなわなければならない。教授は忙しいのが当然であるので、それをサポートする体制が重要である。東大はそのあたりはよくできていて、講座（研究室）を支えるというかたちで専任の助手がつく。安藤研究室では五年間に、順番に千葉学、鵜飼哲矢、山代悟がその任を務めており、いまではそれぞれ東大教授、九大准教授、芝浦工大教授となっているので、当時から優秀さを期待されての人事であったのだろう。

一方で、大学人のなかに深く入りこんでいなかったこともあって、安藤は東大教授なるものの生態をつぶさに観察することができた。そして一言「東大教授は尊敬されないんですわ」。たしかに東大教授の肩書で政府などの委員会などで仕切り役を任され、結果的には役所にうまく使われている姿を見ていると、便利屋にしか見えなくなる。世のなかからは権威の象徴のように思われることが多いが、とくに権威に頼っているわけでもなく、逆に小市民化している人も多いようで、勉強のできる便利な人といったところなのだろうか。かえって疑問を深める結果となったようだ。

東大建築学科に新しい風を

安藤の東大での任期は足かけ六年間と短いものではあったが、そのインパクトは強烈であった。退官の翌年に新設された東京大学特別栄誉教授の称号を送られたことをみても、彼の東大で果たした役割はきわめて大きいことがわかるだろう。この称号はノーベル賞クラスの教授に限って授与されるものであり、過去十五年で七名にしか与えられていない。

それでは、東大における安藤の貢献とはなんであったのだろうか。

教授着任にあたってまっさきに期待されているのが設計教育であり、設計論の研究であることは間違いない。東大の意匠学講座の教授は世界の建築をリードする並外れた人間でなければならない。世間一般からいえばそのような期待があり、ただの「優秀な建築家」というだけではその任が務まらない。その意味で、槇文彦はその期待に応え、一九七九年からの十年間の任期中に相当の貢献をした。在任中も次から次に話題作を世に送り、空間論・設計論の研究を研究室として集団でおこない、その成果を世界に向けて発信した。そして有能な若手建築家を育て、槇スクールとも呼ばれる一群の建築家グループをかたちづくっている。

安藤は槇のようなハーバード流の方法論を下敷きにしているわけではないが、自身の経験から独自の方法を組み立てている。なかでも展覧会制作と抱きあわせのデザイン研究はなかなかユニークである。安藤は一九八〇年代から繰り返し、みずから展覧会を構想し、それを各地に巡回させており、その経験がこの体験的デザイン論に色濃く反映されている。展示物や会場デザインだけでなく展覧会の目的と手法を徹底して考えるミュゼオロジー的な思考が必要で、頭と手の両方を動かす総合的な学習であり実践であるのだ。

彼が学生に提案したのは「ル・コルビュジエの住宅研究」。モダニズムの元祖ともいわれるル・コルビュジエの住宅に関し悉皆的に比較検討する。時系列に沿って全住宅の模型をつくり、その成果を展覧会で発表する。展示物の制作と同時に展示計画を練り、カタログとしての書籍を制作する。模型づくりだけでも大変であるが、これを総合的な展覧会に仕立てるには相当の知力と腕力が必要だ。加えて組織づくり、工程管理、カタログ制作、イベントの運営管理など建築の実務プロセスと同程度の作業が必要となる。このすべてに対し安藤がプロデューサー役となって工程を進めるというものである。学生にとってはなかなかハードな経験であるが、成果物にいったときの充実感はひときわ大きく、習得するものも大きい。

ここで生まれた「ル・コルビュジエの全住宅」プロジェクトはギャラリー間での展覧会（二〇〇一）となり、その後は国内各地の大学などへ巡回し、できあがった模型は最終的にパリのル・コルビュジエ財団に寄贈された。

ユニークであったのが、東大での建築家たちのレクチャー・シリーズの企画運営であった。世界の著名建築家が来日すると、東大に連れてきて講演を依頼した。I・M・ペイ、レンゾ・ピアノ、ジャン・ヌーヴェル、フランク・ゲーリーなどの顔ぶれで、安藤だからこそ気軽に東大に来てくれ可能となった講演会で、東大に安藤ありきという印象を強めた。この成果は『建築家たちの20代』（TOTO出版、一九九九）として出版され、韓国語と中国語にも翻訳された。出版に関しては東京大学出版会でも『連戦連敗』（二〇〇一）など二冊を出しているが、建築系の出版物としてはめずらしく十万部のオーダーで売れ、東京大学出版会からは大変感謝されているようだ。

卒業設計の奨励のために新たな賞の創設もおこなった。ゼネコンから資金調達して三千万円の基金をつくり、それを原資として卒業設計で優秀と認められた学生で大学院に進学した学生に対し、大学院での研修旅行に三十万円を給付する。若いころの経験から「旅こそが人の感性を磨きモチベーションを高める」と確信し、そのために惜しみなく賞を与えるというのが趣旨である。学生にとっては大変ありがたい制度である。よくあるように賞の提供者の名前を冠するようなことはせず、東大建築学科の最初の設計教官を記念し「コンドル賞」と名づけているのはいかにも安藤らしい。

学生にものの価値を体験的に知らしめ、モチベーションを与えることが最大の務めと認識していたふしがある。だから現場訪問、研修旅行については積極的に推奨し、みずからその現場に顔を出す。当時、本郷のキャンパスから近いところで進んでいた上野の国際子ども図書館の現場は格好の研修場所であった。むろん、休暇を利用して直島や淡路夢舞台への訪問もオーガナイズし、安藤に加えて現場担当者の懇切丁寧な説明を聞かせるようにした。

安藤の最終講義は二〇〇三年三月に安田講堂でおこなわれたが、定員を大幅に上まわる来場者で、数百人の来場者が入場できない状況となる。予期せぬ反応に安藤みずからハンドマイクをもって会場整理にあたった。「安藤さんが外に出て直接話しているよ」ということで、あぶれた人もそこそこ満足して帰ったという。講演時間は二時間。講義のテーマは「建築の可能性を語る」であった。

設計講義でコンペを論じる

特別栄誉教授となる際の安藤の評価は、やはり世界のトップアーキテクト安藤忠雄として比類ない作品を世に送りだしたということに尽きるだろう。一九九〇年代の半ばまでに国内各地にたいそうな数の建築作品をつくり、海外でもドイツのヴィトラ・セミナーハウス（一九九三）やユネスコ瞑想空間（一九九五）を完成させ、アメリカやドイツでいくつもの美術館の設計にとりかかっていた。この時点で安藤は世界の潮流のなかで不動の地位を確立していた。一九九五年にプリツカー賞、一九九七年に高松宮記念世界文化賞と受賞歴も華々しいが、直島に代表される美術館群などを通してインターナショナリズムに対抗するリージョナリズムの代表といわれる建築の金字塔をつくりあげていた。

これに続く一九九〇年代半ばから二〇〇〇年代半ばにかけての十年は、次の新しいステップを示す時期でもあ

テートギャラリー現代美術館国際設計競技案（1995年）模型

った。何よりも海外でのプロジェクトが増え、異なった条件下で新たな建築的プログラムを考案し、設計手法を生みだしていく時期ともなった。この期間に生涯でももっとも多くコンペに応募しているのは、たんなる偶然ではないだろう。ちょうど東大教授時代と重なっていることからみて、自身のデザインを広く開かれた世界で議論の対象とする、いいかえれば学生への教育を含めて設計理論としてみなで考え議論を共有するうえでもコンペが有効なツールであったはずだ。学生への問いかけとして講義録をまとめた『連戦連敗』は、まさに京都駅改築設計競技（一九九一）に始まる一連のコンペ応募案を通して考えた現代建築論である。コンペはたんに仕事を勝ちとるための手段ということではなく、思索のための重要な機会でもあった。

　国際コンペに指名建築家として加わったのはロンドンのテート・ギャラリー現代美術館（テート・モダン）の設計競技（一九九五）が最初である。このコンペは最終審査のインタビューの前日、阪神・淡路大震災が起こり、インタビューをなんとかこなした後、そのまま飛行機に飛び乗って日本に戻ってきたという大変な想い出を残すものとなったが、残念ながら最後の時点でヘルツォーク＝ドムーロンに競り負けてしまった。

　この敗北を安藤は講義を通して深く分析している。インタビューに残った建築家は安藤を含めて六組だったが、安藤自身はまだ国際コンペの経験が浅く、審査員との受け答えであっさりと問題点を認め、粘りがなかったと反省している。反省の仕方は昨今の就職面談に向かう大学生とあまり変わらないが、日本人にありがちな押しの弱さが出てしまったということのようだ。弁が立つヨーロッパ人建築家たちはそう簡単に非は認めない。粘った者勝ちのような雰囲気のなかでヘルツォーク＝ドムーロンが一等に選ばれる。

この美術館はロンドン周縁部の火力発電所（一九四八）の建物を残し、それを現代美術館にするという点でパリのオルセー美術館に似たような構図であった。安藤の案は、古い煉瓦造の建物にガラスの直方体を二本貫入させ、素材と形態を対比させるものであり、その後一貫して続く純粋幾何学と具象的形態との対比という主題を明確に示したものである。講義のなかで安藤は自身の案の論理的構造を再確認するとともに、他の応募案、とくに首席となったヘルツォーク＝ドムーロンを客観的に分析し、都市的コンテキスト、今日における素材性の課題などについて批判的に深く論じている。

安藤がはじめて指名コンペで優勝するのは一九九七年、テキサス州フォートワースのフォートワース現代美術館（二〇〇二）のコンペである。二段階コンペを経て六人（組）のファイナリストに選ばれ、最終的に勝利をおさめる。そこまでの展開もおもしろいが、安藤の講義ではここから先の展開が興味深い。設計論もさることながら、アメリカ式の建設工事から得た教訓をたっぷりと聞かせる。コンクリートの打設に失敗した業者と揉めた後、クライアントからやりなおしを求められ、安藤ブランドの名誉のためにそれをとりこわして打設しなおすことになったが、その費用負担をめぐって揉めに揉めた話など、コンペに勝ったら勝ったで襲いかかるトラブルについて詳細に語られている。安藤の視点はつねに現場と行き来をしており、一方で究極の美学を求めながら、他方でけっこう泥臭い現場の話が表に出てくる。たんに人間臭いというだけでなくビジネス、施工体制、キャッシュ・フローなど当然知るべき話が満載で、学生には大きな刺激であろう。以前、磯崎新がロサンジェルスの現代美術館（MoCA）の工事をしているときに「アメリカではなんでも弁護士、二丁拳銃ならぬ二丁弁護士だ。こっちも十分に武装していかなければならないんだ」とぼやいていたが、さすがに講義ではそのような危ない話はしていなかった。

一九九九年から二〇〇〇年にかけ安藤は六つの国際コンペに参加し、結果としてはすべて落選する。知名度ゆえに指名コンペに名前があがるのだが、なかなかうまくいかない。マドリッド、パリ、アントワープ、シュトゥットガルトなどの美術館がおもであった。安藤は美術館の大家として国際的には認知されているが、じつは一九九二年に最初の美術館たるベネッセハウス・ミュージアムを竣工させて、まだ十年も経っていない。短期間でけっこう多くの美術館・博物館を国内で手がけてきたそのスピード感が人々を惹きつけるのであろう。指名コンペはもちろん一定のフィー（参加報酬）が支払われるが、優勝して案を実現できるかできないかは雲泥の差である。

二〇〇〇年にフィラデルフィアのカルダー美術館のコンペで優勝するが、このプロジェクトは結局つぶれてしまう。しかし、二〇〇一年になってパリ郊外のピノー財団ミュージアムを勝ちとり、さらにマサチューセッツ州のクラーク芸術修復センターのコンペも入賞した。とくに前者は美術館の規模、国際的な美術界の動きと絡んで世界中から注目を集めた。東大教授としても大変名誉ある受賞であり、当然、講義のなかでも詳細に語られる。ヨーロッパ最大の近現代美術館であり、しかもグッゲンハイム的な美術の「フランチャイズ」に対抗し、中央（国のポンピドー・センター）に対する地方の民間ミュージアムという点で新しい美術の動向をリードする美術館である。

安藤の講義はそれこそ世界の動向をライブで伝え、それも建築家として十分な分析を加えながらおこなうので、こんな話はそれまでの東大建築学科にはなかった。そんな建築家であっても質素である点は徹底していた。かつて丹下健三が東大に来るときには運転手つきのメルセデスに乗り、所員がおつきとしてついてきたものだが、公共輸送機関（地下鉄）を使い、小さなリュックを片手にひとりであらわれる安藤はまったくの型破りであろう。佐治との約束どおり東大には大阪から通っていたが、移動パターンは新幹線と歩きである。

本郷の三十三間堂

安藤忠雄が東大に残した遺産として情報学環・福武ホール（二〇〇八）の建築がある。本郷通り沿いに建つ校舎で、ベネッセからの寄付で建設された。

　東京大学の要である本郷キャンパスは、大正期から昭和初期にかけて建設されたネオゴシックで統一された建築群でできており、その核となるのが安田講堂（一九二五）である。安田財閥の寄付によって東大教授の内田祥三と助教授の岸田日出刀によって設計された。同じようにさまざまな個人・企業からの寄付による建築がある。

　国立大学の場合、キャンパス計画は文部省（文部科学省）のもとで大学施設担当部署（営繕）でおこなわれるのがふつうである。建築系の教員が直接関与することは少ない。しかし東大建築学科の場合は教官の関与が比較的

東京大学情報学環・福武ホール（文京区、2008年）。撮影・小川重雄

大きい。キャンパス計画担当教員のポストがつくられているくらいで、その点では内田祥三、岸田の伝統が続いているといってよい。とくにめだつのは丹下健三で、本部棟（一九七九）、第二本部棟（旧理学部五号館、一九七六）と大学の中枢機能となるモニュメンタルな建築を設計している。それ以降、法学部四号館（大谷幸夫、一九八七）、御殿下《ごてんした》記念館（芦原義信、一九八八）、工学部十四号館（香山壽夫、一九九三）、法学部ロースクール棟（槇文彦、二〇〇四）、ダイワユビキタス学術研究館（隈研吾、二〇一四）といったかたちで難波和彦を除き途切れなく続いている。日本国内を含め、世界各国で大学キャンパスを数多く計画してきた槇文彦が東大ではかなり遅れて設計依頼を受けているのが不思議である。

　情報学環・福武ホールは東大創立百三十周年記念事業として計画された。福武總一郎はアンチ東京に徹していて本来なら東大に寄付などしないはずだが、そこは安藤のためということで一肌脱ぐことになった。与えられた敷地は本郷通り沿いの緑地帯で、加賀藩邸の遺構たる赤門に連

なり、総合図書館を前にしたもっとも歴史的な場所である。けっこう広い面積をもつとはいえ本郷キャンパスは満杯になりつつあり、新校舎の敷地にはこのような場所しか残っていない。この緑地帯には通り沿いにクスノキの大木が並び、建築が可能なスペースは奥行き一五メートルにすぎない。したがって必要条件をクリアすると間口が一〇〇メートルほどの細長い空間とならざるをえない。和尺にすれば三十三間、鈴木博之はこれを「本郷の三十三間堂(4)」と呼んだ。

安藤はこれまで日本でもヨーロッパでも歴史地区や歴史的建造物に関してさまざまな現場を経験してきているので、その扱いには慣れている。主たる部分を地下に沈め、地上は必要最小限のボリュームとなすことにする。樹木に力点を置き、樹木群が建物を覆い隠すのがよい。正面に本郷のシンボルのひとつである総合図書館(一九二八)があり、そことほどよい対比とすることが望ましい。このように考えてできたのが、間口九五メートルで一三スパンの建物である。横一直線が強調され、しかも寸法は凝りに凝った。〇・九メートルを基準寸法に、高さ三・六メートルのコンクリートの自立壁を手前にして、地上六・三メートルのところに庇が一直線に横切る。フォンタナ的な鋭利な切り口がここでも再現され、シャープさをさらに強調する。赤門のスケール感を守り、めだたないことを第一として、安藤としては抑えに抑えた建築となった。

第16章　安藤事務所というチーム

クライアントの見分け方

ここでは視点を変えて、事務所の経営という側面から安藤事務所の運営体制を組織論的に眺めてみたい。

二〇〇〇年代に入ってから、安藤忠雄は年平均九件ほどの建築を建てている。その多くが大型物件であり、加えて基本構想やプロジェクトの段階でストップするものもそれなりにあるので、年間かなりの物件を扱っていることになる。そんな仕事ぶりから、安藤事務所（正確には安藤忠雄建築研究所）は相対的にけっこうな数の所員を抱えていると一般に思われている。日本最大の建築設計事務所たる日建設計で千八百名、大手事務所といわれる佐藤総合設計、安井建築設計事務所などは二百名から三百名程度の人員であるが、安藤事務所の仕事量からいえば大手に準じた百人規模のスタッフが必要なのではないか。ちなみに海外でスター建築家といわれる事務所の規模は間違いなく大きく、レンゾ・ピアノのRPBWで百五十人、ザハ・ハディド事務所で四百人と想像を上まわる数のスタッフが働いている。

実際の安藤事務所の所員数は三十人弱で、この数字は一九七〇年代からそれほど変わってはいない。建築の規

大淀のアトリエII（大阪市、1991年）。
下・同アトリエ内で所員たちと

模はどんどん膨らんでいるのに、スタッフが増えなければ、所員ひとりあたりの仕事量が膨大なものになっていきそうだが、実際は反対で、スタッフは残業をしても夜九時過ぎには仕事を終えている。アトリエ系と呼ばれる設計事務所は作業量が多く、所員は終電近くまで帰れないケースが大半だ。

なぜこのような限られた人数でこれだけの密度の高い仕事をこなすことが可能なのか。それを知るための鍵はいくつかある。その基本は、安藤事務所とクライアント、施工業者とのあいだで十分な信頼関係を打ち立てていくことにある。この三点がスムーズにつながり、相互のリスペクトの上に立つコミュニケーションが成立すれば無駄な作業を省くことができる、というのが安藤の哲学だ。所員を一定数に抑え、それぞれの所員が高いプロフェッショナルな意識をもって効率よくプロジェクトにあたることができれば、それなりの給与水準も維持でき、実際、安藤事務所の給与はきわめてよい。安藤自身「私は設計事務所の社長ですから、やっぱり自分の仕事はスタッフにより高い給料を払い、その人たちが生活に困らないようにすることだと思っています」と明言する。本人の社長としての給与はベテラン所員の二倍を上限とすると決めている。欲がないのだ。

クライアントとの関係を決めるのは安藤の仕事である。いかに筋のよい仕事を選ぶことができるか、その点が肝要である。安藤の仕事が順調に拡大するにしたがい、一九八〇年代半ばごろからさまざまなオファーが直接間接に事務所に来るようになった。そのときにプロジェクトの大小ではなく、安藤事務所がなすべき仕事か、クライアントが情熱をもって仕事にあたっているか、クライアントと信頼関係を結ぶことができるか、そしてビジネスとしてきちんと設計報酬を支払う準備ができているか、をみずからに問い判断する。

安藤のように知名度の高い建築家がしばしば経験するのは、建築家の名をもって出資者を募るというリスキーなプロジェクトである。設計料は資金調達が終わってからというので、未払いあるいは一部のみ支払いということがしばしば起こる。そのようにうわついた話は原則としてすべて断るようにしている。また、設計以前の企画構想に対してもきちんと報酬を支払えるかが肝要である。これらの点については、人を見ることにかけては動物的な直感力のある安藤自身がその判断をする。

ネパールの子ども病院（一九九八）や「希望の壁」（二〇一四）のようにその社会的な意味に応じてボランティアすなわち無報酬で計画・設計をおこなうこともある。ただ、規模は小さくとも企業である設計事務所としてはビジネスとボランティアの線引きをはっきりさせることが必要で、白か黒かを峻別する合理的な態度を貫くことが安藤事務所のポリシーとなっている。むろん、一度ボランティアと決まれば徹底的にその線で突き進む。

クライアントとの関係は竣工後も続く。「安藤事務所は大工みたいなものだから、つくり放しではなく、後の面倒をきちんと見なきゃいかん」と語るように、アフターケアも重要な仕事である。そんなことから住宅であれば、十年後、二十年後の増築・改築の仕事を頼まれることも多く、クライアントの家族とは世代をこえてのつきあいとなる。

チームの力が何よりも重要

設計行為は当然チームによって動くが、安藤事務所のモットーは「事務所もチーム、社会もチーム」である。

事務所は閉じた設計者だけの世界ではなく、クライアントとその先にある社会一般につながり、同時に建設工事を実際におこなう施工会社や職人たちにもじかにつながらなければならない。

一九六九年設立の安藤事務所は五十年の歴史をもち、安藤のもと初期に入所した四名のベテラン所員がいまも事務所の屋台骨となっている。矢野正隆、岩間文彦、岡野一也、水谷孝明の四名であり、四十年以上にもわたる経験の積み重ねで事務所の仕事の流れをきちんと把握し、業務を滞りなくスタッフに振り分けていく。この四人は性格も異なるが、おたがいの仕事を認めあっている。安藤とクライアントとの折衝を踏まえて細かい内容を決めていく。

海外プロジェクトは古くから矢野が担当してきたが、いまや事務所の仕事の七割がアジアや欧米諸国におよび、他の三名もそれぞれ海外プロジェクトを担当することになった。クライアントとの打ち合わせ、プレゼンテーションは安藤がおこない、各担当者が概要を進めたうえで矢野が中心となって契約までまとめることが多い。岩間はいま事務所でただひとり三角定規をたくみに使い、手書き図面を描いている。岡野は学生時代から事務所に出入りして、とにかく仕事が早い。安藤のコンセプトを示すスケッチを読みとき、みごとに建築にしていく。現場でも統率力をもって事を推し進める能力が抜群にある。少し若い水谷はクライアントの信頼が厚く、展覧会の企画運営についても若手の女性スタッフとこなしてきた。外部の力に頼らずにこうした企画を進めることができるのは水谷の緻密な組織力による。

事務所内の設計体制でいえば、当然ながら個々のプロジェクトに対して効率のよいチーム編成が必要だ。プロジェクトの内容に応じてタスクフォース型のチームがつくられ、ベテランの役割は安藤の指示のもとチームの中心となったりサポート役となったりして無駄なく作業を動かすことにある。

外注は極力減らす。通常の設計行為の場合、意匠設計（デザイン）以外の構造、設備、外構（ランドスケープ）はその専門の事務所に外注するのが一般的とされるが、安藤事務所の場合、特異な構造を除き安藤自身が構造解析のプログラムを組み、事務所内で構造計画までおこなっている。インテリアデザインも自前でおこなうことが多く、建築工事と内装工事を同時におこなうことでデザインの一貫性が担保され、コストダウンのメリットが生まれる。その点ではサブコンを含めた施工会社との関係は重要で、安藤事務所の求めるスペックを十分にかなえることのできる職人との意思疎通が必要になってくる。

安藤の建築が高度の職人技術に依拠しているのは作品をみれば一目瞭然であるが、並の設計事務所ではこのハイスペックな施工精度を達成することはできない。だからといって宮大工など特異な職人に頼っているわけではない。市井の施工業者であっても、職人の気質をいちばんよく知っているのが安藤で、そういう工務店と仕事の原点に帰って順次仕事をしてきたことで、今日までの建築作品が生まれてきている。

安藤の奇跡を生んだとまでいわれる初期の住宅の施工をおこなったのはほとんどが地元の工務店であり、安藤みずから現場に出て指揮をすることで工事の精度を飛躍的に上げた。職人のなんたるかを知っていたからこそ、そのような業が可能であり、事務所のスタッフも現場で徹底して鍛えあげられた。その伝統が事務所に根づいている。「住吉の長屋」を施工したのはまこと建設、「六甲の集合住宅Ｉ」では大工建設。いずれも従業員二十—三十人程度の小工務店であったが、その職人たちに意気込みとパワーを与えることができたのが安藤なのである。

その意味で、安藤は日本のものづくりの現場に潜んでいる高度の技術力を顕在化させ、それを建築として組織化する能力を先天的にもちあわせた人物といってよい。東大阪に代表される町工場的なものづくりの精神、人工や左官たちが育んできた匠の技術を組みあわせ、ひとつの建築空間として現実化する。

むろん中小だけでなく、大手の施工会社ともつきあいが長い。関西には竹中工務店、大林組という宮大工から成長したスーパーゼネコンがあり、ともに数百年の歴史を有している。その現場担当者たちともいろいろなつきあいがあった。社内では安藤番といって、安藤の求める施工の詳細を知り抜いたプロが「指名」がかかったときに駆けつけるまでになっている。

東京ベースのゼネコンも同じである。直島の場合、プロジェクトの開始から三十年を数えるが、一貫して鹿島建設の岡山支店が引き受け、その施工スタッフを統率する豊田郁美は定年を過ぎたいまも仕事をともにしている。彼らにクライアントから提示された金額をもって「今回はこの金でやってくれ」といって施工を頼むことができるのも培われた信頼があるからだ。

淡路夢舞台は国内最大級の規模の仕事であった。竹中工務店、大林組、清水建設といったスーパーゼネコンと地元の工務店、サブコンなどそこで働いた技術者や職人の数はきわめて多い。いまでも施工に携わったゼネコンやサブコンのＯＢ会を毎年開いている。

海外での仕事はそのようなわけにいかない。文化の違いやコミュニケーション上の問題で日本国内の十倍くらいのエネルギーを使うともいう。そのため現地スタッフとの協働作業が重要だが、安藤事務所の方針として海外の現地事務所はつくらない。隈研吾、坂茂といった並みいる建築家たちはパリやその他の都市に現地事務所をつくって現地での作業をこなしているが、安藤事務所は反対に現地事務所が必要と思われる仕事は引き受けない。

安藤の海外での仕事が本格化するのは一九九〇年代に入ってからであるが、最初のころは海外でのプロジェクトの進め方の違いにけっこう翻弄されていた。アメリカでは各種のユニオン（組合）が強く、業種ごとに契約し分離発注するのがふつうである。そのすべてが弁護士を通した作業となり、文書量も膨大である。逆にイタリアでのFABRICAをはじめとする仕事は、クライアントとのコミュニケーションが密であったがゆえに現地のローカル・アーキテクト、施工業者、職人などとの意思疎通も十分にでき、予想以上によいペースで仕事ができた。むしろ日本に近いといって安藤は大変喜んでいる。

人間関係は信頼から

安藤忠雄は不思議な人間的魅力をもつ人物だ。日本人だけでなく世界のどこでも尊敬され愛されている。外国語が喋れないにもかかわらず、だ。

若いころから人間関係を重んじてきたのは祖母や義母の影響だろう。どこへでもずかずかと入っていける下町的なオープンな性格に加えて、相手の人間を見究めて距離感をきちんとはかることができた。押しが強いが人情もある。そしてアクションが速い。だからクライアントたちも安藤に心置きなくまかせることができた。

住宅を多くつくっているころ、撮影のため訪れた二川幸夫に「なんや、お前、鍵をもってるのか」と驚かれるほどクライアントの信頼を得て自由に自作の住宅に出入りをしていた。出入りの大工といった面持ちだ。その行動パターンは大企業についても同じで、無名のころ、友人の永田祐三について竹中工務店の奥深いSDRと呼ばれた特別プロジェクト室に勝手に出入りしていて社長の竹中錬一と知りあい、昼食をごちそうになった話は有名である。

竹中錬一とは後日談があって、その後安藤の仕事が増え、神戸の「OLD/NEW」(一九八六)を竹中の施工でおこなった際には現場に社長みずから三回も足を運んでくれた。あるとき、その足で近くの「六甲の教会」(一九八六)の現場に行きたいという。施工は大林であり、通常はゼネコンの仁義として他社の現場には行かない。「竹中の親分が大林の建築を見にきたというので、大林組の現場監督はポカンとしてました。「ここは大林の現場ですよ」というと「わかっています、少し見たいんや」といって奥まで入っていったんです」といった具合だ。建築少年たちが現場を楽しむかのように戯れている姿が浮かびあがる。「建築というのは大きさではなく、心のこもったものをつくらないといけないのですね」というのが彼らの合言葉のようになったという。

大阪に住んでいると、東京とは異なり企業人も商店主もふつうの住民も距離が近く、気安い関係がある。そんなことで大阪の企業経営者とはすぐに仲よくなった。サントリーの佐治敬三は北の新地で何度も出会っていたが、何年も経て安藤のことを建築家と認識してくれた。アサヒビールの樋口廣太郎は銀行上がりの硬骨漢であったが、彼とも「おっさん、お前」と呼びあう仲で、一緒にどこにでも出かけた。安藤の考え方からすれば融通の利かない役人は好みではないが例外もいて、自治官僚出身の貝原俊民（兵庫県知事）とは深くつきあった。貝原がわざわざ「OLD/NEW」まで足を運び、安藤に姫路につくる「こどもの館《やかた》」についての説明をしたというのがなれそめで、プライドの高いはずの兵庫県知事がみずから出向いてきたことに安藤は驚いたが、貝原はそこまで安藤のことを尊敬し、震災のときも安藤に全幅の信頼を置いていた。

ロック・フィールドの岩田弘三とは、彼が神戸のローズガーデンに「ガストロノミー」という店名で出店して以来の仲で、四十年以上にわたって親交を結んでいる。彼は料理人からスタートした異色のビジネスマンで、「神戸コロッケ」と名づけた惣菜、とくに新鮮な野菜サラダから和食にわたる事業を手がけていた。女性の社会進出を早くから予測して「中食《なかしょく》」という概念で高級食材を百貨店地下で販売し、会社帰りの女性たちが購入して家事を軽減する生活を定着させたことはよく知られている。安藤に神戸本社（二〇〇四）に加えて静岡ファクトリー（一九九一、二〇〇〇、二〇〇九、現在も進行中）、玉川ＳＰＳファクトリー（二〇〇三）など工場施設を依頼した。仕事柄、環境問題にはうるさく、工場には早くから自然エネルギーの導入を実施するなどこの方面で安藤と考え方を共有する。

都市ゲリラという言葉からもわかるように、安藤は反骨の人である。しかし、口角泡を飛ばす論争は好きではない。そこが同世代の建築家や文化人たちと異なっている点だ。しかも大阪弁であるので、何事もまるくユーモアをまぶして収まってしまうのでコミュニケーション力は抜群である。そんなことから森ビルの森稔社長に懇願され、表参道ヒルズ（二〇〇六）の住民説明会の説明役を何度も頼まれた。肝心の森稔は姿をあらわさない。「安藤さんの話を聞いているうちに心が吸いとられていって、ついつい賛成してしまうんですね」というのは住民の弁である。

海外での人脈も日本以上に広がっている。とくに美術関係者、ファッション関係者との関わりは強く、むしろ先方から安藤を名指しで求めてくる。シカゴ美術館の紹介でピューリッツァー夫妻と会ったときなど、それが有名なピューリッツァー賞を創設した一族とはまったく知らずに出かけ、後でそのことがわかったというエピソードもあるくらいで、安藤のある種のブランド力がすでに世界中に広がっていることをみずから知った。

福武總一郎とフランソワ・ピノーについては、それぞれ大きなプロジェクトを共有し長きにわたって継続しているので、とくに関係は深い。その詳細については別に記す。

二〇一〇年以降、親しくしていた人たちが次々と鬼籍に入る。森稔（没年二〇一〇）、二川幸夫（二〇一三）、鈴木博之（二〇一四）、貝原俊民（二〇一四）といった具合に安藤のことを親身になって理解し支えてきた人物が去っていった。残された者として、みずからに新たなミッションを課し、未来の世代に地球という唯一の星を大切にしないといけないと言いつづけ、建築と環境の価値を伝える運動を着々と準備している。

2019年、ミラノでの展覧会オープニングにて安藤夫妻と主催者のG・アルマーニ

妻由美子の存在

流布している写真などから、安藤忠雄のイメージは闘う建築家として武闘派と認識されている。だから、その姿に女性の影を見る人は少ないと思われるが、じつは日本の建築家のなかでここまで妻の力がおよんでいる人物はまれといってもよい。女性関係においては軽佻浮薄の誹りを免れない建築家（男性）たちが跳梁跋扈するなかで、スキャンダルもなくゴシップ・ネタも提供せずに夫婦で半世紀にわたって事務所を運営することができたのは奇跡に近い。

安藤と妻由美子は、陽と陰の関係にあるといってもよい。安藤は気性が激しく、いつも怒りまくる。由美子は穏やかでバランスのとれた性格ゆえ、そうしたパッションを静かに受けとめる。安藤はつねに前を見て走るので、大胆ではあるが冷静さを欠くこともあり、所員がなかなかついてこれない。逆に由美子は前後の関係を頭に入れながらそれを受けとめ、沈着に物事を進める。所員の面倒をみたり相談役となるのも由美子の役割である。

事務所の運営にあたっては、由美子は安藤とともに両輪としてさまざまな活動を支えている。安藤が独立自尊の精神でぐいぐいと前に行くのに対して、由美子は事務所の経営状況を的確に判断し、その動きをコントロールする。安藤事務所というカルチャーを世に知らしめるのも由美子の力によるところが大きい。クライアントとのていねいなつきあい、フォローアップもしかりだ。

由美子は建築とは無縁の英米文学部の出身で、いまでこそバイリンガルのスタッフがしているが、若いころは安藤の作品紹介を由美子みずからが英語に直していたくらいで、安藤の作品が海外に知られていくプロセスのなかで由美子の果たした役割はきわめて大きく、現在でもその点は変わらない。海外での仕事が増えて以降、クライアントとの交流を深めていくが、オープニングなど公式の場では安藤は由美子と一緒にいることが多く、コミュニケーションにとくに問題はない。

由美子の旧姓は加藤である。事務所ではいまでも「加藤さん」と呼ばれているのは、事務所創設期からの伝統のようだ。

誰しもが思うことだが、こんな由美子に安藤はどうして出会ったのか。前にも述べたようにはじめて会ったのは具体のアーティスト向井修二の紹介であるが、大阪の下町育ちの安藤にとっては高根の花とでもいうべき阪神間育ちのお嬢様である。芸術好きだったことが決め手だったのか、安藤との出会いを運命のように受け入れ結婚にいたったという。結婚の話のため、神戸で父親の加藤泰と会ったときはカチカチになったというから、安藤も意外と初心であった。

ザハ・ハディドによる国立競技場問題がこじれ、審査委員長だった安藤に対してバッシングが起こったとき、安藤は膵臓ガンの治療のため入院していた。病院で「建築界にとってみれば私はやっかいな存在ですよ。学歴も違う、社会基盤も違う、やり方も違う。なんであいつが認められるのかといった、おもしろくないことがずっと重なっているんだと思います」と東京の空気を読み、大阪との違いをあらためて知る。安藤も弱気になることがあったのだ。そんなときに彼を支え、事務所を切り盛りしたのは由美子であり、さらにベテランたちがなんの変わりもなくプロジェクトを遂行していた。

安藤の病気を聞いて世界中から見舞いが寄せられたが、そのころには安藤は退院し、もとの生活を始めている。「大丈夫ですか」と聞かれて「内臓が五つもなくなって身体が軽うなって動きやすいわ」と切り返し、周囲の人を驚かせた。見舞いの手紙にはこう返信した。「安藤忠雄は不死身です」。前を向いて走る安藤はまだまだ健在であった。お世話になった人たちのためにも、ここでストップするわけにはいかない。所員に対しても「七十歳まで面倒みる。もし私が死んでも五年間は給料は半分渡せるようになっている」といい、社長としての矜持を見せている。由美子がいるかぎり、そのあたりは盤石である。

大淀のアトリエII内観。撮影・藤塚光政

第17章　世界に対するメッセージ

ニューヨークとパリ

展覧会はアーティストにとって作品発表の場であり、コンセプトづくりから作品の選択にいたる一連のプロセスが大きな意味をもつ。建築家にとってもその点は変わらない。安藤忠雄は一九七〇年代から相当数の展覧会をこなしているが、重要なのはそれがたんなる作品紹介ではなく、建築の思想を伝え、個々の作品の戦略的な位置づけを明らかにし、世のなかに対して明確なメッセージを用意しているということだ。

彼が展覧会を通して国際舞台に出るのは、一九七八年秋にアメリカで催されたNew Wave of Japanese Architectureの巡回展がはじめてである。ニューヨークのジャパン・ソサエティが中心となって企画を進めた展示であるが、これは日本の若手建築家を総覧的に集めたもので個展ではない。はじめての個展となるのは翌一九七九年十月のハンガリー建築家協会に招待されて制作した展覧会で、その後一九八二年以降フランス、フィンランドとエポックメーキングな展覧会が続けて開催されたことはすでに紹介した。一九八〇年代はどちらかというとヨーロッパでの機会が多く、アメリカの場合はその機会が比較的限られていた。そのこともあって一九九〇年にピューリッ

MoMA安藤展オープニング。左端がP・ジョンソン

ツァー夫妻に美術館の設計を依頼されたとき、アメリカで彼のことを知っている人はまだ少なかった。逆にフランス建築研究所（ＩＦＡ）の主催した安藤展はパリ、ローザンヌ、ウィーン、ソフィアとヨーロッパ諸都市をまわり、フランスを中心として安藤の名を広めていった。

その次の大規模な展覧会は、一九八七年五月になって大阪の梅田ナビオ阪急ビルで開催された「安藤忠雄――建築の現在」展であろう。安藤みずからのキュレーションでおこなうもので、型枠用のボール紙を使って展示するなど会場デザインも工夫を凝らした。初日だけで千七百名が訪れ、そのひとりである兵庫県の貝原知事はそこで県のプロジェクトについての打診をおこない、また北海道の水の教会のクライアントもその場で仕事のオファーを出し、翌日には北海道に飛んだという景気のいいエピソードもある。安藤ファンの輪がどんどんと広がるきっかけでもあった。

欧米の美術館で建築に関して圧倒的な影響力をもっているのはパリのポンピドー・センターとニューヨークの近代美術館（ＭｏＭＡ）である。安藤は一九九〇年代の初頭になって、このふたつで本格的な展覧会をおこなうことになる。まずはニューヨークのＭｏＭＡにおいて、一九九一年十月から「Tadao Ando - Beyond Horizon」展がスタートする。キュレーターは同館の建築デザイン部長のスチュワート・リードであるが、企画制作に関しては安藤自身が全体の指揮をとった。この規模となると相当の資金が必要だが、スポンサーとしてはヒューストンの富豪ジェラルド・ハインズと日本のＹＫＫがつく。ハインズはＭｏＭＡの大型建築展のパトロン的な役割を果たしており、彼の提供でおこなった前回の企画がフィリップ・ジョンソン監修による「ディコンストラクティヴィスト・アーキテクチャー（脱構築）」展である。この展覧会が世界の建築界の方向を変えるほどの影響を与えたことを考えると、次の企画で安藤を選んだこと自体が大きな事件であった。同じころ西海岸ではロサンジェルス現代美術館（MoCA）で磯崎新のこれまた大々的な展覧会が開催されており、一九九一年は日本人建築家がアメリカのアートシーンに主役として本格的に登壇する記念すべき年となった。

安藤展の内容は過去十五年を振り返り、建築の創造性を問うところにあった。それまでの主たる作品を模型と図面で見せるほか中之島プロジェクトの壁面いっぱいの大ドローイングやCGなどが展示され、安藤ワールドを堪能させる。十月二日のオープニングではMoMAの陰の実力者といわれるフィリップ・ジョンソンをはじめとしてI・M・ペイ、フランク・O・ゲーリー、ロバート・ヴェンチューリなどアメリカ建築界の主たる面々があらわれ、ローマから女優のソフィア・ローレンまで参加するという豪華な顔ぶれであった。ジョンソンは安藤を絶賛し、そのコメントも「建築の技巧の精度、壁と周囲の樹木の関係、そしてプロセッションのなかで芸術的に表現された幅の狭い階段と通路がつくりだす曲線と直線との関係がすばらしい」と過去三十年以上も日本に足を運んでおらず、また安藤の作品も見ていないにもかかわらず、当を得た発言をしていた。九年前のP3会議では無名の英語もわからない若僧としてほとんど無視されていたのが、これで雪辱を果たした。

安藤はこの大展覧会をニューヨークの後、日本にまわし、さらにパリのポンピドー・センターにまわしていくことを考えていた。むろん、内容やメッセージは開催地にあわせて変えていく。かくして一九九二年の六月に東京のセゾン美術館で「安藤忠雄展——新たなる地平線に向けて」が開催された（六月十日—七月十三日）。ニューヨークとは若干趣向を変え、「交感」と「応答」を軸として問題提起をするかたちとなし、とくにコンペ案（奈良市民ホール、京都駅）や中之島プロジェクトを通して社会性を強く訴えることとなった。この展覧会は十一月には梅田センタービル・クリスタルホールに巡回する（十一月十八日—十二月七日）。

翌一九九三年はヨーロッパに移動する。とくに三月のパリのポンピドー・センターでは、ニューヨークや日本をはるかに上まわる最大規模の展覧会が開かれた（三月三日—五月二十四日）。コミッショナーには国立近代美術

ポンピドー安藤展オープニング。左はＥ・ソットサス

館（MNAM-CCI）のアラン・ギューが就き、高度の思弁性をともなう内容となった。アメリカの展覧会が一般に「ショー」であることに力点を置くのに対して、フランスでは哲学性、批評性がつねに問われ、カタログのつくり方も大きく異なっているのがおもしろい。三月二日のオープニングには文化大臣のジャック・ラングを筆頭にポール・アンドルー、アンリ・シリアニ、エットーレ・ソットサスといった建築界の重鎮たち、高田賢三やオリヴィエロ・トスカーニといったファッション関係者たちが駆けつける。

なお、この展覧会は六月にはロンドンのＲＩＢＡ（王立英国建築家協会）に移動、翌年にはマドリッドの公共事業・運輸・環境省の展示ギャラリー、バルセロナのラカイシャ財団に巡回した。

歴史と大地を揺り動かす思想

ポンピドー・センター展にあわせた安藤忠雄の講演会は印象的だ。一九六八年のパリで実際に体験した五月革命のエピソードを冒頭に引き、「人は自由を得るため、これほどまでに激しく闘うものなのだ」とスピーチを始めた。洗練された安藤ならではの建築のつくり方はたしかに聴衆をうならせるものであるが、それ以上に彼が強調したのは、都市や環境の現況を見やりながら実現に向けていかに闘っていくかという点であった。展覧会の内容もその方向で未来に向けて実現すべき直島や中之島など大胆なプロジェクトが前面に出ていた。十年前にＩＦＡでおこなった展覧会と較べると、安藤の意気込みははるかに大きく、内容的にも過去を大きく凌駕していた。

一九八二年のＩＦＡ展のキュレーターを務めたフランソワ・シャランはこう評している。中之島を舞台として、九〇〇メートルにわたって地下に埋められた球体や立方体、巨大な円形劇場や柱廊の図は幻視の建築家と呼ばれた十八世紀のエティエンヌ＝ルイ・ブーレーのドローイングと同種の味わいがあり、すでに安藤がル・コルビュジエ的な建築言語から離れて新しい世界に向かっていることがわかる。そこにあるのはコンクリートの仕上げの完璧さといった職人的技術の精度の問題ではなく、崇高性、巨大性、墳墓性といった理念にかられて「歴史と大地を揺り動かす」ような激しい力にほかならない。(1) 展覧会を訪れた人たちは安藤のアグレッシブな姿勢に強い衝撃を感じとったにちがいない。安藤のいう「新たなる地平」は壮大な構想力の上に未来を勝ちとるための新たな方法を指し示しており、ル・コルビュジエに忠実だったはずの安藤がいつのまにかモダニズムを通りこして独自の境地に達しているようにもみえるのだ。

ポンピドー展に先立って、安藤は一九九二年五月二十九日にコペンハーゲンで第一回カールスバーグ賞を受賞している。そのときの審査団は、このフランソワ・シャランをはじめとしてケネス・フランプトン、「A＋U」編集長の中村敏男などからなっており、まさに安藤に建築の未来を見る人々であった。そのときの安藤に与えられた評価は「現代的手法に従いながらも、日本古来の形而上的秩序の感性が、現代の抽象的造形性、簡素な形態性、単純で精巧な幾何学性に結びつけられている」ということで、むしろ従来の見方であり、その意味では安心して彼を顕彰することができた。その後の安藤の展開はここでは織りこまれていなかった。

このように世界の建築界を沸かせた安藤であったが、阪神・淡路大震災を経てその思いは大きく変わる。震災復興に相当のエネルギーを注ぎこみ、しばらくは自身の展覧会に関わっている時間などなかった。

ようやく二〇〇三年になって新しい展覧会の準備が整う。四月から五月にかけ東京駅ステーションギャラリーにて「安藤忠雄建築展２００３　再生——環境と建築」と題された展覧会が開催され（四月五日—五月二十五日）、次いで神戸の兵庫県立美術館でおこなわれる（六月五日—七月二十一日）。兵庫県立美術館を選んだのは、まさに震災復興を記念するイベントと位置づけるためである。

この展覧会でとりあげたのは東京、神戸、パリ、ニューヨークなど世界各地で進行する十の作品で、美術館の作品が多くなる。一九九五年に神戸で震災を体験し、二〇〇一年にはニューヨークでの同時多発テロの現場を目のあたりにし、脱構築的建築よりもはるかに「脱構築」（ディコンストラクト）された破滅的な都市の光景について考えなおさなければならない。世界の建築的状況において言説をもてあそぶポストモダン的なレトリックが姿を消し、建築家の職能をあらためて問いなおすエシカルな動きが強まってくるなか、安藤はみずからの旗幟を鮮明にし、命の回復という壮大な目標に向かって進んでいく。この展覧会カタログで序文を寄せたのは、東大で志を同じくする鈴木博之である。鈴木はモクレン、オリーブ、ドングリなどをめぐって植樹活動を進める安藤の姿に奈良時代から鎌倉時代にかけての勧進僧を重ね、鎮魂と再生というテーマに敢然と向かっていく安藤を側面から支える。鈴木による「安藤忠雄＝行基」の論が出てくるのはこのころからである。

散逸型のジオメトリー　そして安藤的立体

安藤の空間原理は明らかに変化を続けている。初期の作品では「トラセ・レギュラトゥール」（基準図形）を想定しながら建築の配置や外形を決めていた。ル・コルビュジエ的な方法である。そこから小篠邸や城戸崎邸が生まれ、「水の教会」（一九八八）などのランドスケープをともなった空間もつくりだされた。やがてそのなかに円や正方形などのプライマリーな形態が生じ、それが作品のなかでどんどんと大きくなっている。ドナルド・ジャッドやリチャード・セラのアートワークに通じる現代美術的な手法といってもよいだろう。やがて、そのかたちは「貫く」形態をともなってダイナミックな空間に変化する。サントリーミュージアム（一九九四）、テート・モダン・ギャラリーのコンペ案（一九九五）などがその典型だ。

シャランが論評するように、安藤はすでに一九八〇年代から中之島プロジェクトを通して地下に埋没したさまざまな立体を連続させ、地下の大空間を構想するようになっていた。中之島プロジェクトⅡ（一九八八）と題された計画図では、大阪の中之島を対象に御堂筋に沿って最大幅一五〇メートル、長さ九二〇メートルのエリアでほとんどの施設を地下に埋設させたものであったが、この当時、誰もこんな計画など実現しないと考え、安藤の夢物語とみていた。二十世紀版の幻視の建築家ということである。

ところが、時間とともに安藤の地下への願望は実現の道をたどる。最初は商業施設（コレッツィオーネ、一九八九）で試み、次いで美術館（ベネッセハウス・ミュージアム、一九九二）や博物館（近つ飛鳥博物館、一九九四）、さらには文化教育施設（FABRICA、二〇〇〇）などで大地をえぐった地下空間に建築を定位させ、訪れる人に地底への降下へと導くのである。その極めつきが直島の地中美術館（二〇〇四）である。立方体、円錐、球体などがバラバラに地中に埋まり、サンクンコートなどを通して地上に開くものの、建築のかたちは地上ではわからない。プライマリーな形態を散逸させ、そのひとつひとつがおごそかで規律に満ちた場所となる。

ここに新しいジオメトリーが登場する。ひとつの強い図形原理に集約されていた空間を解体し、個々のエレメントを散逸させ多焦点的な構造に変換する。空間は途切れることなく断続的につながりながら、それぞれ自律性を保ったユニットがなかば独立しながら相互の関係を結ぶ。その連なりは「島」のようなものである。群島的構造、あるいは「星座」（コンステレーション）と言いかえてよい。小篠邸や「光の教会」に代表される空間が「僧院的」な閉鎖性と静寂性を保っていたのに対し、FABRICAや地中美術館は「地宮的」なラビリンスへと変容し、地形のなかに散りばめられた謎の連なりとなっていくのである。

彼が向かいあっているのは大地や自然の営みであり、地形にあわせて息づく樹木や植生の数々であった。直島の一連の計画のように大地の起伏のなかに建築を埋没させる、あるいは淡路島の夢舞台のように土砂採石場であった場所にもとの大地の姿を回復すべくさまざまな建築や樹林を散りばめていくさまは、たんに建築を「建てる」という行為ではなく、大地をつくりなおしていくことにほかならない。

重要なのは、安藤が一九九〇年代にいたって古くからの歴史に彩られた街並みや建造物を対象とするようになったことである。それも別の意味での自然であり、すでに存在しているという点で無視することができない。い

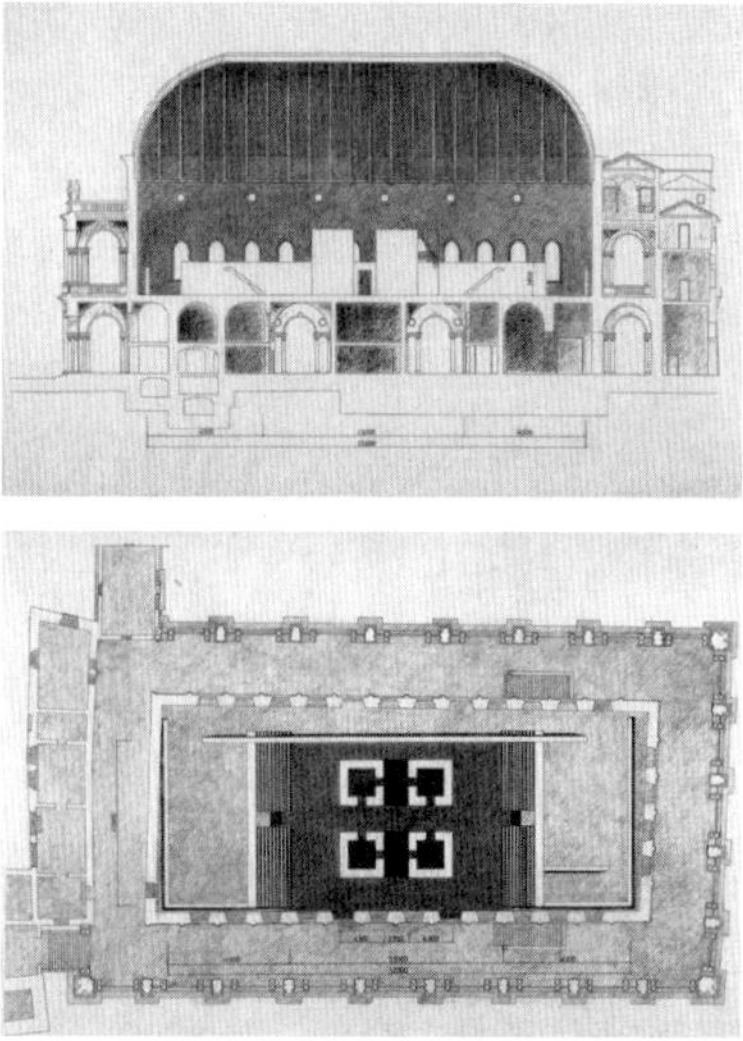

ヴィチェンツァ、バジリカでの安藤展会場。
断面図（上）と平面図（下）

な、建築家としては真正面から向かいあわなければならない所与の条件なのだ。しかも時の経過とともに既存の環境は実際には荒廃し劣化しているのがふつうである。朽ち果てたものにもとの生命を回復させ、さらに未来に向けて自身のクリエーティブな世界を対置する。自分を抑制しながらも歴史を正面に据えて対話することが必要である。

小さなプロジェクトであるが、彼がヴィチェンツァのパラディオのバジリカでおこなった展覧会（一九九四）のデザインを見ると、その点が具体的にわかる。ニューヨークから始まった安藤展がヨーロッパ各地を巡回し、ついにイタリアのヴィチェンツァで開かれることとなったが、その会場となったのが、十六世紀のパラディオの傑作といわれるバジリカ（公会堂）であった。この建築の大空間のなかで安藤は四本の白い直方体を立て、階段状の壁でその空間を仕切る。ヴィチェンツァ展の責任者であったフランチェスコ・ダル・コォは、この仕掛けを祭典や儀式のための仮設的な設備を指す「マキナ」なる用語を使って「安藤が創造した「マキナ」は、尺度、より正確にいえば「数字」、幾何学の単純さ、対称性の本質、表現の単純さなどの「徳性」を讃えている」と論じ、パラディオへの「オマージュ」となっていると説明した。(2)

このバジリカは中世の建造物を利用してその上に十六世紀のパラディオがホールを載せ、それを回廊で囲んだものである。つまり、パラディオ自身もむかしの歴史的建造物を所与のものとして与えられ、それに自身のデザインを付加するという行為を迫られたのだ。それゆえに回廊部分にはパラディオ自身の「徳」である古典的厳密さが付与されているのに対し、ホールの内部は余白の空間として曖昧な広がりとなっている。この曖昧さのなかに自身の空間を定位しなければならない安藤としては、厳密な幾何学性と数式にもとづく白い立体（＝マキナ）を導入することでみずからのアイデンティティを保った。歴史的空間は時間の連続性の上に立ち、新しい何物かを受け入れながら未来に向かってたえず動いていることを示す好例である。

安藤の「徳」を示すといわれたこの種の造形は立方体（キューブ）、円筒（シリンダー）、球体（スフェア）、円錐（コーン）などさまざまな立体からなっており、純粋形態をベースとなす。プラトンにならって「安藤的立体」と呼んでもかまわないだろう。この安藤的立体のあり方が京都、ヴェネチア、パリと展開するその後の彼の建築の本質を決定していくことになる。

環境を再生し回復する

安藤忠雄が環境の再生問題に本格的にとりくみはじめたのは、一九八八年に福武總一郎に連れられて直島を訪れたことが大きなきっかけであった。

それ以前にも都市の衰退化や環境の劣化という状況に直面している。実際、インナーシティ化の進んだ神戸の北野地区で人々のにぎわいをとりもどし、文化と商業が混じりあう街並みの生成をめざしてローズガーデンに代表される一群の商業施設を設計した。しかし、直島の場合は島の北側に構える銅の製錬所が周囲一帯の生態環境を亜硫酸ガスで根絶やしにするという、まさに二十世紀型公害の典型を前にし、文明論的な衝撃を受け、みずからの立脚点を問いなおすまでにいたったのである。そこからスタートした安藤の環境再生の動きは、その後の二十年あまりの間で震災や大規模テロの被害など壊滅的な場面をいくつも経験することによって、さらに加速され、円熟さを増した彼の建築にもうひとつのベクトルを入れこむことになった。

ただ安藤のこのモチベーションは、よくいわれるような地域再生論の文脈では説明できない。彼のアクション

淡路夢舞台（1999 年）、着工前 1992 年（上）と 2012 年（下）。撮影・松岡満男（2 点とも）

はきわめて直観的かつ瞬間的なのだ。身体の奥底から湧きあがってくる憤怒のような感情に突き動かされ、寝る時間も忘れてプロジェクトを次から次に立ちあげていく。彼の半生をみていると、人格形成期に体験した個人的な出来事の上に仕事を通して得たさまざまな知見が加わって、生命《いのち》に対する彼ならではの真摯な考え方がかたちづくられているようだ。

安藤は自然体そのものである。小さいときは淀川の川べりで野生児そのままの生活を送り、祖母キクエから受けた人生の教えのとおりに成長し、その後に義母のフミと同居し、その気骨ある人柄に強く影響を受ける。人々の生活を含めて眼の前の自然なるものをあるがままに受け入れ、日々のうつろいに一喜一憂する暮らしぶりだった。トンボ、バッタ、フナ、イタセンパラといった淀川沿いに分布していた生きとし生けるものすべてにかけがえのなさを深く感じていたはずだ。彼の身体には、燦々と陽の光を受けて植物が育ち、寒風が吹きすさぶ冬になると枯れゆき、次の春を迎えるとまた芽を出して育っていくという、ごくあたりまえの自然のサイクルが沁みこんでいた。刹那的な感傷は嫌い、そのあたりまえさをそのとおりに受けとめる合理的なマインドがともなっていた。

そのような人としての生き方を自然にも求めていた。すべての生命に対する責任感、生命への畏敬、生命哲学といってもよい。直島をはじめて訪れたときに眼にした禿山の風景は、彼がモットーとする自然のあり方としてあってはならないものである。二十世紀の工業化がもたらした負の遺産ということは頭ですぐわかるが、それ以上に強く感じるのは、自然のサイクルをまっとうせずに立ち枯れていく草木のひとつひとつ、姿を消した虫や動物たちに対する深い悲しみであり、それが激しい憤りになって彼の身体を駆けめぐる。だからこそ直島のために立ちあがるのだ。

より巨視的に考えてみよう。直島の姿を和辻やベルクの説く風土論的な視点から眺めてみると、千年の歳月をかけて培われてきた瀬戸内の風土が二十世紀のある瞬間に一気に失われてしまったことにほかならない。だからこそ生命に対する畏敬の念、風土に対する慈愛の念をもって再生の枠組みを設定する。短期戦では片づかない。時間をかけてひとつひとつ積みあげていくことが重要だ。だからこそ地元も企業も含めて人間関係はきちんと保たなければならない。

その点では、旧来の意味での建築家という立場にこだわってはならない。地形や植生を重んじるという点ではランドスケープに身を移し、アーティストと寄り添うという点ではランドアート的なアプローチも必要である。大地そのものを読みこみ、対話を重ね、そしてごく小さな細部にいたるまでケアをしなければならない。環境も、そして歴史的文脈も等価に考えなければならない。

グラウンド・ゼロ・プロジェクト（2001年）

淡路島の土砂採石場についても同じである。関西の大規模建設工事のために土砂を提供しつづけ、原形を大きく損ねただだっ広い土地は二十世紀の鬼子であり、封印すべき対象であった。途中、阪神・淡路大震災で中断したが緑を回復し、花卉をふんだんに配したランドスケープ・ガーデンとコンベンションセンターとしてよみがえった。知事の貝原俊民との協働作業であったといってもよい。

豊島の産業廃棄物問題で振りまわされたこともあった。直島の隣の豊島《てしま》も二十年来にわたって産業廃棄物が投棄され、島がシュレッダーダストの山と化してしまった事件はまさに二十世紀の鬼が島であったが、中坊公平と一緒に瀬戸内オリーブ基金をつくり、その枠組みで跡地の回復に尽くしたことも安藤ならではのアクションだった。

「破局」への予感はあった。阪神・淡路大震災、ニューヨークのワールドトレードセンタービルへの大規模テロ、そして東日本大震災。そこで生じたおびただしい死を目のあたりにして、幼児期の戦争体験を重ねあわせながら鎮魂のための活動に身を捧げる。ニューヨークには「グラウンド・ゼロ・プロジェクト」（二〇〇一）として、地底から浮かびあがる球体となった墳墓（セノタフ）を提案する。貝原俊民はこの芝生の円墳に、つわものどもが夢の跡を感じ「自然への敬虔な考え方」と評している。

グラウンド・ゼロ・プロジェクト模型

十年後の東日本大震災に際しては、それまでの活動から政府の復興会議副議長に指名された。そして破壊された街並みを前にして、行方不明者が埋まっているかもしれない瓦礫の山に土を載せて町を再建するわけにはいかないとして「鎮魂の森」を提唱する。モクレンやハナミズキなどを通して追悼の心を伝えるのである。石山修武もその呼びかけに応えたひとりで、自身が深く関わっていた気仙沼の安波《あんば》山の中腹に、安藤事務所と一緒に数百本のサルスベリと桜の樹を植林した。

第18章　書籍の空間

哲学者へのオマージュ　姫路文学館

土地に関わる安藤忠雄の思想をかたちづくるうえで大きな影を落としているのが和辻哲郎の『風土』であることは先に述べた。

和辻は姫路の北隣、砥堀《とほり》村仁豊野《にぶの》で医者の家に生まれた。現在は姫路市に編入され、姫路駅からJRで十五分程度の距離にある。生家は当時のまま保存されていて、昭和のはじめの和辻家の様子を頭に描くことができる。安藤忠雄が欧州旅行に出かけたころ、和辻哲郎はすでに世を去っていて、当然ながら両者の直接のふれあいはなかったが、ふとしたことから和辻の存在をわが身に引き受けることになる。姫路に文学館が建つことになり、安藤がその設計を任されたからである。

姫路文学館（一九九一）の構想は一九八三年、市長に当選したばかりの戸谷松司がスタートさせたもので、市制百周年記念事業として位置づけられた。姫路は文学者を多く輩出し、小説家でいえば和辻の姫路中学の後輩たる阿部知二、実存文学を追求した椎名麟三、安藤とも親交を結んだ司馬遼太郎など多彩な人物がこの町で生まれ、あるいは過ごしている。民俗学者の柳田國男も姫路に隣接する福崎町の出身で、和辻が育った砥堀村を含めて、山並みに囲まれた風景がこのふたりの碩学の環境思想の形成に少なからぬ影響を与えたという見立てもある。このような文人たちの仕事を讃え、文学知のアーカイブをつくることを目的に文学資料館構想が生まれたわけである。対象は姫路に限らず播磨地域全体として、文芸の普及に努めた先人たちの資料の収集展示をおこなうことが決められた。

構想委員会の主幹は元神戸新聞記者の橘川真一、後に播磨の歴史・文学の振興に貢献したとして姫路文化賞を受賞する文芸評論家でもある。バブル期ゆえに市の財政が豊かだったこともあり、話はとんとん拍子に進んだ。建設官僚出身で土木畑を歩いてきた戸谷市長ではあるが、文芸を好み、司馬遼太郎とはとくに気が合った。文学館の建設は姫路城のユネスコ世界遺産登録（一九九三）と並んで市の重点事業として進められる。

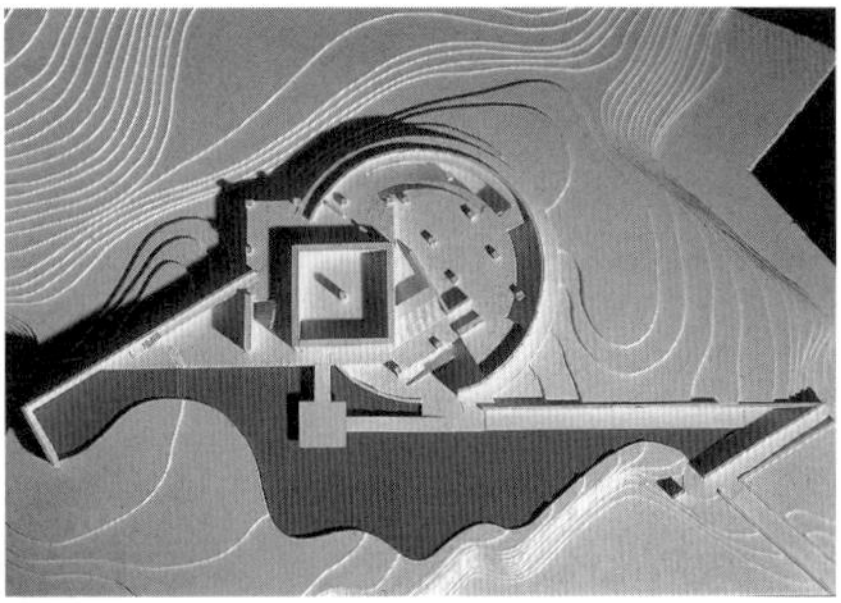

姫路文学館（1991 年）模型

安藤はそのころ、姫路に兵庫県立こどもの館（一九八九）をつくっていた。郊外の桜山貯水池の横に計画され、安藤としては初の大型公共建築である。相当の気合いを込めて設計にとりくんでいたが、戸谷市長より一九八八年になって文学館の設計を任されることになった。敷地は姫路城の西五〇〇メートルにある大正期の実業家濱本家の別荘地五千三百坪あまり（一・八ヘクタール）で、戦前は陸軍の皇族舎として用いられ、戦後、市に譲渡されて男山市民寮の名で文化会館的な利用をされていた。大広間が「瑞泉閣」という結婚式場でもあったので、市民には思い出の場所でもあるが、老朽化が進んだため、一九七六年から施設利用は中止となっていた。この広い敷地を利用して、西側の近代和風の主屋一部と茶室は残し、残りは新館とするということで文学館の基本構想がまとまった。

安藤の提案は、和の空間を意識した回遊性を基本スキームとなし、幾何学的なボリュームで空間をつくりあげるものであった。城戸崎邸と同じく立方体をコンポジションの核とするが、ここでは立方体をふたつにして、それをずらして重ねあわせ、そこに生じる斜めのスペースを利用して諸室を配していく。テラス状の水庭を横に見ながら、エントランスからの折れ曲がったアプローチを経て建物に入る。遠景には姫路城の天守がそびえ、足元の水盤には望景亭と名を変えた旧濱本家住宅が写りこむ。背景の男山の緑が地になり、打ち放しコンクリートの文学館本体は図として手前に浮きあがる。スケールも大きく、文学館としては日本最大の規模（千百坪＝三八〇〇平方メートル）となった。

安藤は和辻に対して特別な感情を抱いている。「旅をしながら構想した和辻哲郎の『風土』は共感をもって読むことができます。私にとっての風土は、「住吉の長屋」を成立させた大阪の土地、人々の気質が一方にあり、もう一方に（仕事をした）南仏やイタリアの風景、すぐれた職人たちの仕事ぶりが相対しています。和辻もそんな想いで日本と西欧を比較していたのではないでしょうか」と問いながら、世界の構図を内包した空間と風景をつくりだそうとする。

和辻哲郎についていては、彼のなしとげた思想的営為を反映するかたちで文学館内に着座させなければならない。設計が進行中の一九八八年、生誕百周年を記念して和辻哲郎文化賞が創設されたのはまさにそのような動機からであり、姫路の生んだ偉人として全国にその名を知らしめなければならない。創設当初の選考委員は哲学者の梅原猛、作家の司馬遼太郎と陳舜臣の三名。毎年、文学から思想にわたるすぐれた著作を選んで顕彰し、今日にいたっている。

空《くう》の庭へ　西田幾多郎記念哲学館

安藤はこの姫路文学館以外にもいくつかの文学館を設計している。文人ゆかりの記念館といったほうがよいだ

西田幾多郎記念哲学館（かほく市、2002年）。
撮影・松岡満男

ろうか。札幌の渡辺淳一文学館（一九九八）、大阪の司馬遼太郎記念館（二〇〇一）、石川県かほく（旧宇ノ気町）の西田幾多郎記念哲学館（二〇〇二）、松山の坂の上の雲ミュージアム（二〇〇六）などである。文学館は美術館と異なって芸術作品の展示をメインにするものではなく、文学者の作品に関わるさまざまな文物を収蔵研究することが主眼で、展示はあくまでも補完的にならざるをえない。書籍を読むという点で図書館に近い。和辻や西田といった哲学者であればその思想性が問われるわけで、少なくとも安藤レベルの建築家であれば収蔵機能とは別にその思想を体現する建築空間を達成するという大きな役割が期待される。

その意味で安藤が試みた西田幾多郎の記念館は称賛に値する。『善の研究』（一九一一）で有名な西田幾多郎は京都大学で和辻哲郎の前任であり、ある意味では安藤との距離も近い。金沢から二〇キロほど北に位置する宇ノ気村、現在のかほく市に生まれ、金沢、京都、鎌倉と居住地を変えていくが、北陸特有の鉛色の空の光景から生涯逃れられなかったようだ。「荒れ狂う木枯しの音のみ聞く」というから、少年期のトラウマのようなもので、地味ではあるが忍耐強い西田の性格形成に少なからぬ影を落としている。

西田は和辻と違って旅には関心がなく、ひたすら書斎で思索にふける毎日であったといい、その姿は牛を連想させた。安藤が宇ノ気町から西田記念館の設計を打診されたのは一九九七年春のことであり、西田哲学に縁の深い哲学者の大橋良介から町長を紹介された。尊敬する哲学者ではあるが、和辻と異なって世界を動きまわったことがなく、何が主題となるべきか最初は悩んだという。ただ、彼の著作を読んでいくうちに内面での彷徨と葛藤がはっきりとわかるようになり、心の奥底で闘う西田の姿に共感を覚えていく。

そのことから安藤は、この記念館において内面への旅を追体験することが大きなテーマとなり、最終的には「空《くう》」の境地にいたりついた。西田哲学の根幹をなす場所の概念を安藤なりに解釈して、墳墓、迷路、落日、自然などを組みあわせた空間構成をおこなう。大地から盛りあがる緑の丘にガラスのタワー（研修棟）、それに隣りあう横長のガラスの直方体（展示棟）が並ぶとともに、地下に大きなヴォイドをつくって天上の光を落としこむ。彷徨の末に行きつく先が回廊の突端にしつらえられた「空の庭」である。枯山水の今日的解釈ともいえそうだ。哲学の神髄に相対するにあたって安易な装飾性はことごとく斥け、純粋空間だけで勝負した。究極のイメージは「これ以上簡素で奥行きの深い建築はない」までに建築の純化をめざし、最後は「何もないこと」にいたりつく。そこでは「基本的な形と、光と、その中にいる人間の心、この三つが重なる」[1]のである。

西田幾多郎の旧制四高の同級生で、生涯にわたって親友でありつづけた鈴木大拙は金沢の出身であり、何かと西田と比較される。彼の記念館として金沢にオープンした鈴木大拙館（二〇一一）は谷口吉生の設計になる。仏教哲学をきわめた鈴木の思想にならって「無」にまつわる思索の空間を展開し、「空」をテーマとした西田幾多郎記念哲学館とほどよい対比を示している。

書籍の森と雑木の森　司馬遼太郎記念館

安藤忠雄は姫路文学館の設計を通し、和辻哲郎文化賞の審査委員であった司馬遼太郎と知りあうことになる。五年後の一九九六年になって安藤は姫路文学館の南館を完成させる。敷地の南側に新たな用地が確保できたため、文学館本来の使命たる図書室を設けるもので、加えて司馬遼太郎の記念室も設置されたが、この年の二月に司馬は七十二歳で亡くなっていた。記念室の完成はそれから三ヵ月後であったため、司馬はそれを眼にすることはできなかった。

司馬は歴史をとりあつかった多数の著作から国民的作家とまでいわれるが、庶民的で飾らない性格で、めだつ

司馬遼太郎記念館（東大阪市、2001 年）。撮影・松岡満男

ことを嫌った。東大阪の一画に住まいを構え、妻で作家の福田みどりと一緒に慎ましやかな生活を送っていた。司馬の実家は姫路であるが、生粋の大阪育ちゆえ、安藤とは相性がよい。大阪外大でモンゴル語を専攻し、第二次大戦中に召集され、戦車兵として満州に送られた経験は、大陸に対する歴史観を醸成するうえで大きな意味をもつ。安藤の大旅行とはまた違った意味で異文明を見る眼をもっていた。

司馬が亡くなった後、自宅に膨大な量の書籍と資料が残された。福田みどりが理事長となって記念財団が設立され、蔵書や資料、原稿、手紙類を収蔵した司馬遼太郎記念館の構想が動きだす。館長は義弟の上村洋行、司馬邸に結婚まで居候していて、姉夫婦には大変な恩義がある。場所は司馬邸の敷地内とし、建設資金は民間の寄付でまかなう。地元自治体はバブル後の財政難で資金援助はできなかったが、八千をこえる個人、企業、団体からの寄付が集まり、一九九七年から安藤の手で設計が始まった。

自邸を避けるように建てなければならないという敷地の条件から、記念館は弧のかたちを描くコンクリートの箱となり、地下一階、地上二階に展示室、書庫、レクチャーホール、財団事務室を収める。

安藤は司馬邸に残された書籍の山を眼にして圧倒され、そのインパクトを手がかりにイメージを組み立てた。無造作に積み重ねられた本の山の向こうに無限の創造力がある。ならば本で埋め尽くされた空間はどうだろうか。残された六万冊の蔵書のうち二万冊を記念館に移し、それで書籍の壁をつくろう。こうして生みだされたのが高さ一一メートルの書架であり、地下から三層吹き抜けた縦長のスペースの両側が本の壁として屹立する。

図書館で本の壁をつくるという発想は、十八世紀から十九世紀にかけてのヨーロッパで眼にすることができ、たとえばフランス革命期のブーレーの王立図書館案、ナポレオン三世期のアンリ・ラブルーストによる国立図書館などで巨大な壁面全体が書籍となって空間を支配する様子が見てとれる。安藤の場合は書架のつくり方自体に特徴があり、三〇〇ミリ角の正方形のナラ材の書架とそれと一体化するテーブルが決定的な意味をもっている。コンクリートの面は天井と階段室など限られた部分でしか眼に入らず、本それ自体が壁の仕上げ材料となっている。

展示室の端部は大きな開口となっており、ステンドグラスが設けられている。司馬の文学が「行き先の見えない戦後日本の闇に、先人の偉業を通してこぼれおちてくるかすかな光を見出しながら、人々に希望を与えてきた」ことがこれによって示されると、安藤にはめずらしく象徴性が引きあいに出される。

植栽の扱い方も凝っている。司馬は庭木としては使わないような雑木が好きで、シイ、クヌギ、ヤマモモなどの樹木やツユクサ、ナノハナなどの草花を庭に植えていた。安藤はそれらの雑木や草花が自然のままに精いっぱいに生い茂っている姿に司馬の普段着の世界を重ね、「建物の全面を覆うように植えられた植栽は、この司馬さんの雑木の森の拡張である(2)」と説明する。

膨大な蔵書をもつとはいっても、司馬は珍本、奇本のコレクターではなく、書籍を参考文献として片端から読みこんでいく生粋の読書好きといってよい。だから書架には稀覯本の類ではなく、百科全書的な知識量を示すかのように古今東西の出版物が片端から並ぶのである。この書籍の森は庭の雑木林とよく似ている。

国の子ども図書館づくりに奔走する

安藤忠雄は本が好きである。小さいころは下町の職人ばかりが住むような長屋住まいで、周囲といえば「だいたい本棚がある家など一軒もなかった」と自虐的に語るが、建築の勉強を始めたころからがむしゃらに本を読むようになり、二年ほどで大学四年に必要な教科書、参考書の類は読破したともいう。しかも記憶力が抜群によい。その後の読書量は相当なもので、唯一悔やんでいるのが小さいときに本を読まなかったということである。

そのこともあってか、安藤の子どもに対する期待は大きい。二〇〇〇年を迎えるころから彼は本格的に子どもの図書館という課題にとりくむようになる。その手はじめとなるのが国会図書館の一部門として子ども図書館をつくるという計画だった。最初から話が大きい。

国際子ども図書館（二〇〇二）は上野の国立国会図書館支部上野図書館の改修プロジェクトである。もとの建物は明治末に帝国図書館（一九〇六、増築一九二九）として建造が始まったが、ウィング部分のみが完成し、そのままのかたちで図書館として用いられてきた擬洋風の建築である。

この計画自体は、一九九〇年代に入って児童文学者で衆議院議員の肥田美代子が推進し、安藤の手を借りて一気に実現にこぎつけたものである。子どもの活字離れが進むことに心を痛めていた肥田は、一九九二年に訪れたドイツのミュンヘンで四十万冊の蔵書をもつ同地の児童図書館に強く刺激され、わが国における子ども図書館の設立に向けて動きだす。そして一九九五年になってそれを国立の図書館となすべく、参議院の村上正邦議員らを加えて超党派の「子どもの未来を考える議員連盟」をつくった。ちょうど上野図書館が東京都に払い下げ予定となって使い道を探しているとの情報をつかみ、早速名乗りをあげる。

ところが、おりしも国会図書館の関西館の建設が進み、国会図書館側がこれ以上の組織拡張に対して猛反対し、折衝がうまくいかない。国会議員を無視するわけにはいかないと館側がいやいやつくりあげた案が「児童書センター」といった片隅に子どもコーナーをつくる程度のプランであった。そんな面従腹背の態度に業を煮やした肥田は、安藤の力に頼るしかないと夜半電話を入れる。

「安藤クン、子ども図書館の件、埒があかないのよ。相談にのってよ」というと、ふたつ返事で「よしゃ、わかった、一回いったるわ」と切り返し、数日後に議員会館にあらわれた。肥田は安藤の小学・中学の同級生、京田菊三と結婚した縁で安藤ともむかしから親しくしている。安藤にとっては長年温めてきた子どもと読書というテーマを提示され、喜んでコンセプトづくりを承諾した。すぐに現場視察をおこない、設計提案をつくりあげる。歴史的建造物の改修についても国内外ですでにいくつもの経験があり、古い建物と新しいデザインとを対比させるという点でノウハウを蓄積させているので、デザイン自体はそうむずかしくない。

そこから先は、肥田よりは安藤が議員連盟、国会図書館などを動きまわって各種の折衝をおこない、実現に向

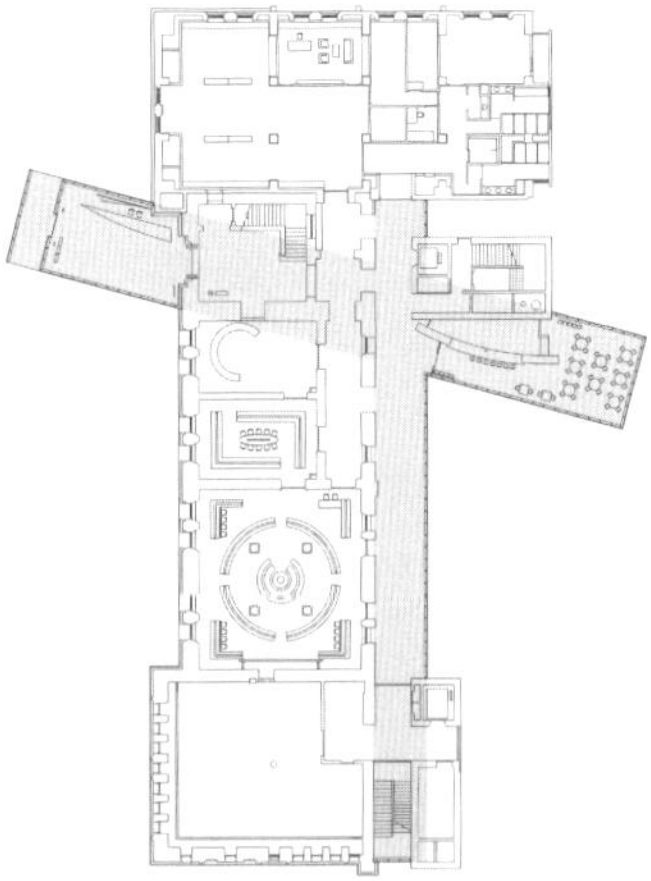

国際子ども図書館（台東区、2002年）
上・断面図。下・1階平面図

けての道筋をつけていく。肥田にいわせれば、「ホイホイとのってくれる仲間がいてほんとうによかった。これが丹下先生だったらどうなっていたか」ということで、子どものことを親身になって考え、プロジェクトを実現させるすべを知っている安藤に全幅の信頼を寄せていた。

空間構成としては新しい空間を古い建築に「貫入」させるやり方で、テート・モダンに近い方法といえよう。ガラスの細長いボックスをふたつ、ひとつは斜めに貫入させ、他のひとつは背後の三階部分で並行に付加する。これによって外をガラス面、内側を煉瓦造の壁というかたちで、それまで欧米の美術館で採用してきた二重被膜の考え方が、部分的ではあるがここでも登場する。古い建造物については当初復元を原則とするが、旧閲覧室で木製のふたつの円筒を挿入したのはいかにも安藤風だ。むろん免震装置が施されている。

かくして二〇〇〇年に国際子ども図書館は完成を迎える（第一期。全面開館は二〇〇二年）。この年は「子ども読書年」に指定され、翌年には国会で「子どもの読書活動の推進に関する法律」案が可決された。その後の調査で、子どもの読書率は上がっていることが確認されたが、スマホに時間をとられるという新しい社会問題に対してはまだ有効な策が打てていない。国際子ども図書館の仕事は増えつづけ、二〇一七年には新館として「アーチ棟」がやはり安藤の設計で竣工している。

第19章　フランソワ・ピノーとの仕事

欧州の歴史との対話

セレブたちとの交流　ピノーとの出会い

一九九〇年代の半ばを迎えるころには、安藤の名は世界のどこでも眼にすることができるようになっていた。ニューヨークのMoMA、パリのポンピドー・センターでの大々的な展覧会がもたらした影響は大きく、彼は世界のトップアーキテクトの仲間入りを果たした。レンゾ・ピアノ（伊）、ノーマン・フォスター（英）、クリスチャン・ド・ポルザンパルク（仏）といった建築家たちと同格に扱われ、日本人であるがゆえに日本の現代文化に対する世界の評価はさらに高まった。安藤を迎えるためにはその国の元首たちも顔を出す。コペンハーゲンでの第一回カールスバーグ賞の授賞式（一九九二）にはデンマーク女王マルグレーテ二世が彼の受賞を祝い、三年後のヴェルサイユ宮殿でおこなわれたプリツカー賞の授賞式（一九九五）ではフランスの財務大臣など閣僚たちが彼を迎える。日本好きのシラク大統領とは、まだパリ市長時代の一九九二年に市役所でのお茶会に呼ばれて以来の仲であった。

おもしろいことであるが、こうしたトップアーキテクトにまっさきに飛びつくのはファッション界のリーダーたちだ。彼らは世界の美の仕掛け人として、ファッションの「地」となるべき美しい建築をつねに求めている。安藤は若いころから三宅一生などファッションデザイナーたちと接していたが、このころから世界のファッション界のトップリーダーたちからさまざまなオファーを受け、ときには彼らの自邸の設計すら頼まれている。コシノ・ヒロコの自邸（一九八二）はすでに古典的な意味をもち、その後の三宅一生、カール・ラガーフェルド、ジョルジオ・アルマーニ、トム・フォードといったデザイナーたちとの交流は安藤の感性を磨くうえで大きな役割を果たした。安藤にとって彼ら彼女らの住宅は美意識を磨くという意味でとくに重要で、「ファッションデザイナーの感性は鋭い。住宅のなかで人がほんとうに美しく見えるように考え抜いた」という。

日本はファッション界にとって大きなマーケットであり、そのため世界のファッションデザイナーたちは足しげく日本に通っていた。そのおりに必ずといってよいほど安藤の建築を訪れる。京都のTIME'S、直島の美術館、大阪の「光の教会」などが定番であり、その作品をつくった安藤であれば、といって面会を求めてくる。彼らにはアカデミックなバイアスなどなく、いかにクリエーティブであるかが大きな判断基準だ。直接、安藤に会うと、彼のもつなかば動物的ともいえる直観力の鋭さ、瞬時に判断し行動するスピード感に魅了され、安藤のファンになっていく。

ベネトンのアートディレクター、オリヴィエロ・トスカーニとは一九八二年にニューヨークで出会い、それが後のトレヴィーゾのベネトンの一連の計画につながる。シャネルのデザイナーであったカール・ラガーフェルドとは、一九九五年にパリで知りあう。彼は当初パリ郊外のブーローニュの森に近接して自邸をつくろうとしており、安藤がその案をまとめたが、法規制にひっかかり実現困難となった。そこで南仏スペインの国境に近いビアリッツに二三〇〇平方メートルほどの敷地を手に入れ、そこに別荘を計画する（一九九六）。クリエーティブな精神に浸ることのできる住宅兼スタジオが必要だった。「安藤の家であるなら、彼の嫌がる絵画を並べるのではなく、コンセプチュアル・アートの作品を置くことができる」として、自身のコレクションのギャラリーのようなイメージで設計を頼んだ。

ファッションデザイナーは現代美術のコレクターであることが多い。自身の創作のため、現代美術が多くのヒントとインスピレーションを与える。その意味で自邸はギャラリーであり、デザイナーの城でなければならない。ラガーフェルトの別荘は実現にはいたらなかったが、彼の紹介でコレクターのフランソワ・ピノーに出会い、それがその後のパリとヴェネチアのプロジェクトへとつながっていく。

ミラノ・ファッション界の重鎮であるジョルジオ・アルマーニも安藤に魅せられたひとりであった。一九九八年のある日、安藤事務所に国際電話をかけ、安藤に直接仕事を頼む。ミラノの周縁部ポルタ・ジェノヴァ駅に近接するネッスル社の旧チョコレート工場を改装して文化施設をつくるという内容だった。アルマーニ・テアトロ（二〇〇一）と名づけられたこのプロジェクトは、アルマーニによるさまざまな文化活動を展開するために劇場（演劇、ファッション・ショー、講演会）、ギャラリーなどを収めた一大文化施設となる。ここ一帯は倉庫や工場が多く立地していたが、そのころ多くの建築がリノベーションされ、いまふうの人気スポットに姿を変えつつあった。その核となるべき施設をアルマーニのほうで整えるということである。鉄骨でできた既存の工場の躯体を残し、そのなかにコンクリートの壁、列柱、水庭などを配していく。安藤は電話を受けた一週間後にはミラノに飛んでアルマーニとの打ち合わせをおこない、その場で構想をまとめ、実施設計に進んだ。きわめて速い展開にアルマーニは満足し、無味乾燥なただの工場建築群も一年後には見違えるような美しい建築に生まれ変わった。

二〇〇五年になってアルマーニのホームコレクションたる「アルマーニ・カーサ」を扱う店舗が東京原宿にオープンしている。これは安藤の建築のな

スタジオ・カール・ラガーフェルド
（ビアリッツ、1996年-）模型

かでもとくに鉄板の折れ曲げ加工という新たな方法を試したもので、後の東京ミッドタウンの21_21《トゥーワン》 DESIGN SIGHT（二〇〇七）の先駆けともいえる建築であった。二〇一九年のミラノでの大がかりな安藤忠雄展も、「テアトロ」の真ん前に新たにつくられた「アルマーニ・シーロス」を会場にして開催された。ふたりの関係はおたがいの感性をほめあうほどに親密なのである。

トレヴィーゾではFABRICAに引き続き、ルチアーノの次男でベネトン社の副社長たるアレッサンドロの住宅も安藤が設計することとなった。夫人はアルペンスキーの女王と呼ばれるデボラ・コンパニョーニで、絵に描いたようなセレブのファミリーである。「見えない家」（二〇〇四）と名づけられ、デボラの私生活を人にさらすのを極力避けたいという意思を重んじ、住宅のほとんどを地表面から下に配した。延床面積一四五〇平方メートルは日本の水準からみるとはるかに大きいが、パラッツォの伝統があるイタリアであれば、セレブの住宅としてはごくふつうだ。スロープによって地下一階まで全面的に光が入るが、地上面に並ぶ糸杉、メタセコイアといった樹木によってさながら田園のような印象を受ける。FABRICAで予想以上の成果をあげた職人チームにここでの施工も任せるが、彼ら職人たちとの関係はいまや阿吽《あうん》の呼吸で作業を進めるまでに発展した。世間一般のイタリア観に反し、安藤のイタリアの職人技術に対する評価はきわめて高い。

このようにベネトン、アルマーニの仕事をこなし、プライベートでも彼らの住宅を手がけ、ファッション界での安藤のネームバリューはますます上がっていく。ニューヨーク・タイムズ紙に「いま生きている人間のなかでもっともセクシーな男」（二〇〇一年）とまで評されたが、本人はどこ吹く風と読み流していた。

ルノー工場跡地に現代美術館を

安藤忠雄がフランソワ・ピノーと知りあったころ、ピノーはフランスの高級ブランドを統括する企業集団ピノー＝プランタン＝ルドゥット（PPR）の社長を務めており、二〇〇五年になって社長の座を息子のフランソワ＝

アンリに譲る。一九三六年生まれで、安藤忠雄より五歳年上だが、厳しく生きる実業家であると同時にアートをこよなく愛する自由人でもある。ピノーと安藤は、堅実な生き方と芸術に対する感性という点で何かと気が合った。PPRはイヴ・サンローラン、グッチ、ボッテガ・ヴェネタなどのファッション・ブランドを抱えて高級品に特化したビジネスを展開し、モエ＝ヘネシー＝ルイ・ヴィトン・グループ（LVMH）のライバルといわれてきた。化粧品やファッションが世界を制覇するフランスならではの特異な企業集団といえよう。彼の個人資産は二〇一八年度で三兆円をこえ、フランスでも第三の資産家ともいわれている。世界有数の近現代美術コレクターとしても名が知られ、所蔵品の数は二千点をこえる。美術品への傾倒のあまり、オークション会社クリスティーズも傘下に加えたほどだ。

スガン島、ルノー工場跡地にてフランソワ・ピノーと

そんなピノーが安藤と仕事を始めるきっかけは、むろんラガーフェルド絡みではなく、フランスでも話題を呼んだパリ郊外の一大再開発プロジェクトを介してであった。ここでそのプロジェクト、すなわちブーローニュ＝ビヤンクール市におけるルノー工場跡地の再開発について少し説明しておこう。

フランス第一の自動車会社ルノーは一九二〇年代からパリの西南に位置するブーローニュ＝ビヤンクールに工場を構え、自動車の生産をおこなってきた。しかしその敷地も手狭となったため新工場への移転を決定し、旧工場は閉鎖することになる。再開発の対象となるのはセーヌ川に浮かぶスガン島と右岸地区、あわせて一三〇ヘクタールにおよぶ広大な土地である。一九九二年の操業停止にともなって跡地計画の基本案が練られ、再開発事業の遂行は土地を所有するルノー社、地元のブーローニュ＝ビヤンクール市、インフラ等に関わる県などが出資した開発公社が担うことになった。まず土地利用と

ピノー現代美術館（計画 2001-05 年）模型

施設配置に関わるマスタープランづくりがなされ、次いで個々の地区に関する建築計画が進んでいく。

全体のマスタープランに関しては一九九八年のコンペで都市計画家のブリュノ・フォルチエ案が採用されるが、その案が工場群を一掃して緑の町に置きかえていることで、ジャン・ヌーヴェルらが「ブーローニュ（＝高級住宅地）がビヤンクール（＝工場用地）を殺戮する」と題された記事をル・モンド紙に寄稿し、「プチブル的清潔感に溢れるあまり、労働者階級の城郭であった歴史を忘却」と激しく非難した。工場の記憶を消すのではなく、産業遺産として自動車工場を生かす案が求められるということだ。加えて一九六八年の五月革命に際して労働者側の運動発祥の地と数えられ、その考え方に労働組合が反応し、ついには当時欧州議会の議員となっていた五月革命の闘士ダニエル・コーン＝ベンディットも加わって大論争となる。

市議会は左右両派にエコロジスト（環境擁護派）が加わって紛糾したが、市長ミシェル・フルカードは各派のバランスをとりながら折衷案で切り抜け、次のステップに進む。工場跡地はいくつかの地区に分けられ、それぞれ異なったプログラムが組まれる。そのなかでもっともめだったのがセーヌのなかの島スガン島で、ここに現代美術館を立地させ、パリ中心部のポンピドー・センターに対抗する新しい現代文化の中心地にするというものである。開発方式はミッテラン時代と異なり、公共ではなく民間資本を導入することが基本となる。開発公社から出資先を求めるが、そこに手をあげたのがピノーであった。ピノー財団の所有する美術品をここに展示することを条件に、持ち株会社が開発費用を負担することで大筋が決まった。館長には前文化大臣のジャン＝ジャック・アヤゴンを据え、盤石の態勢で美術館建設に臨む。

こうして設計者を決める建築コンペが二〇〇一年一月に実施される。公開コンペではなくレム・コールハース、スティーヴン・ホール、安藤忠雄、ドミニク・ペローらの六名（組）に絞った指名コンペであった。最終的に安藤が首席となった。ヌーヴェルが指摘した「島の外周をとりかこむ工場の白い壁面」がプラットフォームの形状に反映されている点も審査員にとっては新鮮に映ったようだ。

安藤の案は、島の南四分の一の敷地を使って美術館をつくり、残り四分の三の敷地は緑の庭園となす。美術館建築が圧巻で、中空にプラットフォームを浮かびあがらせたかたちとなる。壁はガラスで覆われ、展示スペースの面積（一万六〇〇〇平方メートル）だけでもポンピドー・センター内の近代美術館（一万四〇〇〇平方メートル）を凌ぎ、欧州最大の近現代美術館となる予定であった。ピノーは「模型を見た瞬間に、大海原に向かうかのような象徴的なフォルムにすっかり魅了されてしまいました」と語り、実施のための手続きを開始する。

そこからが大変であった。この美術館を成立させるためには、再開発地区の土地利用やインフラに対する行政上の手続きが必要であるが、いったん決められた地区計画に対する環境団体からの訴訟、ルノー社からの土地譲渡の取り消しなど次から次に問題が発生し、手続きがストップする。二〇〇四年九月に建築許可（確認申請）はおりたが、都市開発そのものが動かない。一九七〇年代に発生したパリの中心部レアール地区の再開発をめぐる混乱を髣髴させる事態に業を煮やしたピノーは、ついに二〇〇五年四月末、「偉大なる建築家（安藤）の才能を動かし、すでに一億五〇〇〇万ユーロをその建設のために投資した。よくいえば広大な建設予定地、悪くいえばただの荒れ果てた土地に十年という月日を吸いとられた」との捨て台詞を残して撤退を決める。

ピノーが去った後、スガン島の計画は二転三転し、最終的に用途がコンサートホールに変わる。その結果、ブイグ社などが出資する文化企業「テンポ・イル・スガン」がオー・ド・セーヌ県から土地のリースを受けて二〇一三年に建築コンペを実施することになった。ここでも日本人の坂茂の案が首席となり、「セーヌ・ミュジカル」（二〇一七）としてオープンした。

ヴェネチアへ

フランソワ・ピノーがスガン島からの撤退を決めた直接の動機は、ヴェネチアから現代美術館のオファーがあったからである。カナル・グランデに面した十八世紀のパラッツォ・グラッシを用いた美術館がそれで、運営していたフィアット社が撤退することになり、代わりのスポンサーを探していたのである。

ヴェネチアで現代美術館の運営というのは事業的にも魅力的な話である。年間三千万人の観光客が訪れ、ヴェネチア・ビエンナーレといった現代美術・建築イベントの集客力も見逃せない。ヴェネチアにピノー財団の拠点をつくることになれば、今後の世界展開にとっても基礎となる。

そもそも身売りの話が出たパラッツォ・グラッシとはどのような建築なのだろうか。一七四八年に近郊のキオッジャから移り住んだグラッシ一族によって建設されたというのが定説で、建築家はジョルジオ・マッサーリ、あまり知られてはいないが、いくぶん抑えたバロックの作風でヴェネチアの都市景観に寄与した人物である。その後、所有者が転々と変わりながら第二次大戦後に当時の所有者チーニ家から不動産会社に売却され、それを国際美術服飾センターとして用いてきたという歴史がある。一九八三年になってこのパラッツォを購入したフィアット社（アニェッリ家）は、本格的な美術館としての用に供するため、建築家ガエ・アウレンティに委嘱して全面的な改装をおこない、館全体がモダンな装いとなっていた。アウレンティといえばパリのオルセー美術館のリノベーション（一九八六）をおこなった人物で、美術館建築の領域ではきわめて高い評価を受けている。運営面では、ポンピドー・センターの近代美術館の初代館長ポントゥス・フルテンが招かれ、館長に就いた。一九八六年に改装後初の展覧会「未来派」が開催され、三十二万人の観客を集めるが、以後、数ヵ月の企画展でそれぞれ数十万人単位の集客数を誇るヴェネチアでも有数の美術館として知られるようになった。

このパラッツォ・グラッシを譲り受けるのであれば、手続き的に難航しているブーローニュ＝ビヤンクールよりも御しやすい。延床面積は三二〇〇平方メートルにすぎないが、さらにヴェネチア内に展開するという選択肢もある。地元からの協力も、哲学者として名高いヴェネチア市長マッシモ・カッチャーリが仲介してくれるのでうまくいきそうだ。これまでの展示がフェニキア展とかマヤ展といった先史時代などに焦点をあてていたが、現代美術をおこなうためには新たなる模様替えが必要である。そのようなことで二〇〇五年四月に購入手続きを完了した。これでブーローニュ＝ビヤンクールはすっきりと終わらせることができる。アヤゴンには即刻連絡し、ヴェネチアでの館長を依頼する旨を伝えておいた。

安藤にも至急スガン島の撤退を知らせなければならない。公表前の四月半ばに安藤に連絡を入れ、その旨を伝えると、電話の向こうで安藤の落胆した様子がわかるが仕方ない。二週間後、今度はヴェネチアの話を安藤に打診する。スガン島がだめになったいま、安藤にパラッツォ・グラッシの改装を頼むのがいちばんだ。工期は設計も含めて一年とする。安藤ならやってくれるだろう。そのように伝えると「やりましょう」との返事が返ってきた。安藤は早速ヴェネチアに飛んできた。

「彼（安藤）のスピード感覚。会いたいと連絡したその週の終わりに、本人が眼の前に立っていました」[1]

ヴェネチアにてF・ピノーと

安藤にはイタリアでの仕事に対する自信があった。ベネトンやアルマーニとの仕事でその勝手がわかっている。何よりもトレヴィーゾでつくった技術者や職人たちとのネットワークがあり、ヴェネチアは目と鼻の先だ。歴史的建造物の扱いもトレヴィーゾでもかなり理解していた。十分マスターした。歴史的建造物はできるだけ当初の状態に復元するのが望ましい。アウレンティの改装は、それはそれでよいのだが、新旧を一緒くたにした点でやはり問題である。そこでパラッツォ・グラッシの歴史を学びながら、当初復元をおこなう。アウレンティが覆ってしまったフレスコ画ももとの状態で見せるようにする。トレヴィーゾの職人たちは水を得た魚のように働く。ヴェネチアはすべて水上輸送で運送しなければならず、コストは陸地の数割増しとなるが、これは織りこみずみである。工事は五ヵ月で終了した。イタリアでは驚異的に速い工事だ。

みずから「安藤のいない建築」を心がけ、対比すべき新しい要素の導入については展示室の壁、トップライト下のガラス膜などで最小限に抑えた。イメージとしてはドナルド・ジャッドの方式で、幾何学的に還元されたミニマルな空間である。若いころに傾倒した作品を想い出し、スケッチを重ねた。安藤にしてはじつに節度のとれた歴史的建造物に対する「介入」の仕方であるが、アウレンティとはまったく異なったアプローチを採った点で大変興味深い。

「プンタ・デラ・ドガーナ」を勝ちとる

改装なったパラッツォ・グラッシのオープニングは二〇〇六年四月におこなわれた。ピノー財団のヴェネチアでのお披露目ということもあり、招待客はヨーロッパのセレブたちを集めた豪華メンバーで、むろん安藤夫妻はその中心である。館長アヤゴンはポンピドー・センター総館長を経てシラク政権下の文化大臣を務めた大物で、この直前にテレビ局ＴＶ５総裁を辞したところであった。

このオープニングにはヴェネチア大司教アンジェロ・スコラも出席していた。アヤゴンは大司教の紹介で大司教区つき建築家のサンドロ・ベネデッティとアポをとり、ピノー、安藤を加えて急遽会談の場が設定された。内容は大司教区のセミナリオが使っている倉庫の再利用に関する件である。ただの倉庫ではない。カナル・グランデの端部をかたちづくる「海の税関」（プンタ・デラ・ドガーナ）の保税倉庫であった歴史をもち、ヴェネチアの顔といわれるほどに由緒がある。

サンマルコ広場から右手のほうを見やると、カナル・グランデに面して構えるバロックの教会サンタ・マリア・デラ・サルーテ聖堂（通称サルーテ聖堂）が眼に入る。建築家バルダサーレ・ロンゲーナによる十七世紀初頭の建築で、ヴェネチア・バロックとはこれだと思わせるほどに迫力がある。この聖堂に隣接するのがセミナリオである。同じ建築家が設計しているが、装飾がきわめて少ないのは聖堂に金をかけすぎて資金不足に陥ったためともいわれる。「海の税関」（ドガーナ・デラ・マーレ、一六七九）はその隣の敷地を占め、税関の機能をやめたいまでも国の財務省が所有している。サルーテ聖堂よりは半世紀遅れ、建築家ジュゼッペ・ベノーニによってつくられた建築である。セミナリオに接して建てられているため、利用権は大司教座に移っている。カナル・グランデの突端部の三角形を占め、その先端部分は税関舎となっている。正面のタワー上部に載せられた金地の球体は二体のアトラス像に支えられ、背後に控えたサルーテ聖堂と重なりあって金色に輝くさまは、ヴェネチアの名所スポットに必ず入れられるくらいに有名である。ゴシック贔屓の英国人思想家ジョン・ラスキンには彼の『建築の七燈』（一八四九）を通して「グロテスクなルネサンス」と酷評されているが、そのことも逆説的にこの建築を有名にした。

プンタ・デラ・ドガーナ（2009年）

ベネデッティと話しあったのは、この倉庫（塩の倉庫）を美術館として再利用できないかということである。安藤は一九九六年のローマの新聖堂の招待コンペで首席とはならなかったものの、大胆な案を提示して教会関係者の関心を惹いており、その安藤が参画する可能性が高いことに大司教は興味を抱いていた。奇しくもローマの聖堂案は「海の税関」と同じ三角形平面を示していた。

この「海の税関」の建物の利用については少々込み入った事情があるので、話を少しさかのぼって紹介する。

ニューヨークに本部を置くグッゲンハイム財団は、理事長トーマス・クレンズの時代（一九八八―二〇〇八）に美術館の世界展開をめざし、いくつもの「フランチャイズ」を成功させていた。とりわけビルバオのグッゲンハイム美術館（一九九七）は、殺伐とした工業都市を文化都市に変えたことで新しい文化戦略のあり方として注目され、日本でもグッゲンハイムの到来が多くの人々から期待されたほどである。ヴェネチアには一九八〇年以来のペギー・グッゲンハイム美術館があり、「海の税関」のすぐ近くであることから、その方向への美術館の拡大をねらっていた。ヴェネチア市は革新系の市長が続き、アメリカ資本主義の典型のようなグッゲンハイムの戦略は「マクドナルド化」とまでいわれて好まれなかったが、ローマやヴェネト州にはクレンズに肩入れする人間も少なくない。一九九九年、クレンズのロビー活動が功を奏してローマの文化省とグッゲンハイム財団のあいだで美術館活動のイタリアでの展開に関する覚書が交わされる。めざすはヴェネチアである。イタリア建築界の大御所ヴィットリオ・グレゴッティをヴェネチア・グッゲンハイムの建築家に仕立ててプロジェクトに着手する。しかし「海の税関」に関わる国、州、市、大司教区などの調整がうまくいかず、計画はそのまま暗礁に乗りあげてしまった。

この「海の税関」の話が動きはじめたのはパラッツォ・グラッシのオープンにともなってであり、それも大司教座との接触からであった。ピノー財団のヴェネチアでの展開に対してはカッチャーリ市長も強い関心を示した。この動きに反発したのがグッゲンハイム側で、国とヴェネト州を後ろ盾にして巻き返しを図る。その結果、「海の税関」の美術館への改装を前提とした事業コンペを実施することが決まった。事業者が事業計画と建築設計を抱きあわせとして提案するもので、勝った側に権利者が土地と施設を提供することになる。最終的に参加者は二組でピノー財団と安藤忠雄、グッゲンハイム財団とザハ・ハディドであった。ザハはローマの国立二十一世紀美術館MAXXIの建設にとりかかっており、ホットな建築家であった。

このコンペは二〇〇七年四月におこなわれ、僅差でピノー側が勝利した。安藤にとってはブーローニュ＝ビヤ

プンタ・デラ・ドガーナ、セントラルコート。撮影・小川重雄

ンクールに続くコンペ優勝である。ザハ・ハディドは流れるような曲線での外観デザインは控え、内部の動線に沿って動きのある空間をつなげるかたちでコンペ案を作成した。それに対し安藤案はより節度のとれた提案となっていた。歴史的建造物は旧状に戻し、そのうえで慎ましやかに新たな構造物を挿入する。安藤の頭のなかにはFABRICA 以来一緒にやってきている職人集団の存在があった。

倉庫として用いられてきたとはいっても劣化は相当激しい。煉瓦造なので、水を吸ったり風化したりして傷んだものは古材マーケットを通して新材（良質な中古材）に交換しなければならない。木造トラスの小屋組も然りである。場所柄、防水性やアクア・アルタ（高潮）対策も重要で、見えないところに相当の費用がかけられている。こうして安藤の作業は歴史的建造物の修復から始まり、当初復元を原則として進められた。

新しい建築は外部には露出せず、内部に特化した。中心部に置かれる方形のコンクリートのボックス（セントラルコート）、さらに美術館全体を回遊するように設けられる中二階がそうで、粗の煉瓦面に対して密で繊細なコンクリート面との対比を強調した。二川幸夫はここを訪れて「それは単なる壁ではなく、「世界で一番美しいコンクリート」の壁[2]」と絶賛した。地元イタリア人は、謎めいた美しいコンクリートの箱という意味あいを込めて「アンドー・キューブ」と呼んでいる。

このセントラルコートの設置に関しては、この地方の伝統建築に用いられるマゼーニ石を舗石として用いることを文化財当局から指示され、そのとおりに施工している。概念的にみれば一九九四年末に安藤がヴィチェンツァのパラディオのバジリカ（一五四九―一六一四）内で自身の展覧会をおこなった際に用いた考え方と共通する。そのときはパラディオの大空間に対峙して幾何学と比例をそなえた概念空間（アンドー・キューブあるいはマキナ）を入れこんだ。新旧の対立をはらんだ入れ子状の空間構成こそが本質であり、安藤にとっては新たな展開となる。加えて素材のコントラストが大きな主題となり、アルミ製の格子、テラゾー、スタッコ、スチールサッシ、コンクリート磨き出し、ガラスなどが室内外に散らされ、十七世紀の煉瓦を地として浮かびあがってくる。

樹木はないが、建築のディテールをきわめるという意味で安藤の本領を発揮した。心中深く尊敬するスカルパへのオマージュとなった作品である。

この美術館は所有者である国から九九年のリース（定期借家）でヴェネチア市に貸し渡され、さらにヴェネチア市から三十三年の期限を区切ってピノー財団にリースされる形式をとる。既得の使用権をもつ大司教座はセミナリオに隣りあった二ベイ分を従前のかたちで利用が許され、ピノー財団は残りの六ベイを用いることになる。運営はパラッツォ・グラッシ美術館である。

二〇〇九年六月四日、十四ヵ月の工事を経て「プンタ・デラ・ドガーナ」美術館のオープニングが盛大に開かれた。最初の展覧会は六十名の現代アーティストを招いた「マッピング・ザ・ストゥディオ」であった。

パリの中心にピノー・コレクション

ピノーとの仕事はさらに続く。新たな舞台はパリである。
じつはプンタ・デラ・ドガーナのオープニングから二ヵ月後の八月になって、安藤は十二指腸ガンのために入院し、摘出手術を受けている。そのまま社会復帰をして忙しく仕事をしていたが、五年を経た二〇一四年七月には膵臓ガンのため再度入院することとなった。今度は膵臓と脾臓を摘出した。医者からは手術を急かされたが、ノーベル賞学者の山中伸弥との対談が決まっていたので手術のことは伏せて対談をこなし、その翌日に十二時間にわたる大手術を受けた。担当医に「脾臓までとって生きていけますかね」と尋ねると、「膵臓を全摘して生きている人は少しいるけれど、元気になった人はいない」との返事。ならば絶対に元気になってやろう、と持ち前の反骨精神が出て、手術後はリハビリに励み、奇跡的な回復をみせた。

二〇一五年、手術後はじめてスイス、フランスを訪れ、ピノーのことが気になってオフィスに電話を入れてみた。挨拶に訪れてみるとはじめは「まだ生きているのか！　亡霊じゃないだろうな」と驚かれたが、五つの内臓を失ったことを伝えると、むかしと変わらない安藤の姿に「あなたは頭脳と心臓が残っていればそれで十分」と返された。そのうえで「そんなに元気ならもうひとつ仕事をしてくれないか」と新たなプロジェクトを提案された。それがパリの中心部にできるブルス・ドゥ・コメルス（証券取引所）の改装である。

ブルス・ドゥ・コメルスの建築は数奇な歴史を経てきたことで知られている。十六世紀半ばに時の摂政后カトリーヌ・ド・メディシスがみずからの居館として「ソワッソンの邸館」を建てたまさにその敷地である。迷信深

パリ中心部。手前にブルス・ドゥ・コメルス

いカトリーヌは占星術に凝っていて、生まれ故郷フィレンツェから占星術師を呼び、敷地内に建てた円柱のかたちをした天文塔から星を観測させていた。十八世紀半ばになってこの館はとりこわされ、パリ市の公共施設用地として再開発の対象となる。そのときにカトリーヌの大円柱は保存されることになり、大円柱を合体させた穀物取引所（一七六七）が建設された。その主体となったのが建築家、天文学者、時計師を含んだエトワール・ポレール会と呼ばれるフリーメーソンのロッジ（集会所）で、その基本理念がじつに不可思議なものだった。天文学者のあいだではよく知られたサマルカンドのウルグ・ベクの天文台を範となし、ストーンヘンジ風のリング状建築をつくり、カトリーヌの大円柱は日時計として用いられる。フランス革命を前にして当時の天文学＝占星術に触発された秘教的な思潮をそのまま表現したのがこの建築なのである。

今日のブルス・ドゥ・コメルスは、この穀物取引所を改装して一八八九年にできあがったものである。もとの石造の構造をそのまま用いつつ鉄骨で補強し、その表面にネオ・バロック的な装飾を施し、内側の円形中庭には鉄骨のドームを架けている。見たところは十九世紀後半のデザインだが、構造体は十八世紀のものである。フリーメーソンの話はすっかり忘れ去られていた。

ブルス・ドゥ・コメルスが建つのはパリ中心のレアールと呼ばれる地区であり、一九七〇年代から再開発をめぐって二転三転してきた。十九世紀のパリ中央市場の跡地であり、一九八〇年代にショッピングセンターが建てられたが、新たな都市機能にそぐわず、二〇〇七年に今日の「フォルム・デアール」に建て替えられた。そこに隣接する文化施設としてこのブルス・ドゥ・コメルスを再利用するということで、パリ市がこの建物を買いあげ、それを五十年のリースでピノー財団に美術館運営を委ねたという経緯がある。ピノーは自身の現代美術コレクションの展示をおこなう。

二〇一六年四月、ピノーはブルス・ドゥ・コメルスの美術館への改装を公にし、その建築家として安藤忠雄の名を示した。スガン島の雪辱という意味を含めて、まさに安藤の復活といってよい。

安藤のアイデアは、リング状の建築の円形ホールのなかにシリンダーを埋めこむというもので、考え方としてはプンタ・デラ・ドガーナに近い。十九世紀後半のデザインをきちんと復元したうえで、そこに安藤的立体を挿入する。高さ一〇メートル、直径三〇メートルの円筒（アンドー・シリンダー）は展示空間となり、地下にはオーディトリウムが設けられる。新旧の対比がここでも強調され、とくに十九世紀の装飾が施された円周状の壁面とコンクリートのシリンダーとに挟まれ、ホールを一周する環状のギャラリーに、その対比を具体的にみることができる。

フランスの文化財制度では、歴史的記念物（文化財）指定となっている建築を改装する場合、「歴史的記念物主任建築家」がチームに加わることが要求される。今回その任についたのがピエール＝アントワーヌ・ガチエで、とくに十九世紀から二十世紀の歴史的建造物の修復をおこなってきた人物である。ローカル・アーキテクトとしてはリュシー・ニネー＋チボー・マルカ事務所、エンジニアとしてはSETEC社、施工は大手のブイグ社と、ヴェネチアとは違った陣容で工事に臨み、チームワークの妙なる技が発揮されている。竣工は二〇二〇年六月の予定である。

パリの中枢を占め、十六世紀、十八世紀、十九世紀のさまざまな出来事を胚胎して成立するブルス・ドゥ・コメルスの建築に新たに安藤のデザインが刻印されることは意味深長である。安藤のもつ強烈なジオメトリーが十八世紀の秘教的な空間と反応しあい、直島の地中美術館と通底する神聖かつ秘儀的な空間が生みだされていくようだ。忘れ去られていたカトリーヌの大円柱もその存在を強くアピールするにちがいない。

ブルス・ドゥ・コメルス模型

第20章　上海へ

中国での安藤忠雄人気

中国は安藤忠雄にとっての新天地である。若いころの中国といえば文化大革命まっさかりで日本から気軽に行ける状況ではなかった。そもそも当時の日本では中国建築についてはほとんど教えられておらず、しかも文革時代とあっては建築家どころか人の交流がない。そんなことで、欧米と頻繁に行き来をするようになった後でも中国とは疎遠な状態が続いていた。はじめて中国を訪れたのは一九八八年、堺屋太一に誘われて敦煌の莫高窟を訪れたが、とくに中国と縁があったわけではない。

安藤が公式に中国に招待されたのは二〇〇五年十二月がはじめてであった。東京駅ステーションギャラリーで始まった安藤忠雄展が上海美術館で開催されることになり、オープニングと講演会に招待されたのである。その仲介をおこなったのが上海在住の馬衛東、安藤が東大教授を務めているときに留学生として東大で学んでいた。彼は東大の博士課程を修了した後しばらく日本で働いているが、二〇〇四年に上海に戻り、建築メディア関連の会社「文築国際」を創業した。日本で培った建築家たちとの関係をベースにさまざまな企画を仕かけることになる。

この展覧会が縁で、翌年には同済大学がクライアントとなって安藤の上海国際デザインセンター（上海国際設計中心、二〇〇八）のプロジェクトが始まる。安藤にとっては中国で最初の建築であるが、同時に中国の建築施工体制に対して探りを入れる機会ともなった。

安藤は上海展に先立つ二〇〇〇年から今日にいたるまで中国で講演会を七回おこなっているが、そのなかでもとくに話題を呼んだのは、二〇一二年三月十七日、日中友好四十周年の記念イベントとして開かれた講演会であろう。会場は上海のメルセデス・ベンツの名を冠したコンサートホール「ベンツ・アリーナ」で、客席数一万三千席のホールが満席となった。若者だけでなく、どの年齢層も万遍なく参加している。通常はスター歌手のコンサートで使われるこの場所をあえて選んだのは、安藤の人気が尋常ならざるものであることを知っていたからである。学術講演会としては中国史上最大の入りだったと報道されているが、世界で最大の人を集めた建築講演会であったことは間違いない。講演に先立って、日中の外交関係を樹立した田中角栄首相の長女である田中眞紀子衆議院議員からのメッセージが読みあげられ、会場を沸かせた。田中と安藤は植樹などの社会活動を介して長いつきあいがある。自身の生き方と作品を相互に入れ混ぜながら、世界に対して妥協のないメッセージを発していく安藤の姿勢に会場は大いに盛りあがり、万雷の拍手のもとに閉会した。

なぜこんなに人が集まるのだろうか。

たしかに中国における安藤忠雄人気は相当のもので、日本で出版された安藤関係の書籍もけっこうな数が中国語訳され、出版市場に出まわっている。その結果、安藤の建築作品だけでなく生き方についても中国人のあいだでよく知られており、その影響がきわめて大きい。建築家、芸術家、哲学者、社会運動家の顔をもち、思想の実践者として孔孟、老荘に匹敵するとみなす向きもある。たしかに安藤のメッセージは歯切れがよく、気取りもなければ飾り気もない。経営者に多い自慢話もなければ、学者にありがちの机上の空論でもない。いつもシンプルでわかりやすい原理原則を語っているので、中国語に直したときの語呂もよい。言説と作品とがパラレルな関係でとらえられ、つくっているものに嘘はないとの信頼感も重要だ。

オペラ座に挑む　上海保利大劇院

上海での次のプロジェクトは二〇〇七年に始まった。それもオペラ劇場をつくるという、とんでもなく大きな仕事である。

市の東郊にある嘉定区の孫区長から、この地区にできる嘉定新城（ニュータウン）の中心施設としてオペラ座（大劇院）の設計について打診があった。中国では近年、どの大都市も人口増加の受け皿として周縁部に自然環境と文化を売り物にしたニュータウンをつくるのが流行っている。巨大都市上海においては、その傾向がさらに加速し、経済特区の指定を受けた西北部の嘉定区がオペラ劇場建設という大胆な方針を打ちだした。中国では伝統的に京劇（北京）や徽《き》劇（安徽省）といった歌劇が人々のあいだで定着しており、それと西洋音楽とが一体となって一定の観客層をつかんでいるので、日本人が考える以上に歌劇場（大劇院）の需要がある。

中国ではこの種の公共プロジェクトであっても、企業の参加を求めて開発にあたるのがふつうで、今回は保利集団がその役を担った。保利は国営企業で、その事業の中心は軍需物資の貿易であり不動産であるが、同時に文化にも力を入れ、中国各地でオペラ劇場の運営もおこなっている。上海にはオペラ劇場としてすでに浦東に上海大劇院（一九九八）があるが、保利集団はその向こうをはって新興の嘉定区でも歌劇場が成り立つと判断した。そもそも中国でオペラを運営できるのは北京ならびに上海大劇院を運営する中国国家演出公司（中演公司）とこの保利集団のふたつしかない。嘉定区においては保利が用地取得費と建設費を出し、それを譲渡ではなく売却とするということで、竣工後に区政府が一元（十六円）でこの施設を購入した。運営は保利集団がおこなうので、区の施設を使って民間が文化事業をおこなう公設民営の形式が整う。

上海保利大劇院（2014年）、水庭ごしに見る東側ファサード。撮影・小川重雄（左ページ２点も）

このようなビジネス・スキームのもとで建築設計が進んだ。敷地面積は三ヘクタールで、そこに中心施設として延床面積五万六〇〇〇平方メートル（地下を含む）のオペラ劇場を建設し、周囲に商貿中心（ビジネスセンター）、ショッピングモール、ホテルなどを敷設する。ともかく大きいプロジェクトだ。敷地内に遠香湖をつくり、大劇院を水景のなかに配して新城全域のランドマークとする。上海大劇院と同じ規模ということで、大劇場の席数は千四百となし（実際は千四百六十六席）、四百席の小劇場も付帯する。

安藤は、当初のコンセプトでオペラ観劇のための動線、市民に開放された動線という具合にふたつのゾーンを設定していたが、管理上の問題で市民開放はなくなった。最終的に一辺一〇〇メートルの方形平面の建物を立ちあげ、それにいくつもの円筒（シリンダー）を貫入させて、その貫入部分がヴォイドの空間となるようにした。サントリーミュージアムなどで試みられたぶつかりあう立体というかたちから、立体（シリンダー）の姿を消してその痕跡のみをファサード面に残すという手法だ。ネガとしてのシリンダーというのが新機軸で、これによって生じる花のような曲線と曲面がこの建築に不思議な魅力を与えている。地元では「萬花筒」[1]（万華鏡）と呼ばれているが、たしかにそのイメージを言いあてている。

海外事業は、海外のパートナーとの設計施工の体制をいかに組むかが仕事のよし悪しを決めるキーとなるか、ここでは上海国際建築デザインセンターの体制をそのまま引き継いだ。同一のチームが貼りつくことで相互の信頼関係の上にスキルアップが繰り返され、予想以上の精度で建物全体ができあがった。工事は二〇一〇年に始まった。

外部空間では水庭としての遠香湖が強調され、水面を背景とした水景劇場が組みあわされている。淡路夢舞台で試みた水庭と段状のカスケードの構成がここでも反復されているが、ユニークなのはあえて知覚の混乱をねらっている点であろう。水面の端部で水が下に落ちるために水庭の輪郭が消され、その結果、方向感覚がなくなって全体がおぼろになっていく。西洋の古典主義的な空間が遠近法を基本として奥行きをはっきり認知させるのに対して、安藤は茶室の室床のように輪郭を消すことで知覚上の逆転を試みる。その結果、朦朧と広がる水際空間に囲まれて、巨大な花弁をファサードに刻むガラスの大劇場という桃源の趣をもつ不思議な建築をつくりだしたのだ。

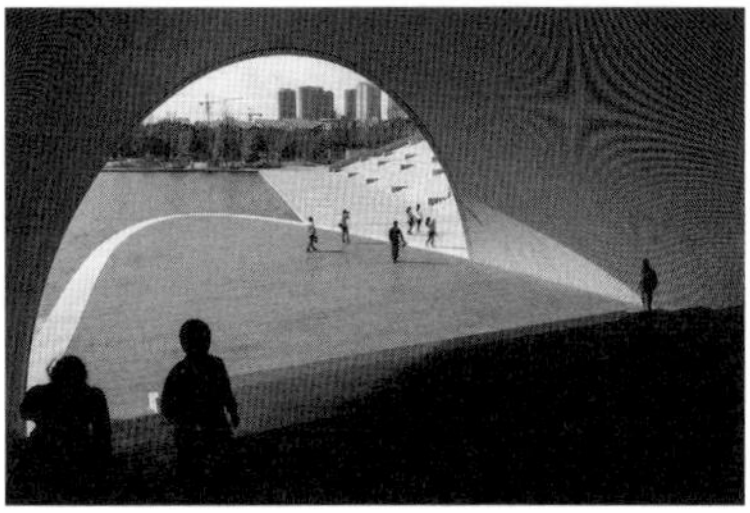

同、3階東側テラスから湖を（上）、東側チューブから湖畔を（下）望む

大劇院の柿《こけら》落としは二〇一四年九月三十日、ベルリン・フィルを招いてなされた。チョン・ミョンフン（鄭明勳）指揮で、地元上海出身のチャン・ハオチェン（張昊辰）がピアノソロを務めるという豪華な内容である。

その後、西洋オペラよりは越劇の「孟麗君」、地元上海の伝統歌劇たる滬劇などが続き、ロイヤル・モスクワ・バレエの公演なども入る。入場料が五十元から八十元ということで、地元の人間が気楽に楽しめるのがよい。

それまで疎遠であった中国の地でこのように意表を突いて登場した保利大劇院は、齢七十三歳の安藤が示した新しい建築への挑戦にほかならない。彼が日本や欧米でなしてきた建築の蓄積の上に新しい次元を加えることになった。さらに、中国で建築をつくってもクライアントは形態の奇抜さだけを競いあって施工精度や建築の性能は二の次という従来のイメージを一掃した点でも大きな意味がある。つねに対話を怠らず、質のレベルをたがいに確認しあうことによってよい建築をつくりえた。

震旦博物館

保利大劇院の計画が進みつつあった二〇〇九年、安藤は上海の中心部に博物館の仕事を受ける。台湾系の家具会社震旦集団の総帥陳永泰からの依頼で、自身の東洋美術のコレクションのために自社ビルに隣接して博物館を設けたいとのことであった。二〇〇三年に台北で創設された震旦博物館を上海に移し、上海中心部にて中国美術の神髄を広く見せるのが目的である。

陳は台湾で家具メーカーを興し、事務機器、インテリアと事業を拡大して台湾第一のメーカーに躍進した。その勢いで一九九〇年代から中国に進出して成功し、本社を上海に移すまでになった。二〇〇三年に竣工した本社ビル（オーロラ・プラザ・ビル）は日建設計のデザインによるもので、上海のマンハッタンといわれる陸家嘴金融区の中心部に位置し、黄浦江に面した金色の超高層ということでひどくめだつ建物である。安藤が依頼されたのはその隣のアネックス（副楼）の建物を改装するかたちで博物館をつくるというものであった。四十年ほどをかけて収集された陳のコレクションは、新石器時代から漢、唐、宋などを経て清にいたる膨大なもので、とくに陶俑や玉の逸品が多い。加えて日本美術にも造詣が深く、そのコレクションも展示に加えたい。

アネックスはポストモダン調の擬古典主義建築で五層の建築であった。むろんそのようなスタイルは安藤が首肯するものではない。既存の構造体を用いながら、二階以上を全面的につくりなおすことになった。全体をコンパクトな箱型に収め、ガラスによる幾何学的形状を打ちだす。上下階をつなぐために円筒形（シリンダー）を階段室として導入するのは彼の常套句といってよい。改装ということもあってペースは速く、一気に設計をまとめあげて二〇一〇年末には工事が始まり、二〇一二年二月に竣工する。回廊状の展示室、吹き抜けなどはランゲンなどで試みた東洋美術の展示室のノウハウが役立った。ガラス展示ケースなど什器の設計も、ドイツのメーカーに発注して連続して自立する四角柱をつくり、透明で開閉可能な「安藤的立体」を規則的に並べている。その結果「沈黙のなかに情緒を十全にあらわし、なかに置かれた瓷器《じき》や玉器を介して古代世界と対話ができる」空間として東洋美術の新たな展示方式が生みだされている。

震旦博物館（上海、2012年）

一九三六年生まれの陳永泰はもともと上海生まれで、一家が台湾に移住したことから台湾を故郷としているが、大陸への思いは強い。戦後の台湾で頭角をあらわし、自身の家具会社を世界規模に広げてきたパワーに安藤は大いに共感した。依頼内容は安藤にとっては小さなものであったが、大阪に足を運んで自身の哲学を語り、なぜ安藤でなければならないかを滔々と説く彼の姿にむかしの自分をみた。中国本土のクライアントたちは若いテクノクラートであることが多いが、戦前生まれの陳の場合は、人柄が温和でつねに優しい笑みを絶やさず、むしろ神戸の林同春と同じ華人として気骨ある人物だ。安藤を心から愛し尊敬していることが所作のひとつひとつに示される。もちろん中国での陳の評価もきわめて高く、故郷に錦を飾った「愛国台胞」（中国を愛する台湾人）と喧伝されている。

中国人は風水による建物の見立てをごくふつうにおこなっている。台湾人はとくにその傾向が強く、この博物館についても風水がらみで設計変更を迫られたことが安藤にとっては驚きであったようだ。黄浦江の水を手前にして背後の建築を山に見立て、八卦図ももちだして方位を占うもので、エントランスを含めた動線のとり方が何度も問題となり、そのたびに設計を変え、ようやく納得してもらったというから相当のものである。

震旦博物館のオープニングを記念して二〇一二年二月からブルガリの宝飾展「ブルガリ——百二十五年にわたるイタリアの至宝」展が開催された。オープニングにあらわれた安藤はイタリア人の招待者を前に、自身の中国とイタリアでの仕事を比較しながら、真摯に仕事をする中国人関係者を大いにもちあげた。すでにトレヴィーゾ、ミラノ、ヴェネチアと北イタリアで美術館のなんたるかを究めてきた安藤としては、中国を金のなる木としてしかみない欧米の風潮に釘を刺しておきたいという気持ちもあったのだろう。

この展覧会後、さらなる追加工事をおこなって二〇一三年十月に正式オープンとなった。

良渚村文化芸術中心

上海から南西に一七〇キロ、杭州でも安藤忠雄が活躍している。杭州は南宋の都として知られ、日本との関わりも深い都市であるが、この町の西郊にある良渚遺跡は一九二〇年代から発掘が続けられ、夏や殷よりも古い紀元前三五〇〇年から二二〇〇年にかけて栄えた都市文明（良渚文化）であることがわかってきた。二〇一九年にはユネスコ世界遺産に登録されている。独特の文様を施した玉器が多く発掘され、それらの文物が上海や杭州の博物館に収められている。

良渚を管轄下にもつ杭州の余杭区政府は、郊外で緑に恵まれたこのエリアを文化観光ゾーンとして位置づけ、遺跡を含む丘陵地四五〇ヘクタールを対象として二〇〇〇年からマスタープランづくりを始めた。中国における都市開発のテンポは、日本や欧米の感覚からいうととんでもなく速く、この計画でも三年後には建設が始まっているくらいだ。計画の基本は、緑のなかに「園林の風格をそなえた」低層の住居（別墅）を配し、博物館を核としたガーデンシティをつくるというものである。住宅の売却益で事業費を捻出するやり方からみれば相当の高級住宅地ということになるが、今日の中国ではそうした需要はたしかにある。

中国屈指の大手不動産会社、万科集団が参加するのは二〇〇三年からで、それまで開発投資をおこなってきた地元不動産企業（浙江南都置業）を買収し、よりハイブローかつ大胆な計画を打ちだす。人口は二万人程度に抑え、歴史文化を基軸にした知のコロニー（文化芸術村）をつくりだすという計画は中国でもめずらしい。環境保全、遺跡保護デザインに加えて住民主体のコミュニティ運営を打ちだしている点も、近年の中国における住民意識の高まりを示しているようでユニークだ。施設デザインは海外の設計コンサルに依頼し、とくに考古学遺跡と直結する博物院はデヴィッド・チッパーフィルドに依頼した。この地区の目玉となる施設である。

博物院が過去の文物を対象とする展示収蔵施設だとすれば、新たにこの地区に集まる住民を対象とした現代の生活に見合った文化施設も必要であり、それで車の両輪となる。この文化施設（良渚村文化芸術中心《センター》）が安藤忠雄に依頼されたのは、彼の上海での活躍が中国人企業家たちをいたく刺激したからだ。二〇〇九年十二月末に万科集団の王石会長より付志強を通して安藤事務所に連絡があり、安藤は設計を了承する。王会長はハーバードで学んだインテリであるが、素朴ながら気骨ある性格の持ち主で、安藤とははじめて会ったときから気脈を通じている。

文化芸術センターは、良渚文化村の住民二万三千人にとってのコミュニティセンターであると同時に、観光客を含めて外部の人間にも開放された文化施設である。図書館、小劇場（百三十五席）、展示ギャラリー、工房などを含み、運営は万科がおこなうが、スタッフ数は十名と限られ、ボランティアによる住民参加型の施設運営を基本としている。

この敷地は丘陵地のなかでは麓にあたり、新設の地下鉄駅からも近く、交通アクセスもよい。広い敷地に水庭

良渚村文化芸術センター（杭州、2015年）

をつくり、水景をとりこんだセンターの建物を計画する。もともと文化村構想が丘と水とを風水的に解釈し、この地にあった自然環境をごく素直にとりこむかたちとなっていたので、ランドスケープ的にはやりやすい。空間構成は近年の安藤が試みる散逸的な構成原理を示しているので、チッパーフィルドの博物館とは対照的だ。

まず、三つの箱をつくる。それぞれ展示ギャラリー、図書館、教育部門を収めた三つの棟を用意し、それらをZのかたちに配置する。斜めの線が登場するので動きが強調される。その全体を大屋根で覆ってひとつの空間にまとめあげるのが安藤流だ。東京ミッドタウンの21_21 DESIGN SIGHTで試みた鉄の折板による大屋根の考え方が基本になっていて、いくつもの面が斜めに交わり、結晶のようなイメージを与えている。

センター内でもっとも大きな面積を占めるのが中央部の図書館「暁書館」である。安藤の書籍に対する思いは特別で、司馬遼太郎記念館などを通して培ってきた吹き抜けの図書空間の考え方が全面的に採用され、壁に見立てた階高いっぱいの書架で空間が仕切られる。正方形の書架の枠のなかに書籍の背だけでなく表紙が収まって、視覚的にも本の空間を強く意識させるやり方が書物の伝統を重んじる中国人の感性に訴えかけたようで、中国各地から多くの人が視察に来るという。安藤の考えでは堅苦しい図書館ではなく、子どもも大人も好きなときに好きなように使うことのできる図書館ということで、寝ころびながらでも本が読めるようになっているのがよい。そんな自由な場所をつくるのがねらいで、実際に蓋を開けてみると地元の人が気軽に立ち寄り、使う図書館となった。

もうひとつの特徴は水景劇場的な階段状の大空間で、水と一体となったランドスケープが生みだされている点にある。安藤の定番といってもよい水庭であるが、ここでは保利大劇院の水景劇場をよりコンパクトにし、回遊性をもたせた外部空間の扱いとしている。水庭の反対側には一直線に桜並木が植えられている。大阪や東京で桜の植樹を進めている安藤の提案で、この地に桜を寄付することとなり、実現したものである。五十本もの桜が春になっていっせいに開花する姿は杭州でも有名になり、いまでは杭州の四季を彩る一シーンとして観光案内のパンフレットに載せられている。

新華書店＋明珠美術館

二〇一七年十二月に上海にて安藤忠雄展が開催される。東京の国立新美術館で開かれた安藤展の展示の一部に加え、中国のプロジェクトで構成されたものであるが、その会場となったのが安藤の設計になる美術館だ。正確にいうと新華紅星国際広場の上につくられた明珠美術館、巨大なショッピングセンターの一部を占める美術館なのである。

この種の美術館というと、一九六〇年代から日本のデパートが集客施設のひとつとして繰り広げたデパート付属の美術館を髣髴させる。西武美術館などがその代表だ。ところが昨今の中国となるとそのスケール感が一桁上だ。紅星国際広場はひとつの街区（六・七ヘクタール）いっぱいに建つショッピングセンターで、延床面積が五五万平方メートル、すでに都市のスケールである。テナント数は二千八百店舗におよぶ。中国の出版メディア最大手の新華発行集団（李爽総経理）の不動産部門、新華成城資産管理公司によって建設運営をされているため、当然ながら出版メディアをこの施設の目玉にしたい。馬衛東を介して総経理（社長）の黄文福から安藤が打診されたのは、この巨大建築の上部（七階・八階）に書店と美術館を抱きあわせでつくってほしいということだった。二〇一五年九月のことであるが、この時点ですでに地元の設計グループによって建物全体の実施設計案はできていたが、それを変更してよいとの依頼であった。面積としては四〇〇〇平方メートルほどで、そこに書店と美術館をつくるというのが最初の構想であった。

書店と聞いて安藤は最初、いわゆる本屋さんの類かといぶかしがったが、内容は新しいライフスタイルとして書籍の空間をどのように展開できるか安藤の智慧を借りたいということで、俄然イメージが湧いてきた。そこで考えてみたのが、書店としての店舗に加えて、インターネットではできないような書籍との出会い、人との語らいの空間をつくることであった。これまで扱ってきた図書館のコンセプトをさらに推し進め、書籍の森とでもいうべき本に囲まれた空間で、しかも本を手がかりとして回遊するようにした。円筒（シリンダー）がその中心を上下につなぎ、最上階に位置するので、光も自在にとりいれることができる。光の井戸、カーブする天井と壁面、螺旋、レベル差を利用した室内ランドスケープなどさまざまな要素を散りばめ、これらを卵状の立体のなかに入れこむ。以前より追い求めているアーバンエッグのコンセプトで、まさに知を孵化する空間である。最終的に美術館ともども「光之空間」と名づけられ、二〇一七年十二月にオープンした。面積一六〇〇平方メートルのうち

明珠美術館/新華書店（上海、2017年）

七割を図書閲覧室とした。安藤スタイルの図書空間ということで、いまや中国での新たな図書館モデルとして引用されるようになっている。

この書店のスペースに隣接するのが明珠美術館である。七階の書店店舗部分の上、八階に位置する。ショッピングの吹き抜けと書店の卵型空間上部に挟まれるため、不整形な平面となって扱いはけっこう面倒だが、それを曲線状の壁面で動線を誘導する。階高が限られるが、上部に幾何学的な形状のトップライトを配し、光を下に導く。直島の地中美術館で試みた散逸する幾何学形態の応用ともいえるだろう。

二〇一七年十二月の「光之空間」のオープニングイベントとして企画されたのが先に述べた安藤忠雄展である。設計者でもある安藤の大規模な回顧展ということで、百二十日間の会期で六万三千九百人の入場者を集めた。

安藤の中国での仕事は、安藤に対する圧倒的な評価を下敷きにクライアントに恵まれ、同時進行的にいくつものプロジェクトが動く状況になっている。「中国はプロジェクトの規模、スピード、そして人々のパワーという点で日本をはるかに凌駕しています。いまや中国を無視して仕事は成立しない」と語る安藤は、中国における予想以上の仕事の展開に驚きを隠せないようだ。技術者、施工会社、職人たちの学習意欲も高く、国際的にも十分に通用する。むろん、中国からの仕事のオファーは山とあるが、信頼できるクライアント、情熱をもって新たな挑戦を求めるクライアントに限って仕事を受けている。二〇〇〇年代以降、安藤の仕事のなかで海外プロジェクトの比率がきわめて大きくなるが、中国はそのなかでも新しい領域を切り開きつつあるといってよいだろう。

上海保利大劇院ファサード。撮影・小川重雄

第21章　大阪人として

大阪市長、関一を尊敬する

当然のことながら、安藤忠雄は自分を世に送りだした大阪をこよなく愛し、大阪人であることを誇りに思っている。チャレンジングで懐の深い世界でもあり、いまでも「独学で建築を学んだだけの若者にこれをやらせてみようという人」がいて、それが自分に大きなチャンスを与えてくれたことに深い恩義を感じている。大阪は商人の町としての伝統と気概を有しており、官が何かと強く、見えないヒエラルキーに縛られている東京とは違って人と人との距離が近い。その人間臭さが大阪のよさであり魅力である。だから、安藤は何度も東京移住を勧められたが、すべて断って仕事の拠点をずっと大阪としてきた。東京大学にも大阪から通ったくらいだ。

彼の建築作品が大阪で開花したのはもちろんだが、交友関係も大阪人としての強い結束を軸としている。企業人としては佐治敬三や樋口廣太郎、閣僚経験者としては塩爺こと塩川正十郎や堺屋太一、芸能界では坂田藤十郎（三代目中村鴈治郎）や桂三枝（六代桂文枝）など生粋の大阪人が二重三重に彼をとりまいてきた。クライアントとしてもコシノ・ヒロコ（小篠邸）や福田みどり（司馬遼太郎記念館）など彼の才能に惚れこんだ大阪出身者がすぐれた作品を可能にした。最近ではノーベル賞学者の山中伸弥とも親しくしている。みな気安い関係で、立場や肩書など関係なくよいと思ったらすぐ動く情のあつい人間たちである。

関西の建築家の系譜を強く意識することもある。とくに重鎮であった村野藤吾に対しては、作風はまったく異なるものの、畏敬にも似た気持ちを抱いていた。八木良三（八木通商）から頼まれた西宮の八木邸（一九九七）については、もともとW・M・ヴォーリズの設計だったものが阪神・淡路大震災で倒壊し、それを建てなおした住宅である。古い建築との関係をつねにおもんばかってきた安藤としては名誉ではあるが、なかなかむずかしい仕事であった。

その意味で大阪の過去を継承することは彼にとっての自明のミッションであり、若いときからつねにその点を心がけてきた。大阪という街のでき方がよい。東京とは異なり、町人文化の基盤の上に志の高い実業家たちが率先して町の景観をつくりあげ、要となる建築を建ててきたという事実を深く噛みしめ、先達の遺志を継ぐかたちで大阪をつくりあげることが肝心なのだ。

「大阪でいちばん好きな場所はどこですか」という問いに、安藤は躊躇なく「御堂筋」と答える。大正末から昭和はじめにかけて大阪市長を務めた関一を、大阪のグランドデザインを興した人物として尊敬し、御堂筋の建設こそが今日の大阪が誇る都市計画の遺産であるとする。当時としては破格の幅四四メートルの直線道路をつくり、立派な駅舎をもつ地下鉄、共同溝、沿道の銀杏並木など立体的な計画を推し進めた。この大街路建設に前後して実業家たちが率先して寄付をおこない、中之島から船場にいたるすぐれた公共建築群をつくりだしたことも忘れてはならない。住友家の寄贈になる中之島図書館（一九〇四）や大阪倶楽部（一九二四）、株仲買人岩本栄之助の寄付になる中央公会堂（一九一八）、東洋紡専務の岡常夫の遺族からの寄付による綿業会館（一九三一）、広く市民からの寄付で賄った大阪城公園（一九三一）など慣れ親しんでいる建築の多くがそのような経緯で生まれてきた。

安藤が中之島にこだわるのには、そのような背景がある。

中之島へのこだわり

中之島は大阪人にとっては思い入れの深い場所である。堂島川と土佐堀川にはさまれた文字どおりの中ノ島で、長さ九二〇メートル、幅一五〇メートルの細長いエリアに明治末から昭和はじめにかけて建設された擬古典様式の公会堂、図書館、市役所、日銀大阪支店が並び、大阪の顔であり、中枢でありつづけてきた。それだけではない。安藤が若いころ入れこんでいた具体のアーティストの溜まり場であったグタイ・ピナコテカもこの場所に構えていた。具体の主導者であった吉原治良の営む吉原商店（吉原製油）がここにあり、その土蔵が新しい芸術運動の発祥地となったのだ。

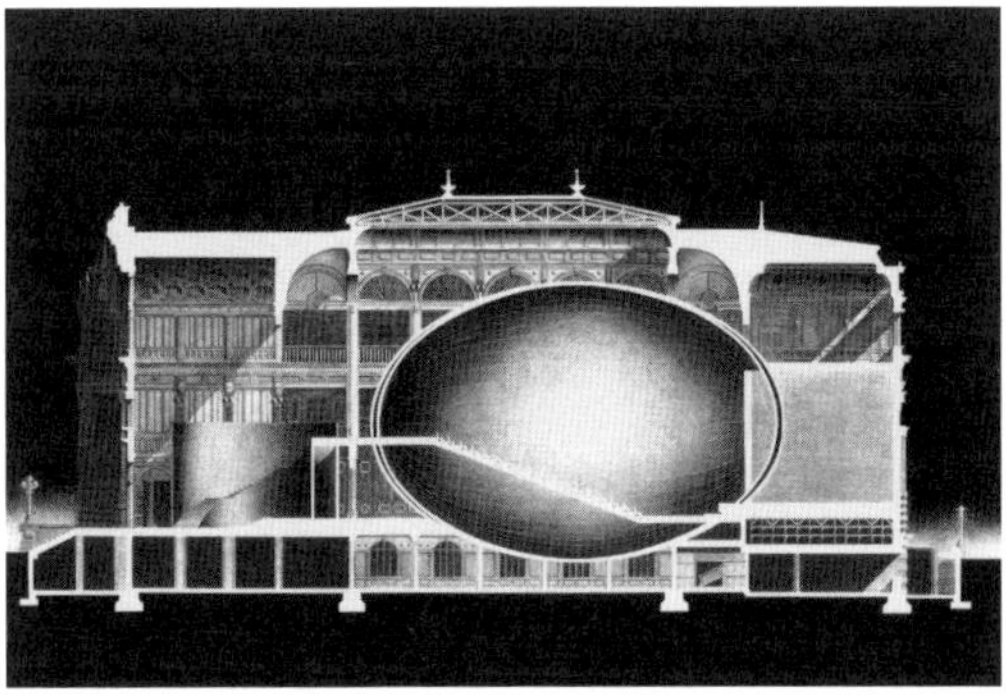

中之島プロジェクトII（1988年）、「アーバンエッグ」断面図

一九七〇年代に入って中之島の再開発案が浮上し、公会堂を含むすべての歴史的建造物をとりこわして新しい総合庁舎とする計画が発表される。市民運動によって公会堂の保存は決まったが、小川陽吉、片岡安らの設計した市役所（一九二一）については一九七六年に建て替えが決定する。

安藤が「中之島プロジェクトI」（一九八〇）を提案したのは、市の進める新しい市役所案に対抗して歴史の記憶を残すカウンター・プロジェクトを示すところにあった。彼が考えたのは、古い建築のたんなる保存ではなく、当時「六甲の集合住宅」で試みていたフレームを基本としてシリンダーを大胆にとりこみ、そのあいだに市役所のファサードなどを断片として入れこむきわめてコンセプチュアルな案であった。この案は一九八〇年に心斎橋のソニータワーで開催された「中之島第三の道展・リインカーネーション」に東孝光や上田篤らのプロジェクトとともに出展された。しかし

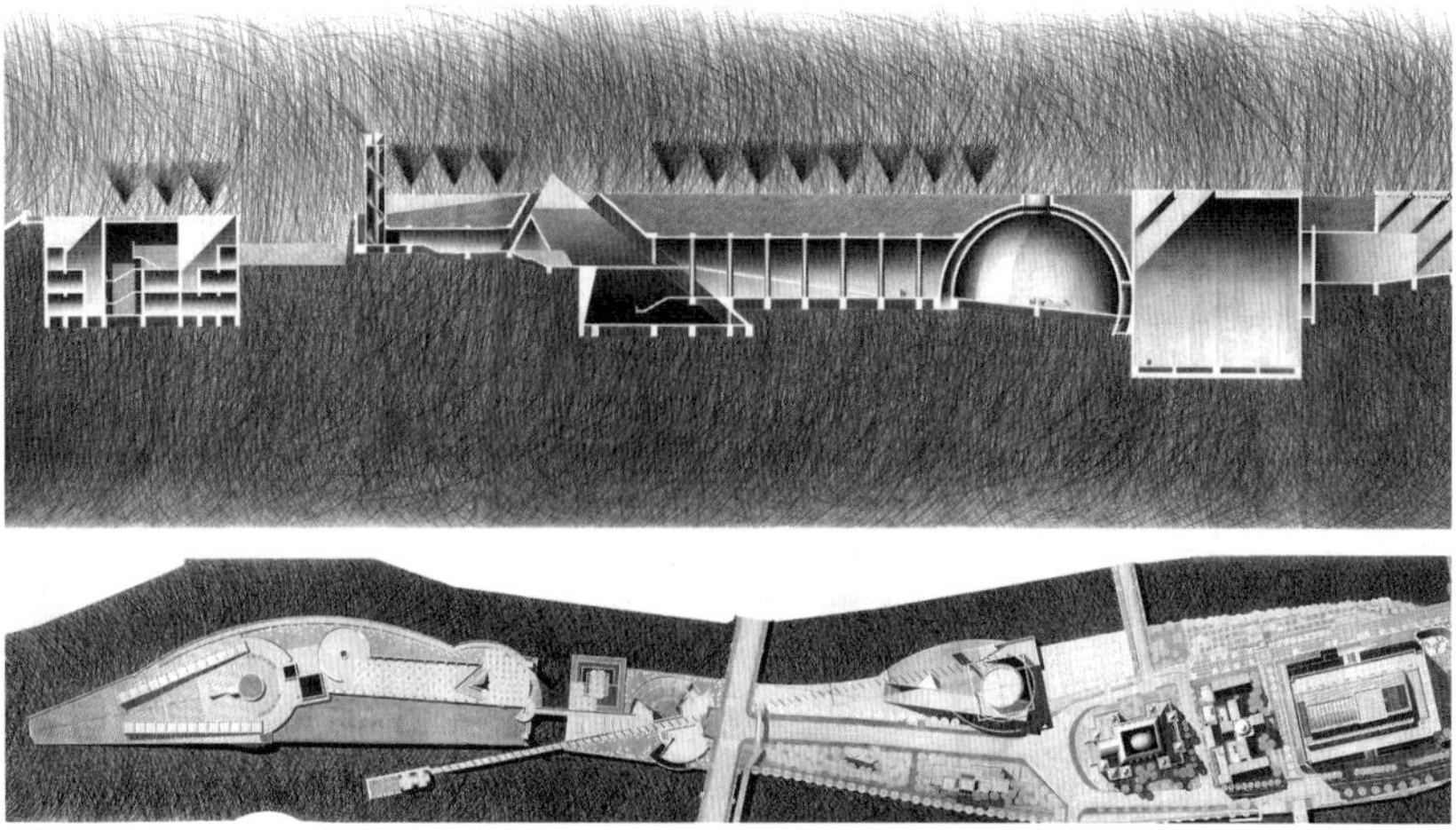

中之島プロジェクトII「地層空間」断面図（上）と平面図（下）

「非常に純真で熱心な作業」（村松貞次郎）ともちあげられつつも、社会的なうねりにはならず、建築家関係者以外では話題にならなかった。

新市役所の竣工（一九八六）とともに、中之島に対する歴史遺産保護の動きは収束していくが、逆に安藤は中之島公会堂に強い関心を示すようになる。小学生のときからよくここを訪れ、脳裏に焼きついていることもあったが、さらに建築としても好奇心をそそられる建物であった。岩本栄之助の寄付を受け、コンペによって岡田信一郎の案が決まり、それを辰野金吾、片岡安が修正して一九一八年に竣工した。煉瓦の色調を強調したネオ・バロックの華麗なスタイルから多くの市民に愛されていた。

一九八〇年代の終わりを迎えるころ、この中之島公会堂に対する安藤の構想力は冴えわたり、一見イマジナリーなタッチでありながらも大胆なプロジェクトを提唱するようになる。まず一九八八年に「アーバンエッグ」と題して公会堂のなかに長径三二メートルの卵状のホール（約四百席）を入れこんだ計画を発表する。翌年には公会堂を含めて中之島全体を対象とした「地層空間」を発表し、地上の歴史的空間は維持しつつ、地下にさまざまな幾何学的立体を配しながら広場、美術館、音楽ホールなどを分散させることを提案する。地下空間に埋めこまれたヴォイドの大空間が連鎖して不思議な地層を生みだすが、これがその後、淡路夢舞台や直島の地中美術館へとつながる散逸した地下空間の原形となる。

安藤のジオメトリーのなかで特異なのは、楕円体あるいは卵形の存在である。アーバンエッグで提示されたのは二軸対象の楕円体のジオメトリーである。安藤でこのかたちが始まるのは、中之島公会堂においてである。さながら親鳥の胎内に卵を抱えたようなデザインで、見る人をあっといわせる。

安藤の中之島に関わるふたつのプロジェクトは、一九八九年九月に大阪のナビオ美術館で十二日間（九月十三—二十四日）にわたって「中之島２００１」展の名で展示される。短い会期ではあるが、二万八千人を集めた。圧巻は一〇メートルにおよぶドローイングで、それに巨大な模型が加わって安藤の構想力を強く訴えかけた。同時に「新建築」「建築文化」「ＳＤ」などの主要な建築雑誌に発表し、イメージの発信に心がけた。卵のもつ象徴論的な意味あいから宇宙開闢の神話、胎内回帰の表象といったさまざまな議論を呼び、多くのメディアが喰いついてきた。

フランスの「アルシテクチュール・ドジュルデュイ」誌は八ページを割いてこのプロジェクトを紹介する。十八世紀の劇場を参照しつつ、安藤案が見せる幻想的なタッチから「卵型の子宮に包まれて聴衆がセイレーンの美声に酔いしれるという神話のスケール」[1]を切り開いたとコメントする。そのころポルザンパルクがパリのラ・ヴィレットの音楽院（一九九五）で楕円錐のホールの案でコンペに勝ち、実施設計を進めていたこともあって、中之島案も実現可能なプロジェクトとしてとらえられており、安藤の夢物語と片づけてしまう日本とは逆の反応である点が興味深い。

このアーバンエッグの提案に対して多くの人は「そんなこと無理や」と思っていたようだが、三洋電機の井植会長の紹介で知りあった京セラ会長の稲盛和夫から「安藤さん、売れなかったその卵は私が買うわ」と提案を受け、ほんとうに鹿児島で実現した。稲盛の出身校、鹿児島大学に国際交流会館を寄付することとなり、安藤に卵形のホールを擁した稲盛会館（一九九四）のデザインを依頼した。

大阪を貫く桜ベルト

一九八〇年代をこすころになると、安藤忠雄のふだんの生活のなかで社会運動家としての側面がいちだんと強くなる。直島など瀬戸内の島々における失われた環境の再生、阪神・淡路大震災からの復興など次から次にアクションを起こしていく。こうした運動でいちばん大変なのは、スタートの段階で人々の気持ちを揺り動かし、目的を共有して一緒に活動していくための基盤をつくることである。そんなとき、強い意志、スピード感、そしてわかりやすい語り口をもって動く彼は人々の信頼を得ることができ、その意味でオーガナイザーとしての才能は抜群だ。その活動の舞台に大阪を加えるのは二〇〇〇年代に入ってからで、新しい都市のビジョンをめざして広汎な運動にとりかかる。

御堂筋がモデルである。ただ、いまの時代とあってはモータリゼーションを前提とした大街路ではなく、人々が歩きくつろぐヒューマンな空間が重要だ。そこで打ちだしたのが、淀川から天保山までの川沿い七・五キロに新たな緑の町筋を生みだそうとするものだ。それも桜並木である。もともと川の町であった大阪の水辺環境を再生するという大きな目標のもと、大川、中之島、安治川を抜けて大阪の中心街を貫く海にいたる桜ベルトである。安藤はこの計画を「桜の会・平成の通り抜け」と呼び、二〇〇四年にスタートした。変わった命名だが、大阪人にはなじみのある「造幣局の通り抜け」を川沿いに引き延ばし、市全体のスケールで水辺環境のつくりかえを考えたものである。大川沿いにある大阪造幣局は江戸期の津藩の蔵屋敷跡で、庭園の桜が有名であった。それを引き継いだ造幣局が明治中期から桜の開花時に「通り抜け」と銘打って庭園を開放したのがその発祥で、今日まで引き継がれている。四月の桜の時期には一週間で百万人をこす人間が集まる。

このプロジェクトのきっかけは、造幣局に隣りあう桜ノ宮橋（銀橋）の拡張計画にあった。国道一号線に架かる橋として大変交通量が多く、旧銀橋（一九三〇）に並行して新銀橋（二〇〇六）を架けることになり、安藤がその基本構想を練った。その際に鉄骨の土木構造物に対置しうる緑が必要ということで、五〇〇メートルあまりの造幣局の「通り抜け」にあわせて桜並木を着想した。見方によっては「安藤のお節介」だが、グランドデザインを意識するという点ではきわめて先行的な発想である。

奇しくもそのころ大阪市長となっていたのが関一の孫である関淳一であったが、市役所で発覚したいくつもの不祥事のため後始末に追われ、祖父のような大胆な都市計画にとりかかる余裕もない。安藤みずからが関一になりかわって鉈をふるうしかない。

安藤の考え方の基本は、都市計画におけるプロムナード（歩行者用の並木道）とグリーンベルト論を足したものであるが、ウォーターフロントと桜に着目した点で水辺のアメニティに高度の祝祭性を加え、「大阪は楽しい」というメッセージを広く起こすものとなった。大阪を美しくクリーンに、そして桜の醸しだす幻想的な光景に身を委ねるのもよい。日本人であれば、桜とくれば誰も反対しない。東京隅田川で試みた下町唐座（一九八八）の彼岸の風景、ヴェネチアで体験したカーニバルの祝祭性が頭をよぎった。

「桜の会・平成の通り抜け」。
撮影・小川重雄

この「桜の会・平成の通り抜け」を実現するための方法論が、いかにも安藤らしい。水際線のスペースを提供してもらうのは市や国の河川局と交渉すればよい。しかし、それに必要な膨大な資金を調達するにあたって、ここは大阪ならではの民力によるべきだ。そう考えた安藤は以下のような提案をする。

まず目標となる桜の本数は三千本、世界最大の桜並木をめざす。植樹に必要な費用は一本五万円、それに三十年間のメンテナンスを加えて一本十五万円が必要だ。三千本ということであれば四・五億円がかかる。とりあえず四年間を目標に五万人から寄付を集めよう。

大阪人を知り抜いている安藤はこう考える。「大阪の人はしぶといから一万円を出さへん。でも心をうまくつかまえたら乗る」と、それぞれの桜にネームプレートをつけることとする。まさに奉加帳方式である。神社の氏子や寺の檀家が寺社の修繕や新築のために資金を出しあうやり方で、寺社を訪れると欄干の小柱などに寄進者の名前が刻まれているのをよく目にする。安藤の立場はまさに勧進僧で、行基や重源が果たした役割を遂行しているのである。

大企業にはそれに見合った寄付と空間の提供を求めた。まずはパナソニックの中村邦夫社長に電話して趣旨を説明すると大いに賛同してくれ、門真《かどま》の本社にある松下幸之助記念館の横に五千坪近い敷地があり、これを桜広場にしようということであった。むろん資金は自社負担となる。それだけではない、パナソニックが所有している全国の遊休地をあたり、千葉県幕張（九千五百坪）、神奈川県茅ヶ崎（二千坪）、大阪府豊中（三千坪）にも桜広場をつくることとなった。広場のデザインは安藤事務所がおこなったが、こういうときのデザインはもちろんボランティアで、設計報酬を受けとるわけではない。

このようにして予定の二〇〇八年末までに五万二千人が募金に応じた。つまりは五・二億円が集まったということである。この盛りあがりがそのまま水都大阪の復活に向けた官民連携の一大運動に発展していく。リバーウォーク、舟運などが奨励され、八軒家浜《はちけんやはま》にはかつてあった三十石船の船着き場が復活し、二〇〇八年三月の開港式で安藤、平松邦夫大阪市長、橋下徹大阪府知事がテープカットをおこなった。いまとなっては関一の時代とは異なり、一介の民間人である安藤のほうが格上だ。多くの人々と企業を動かしてこれほどの大事業ができたのも、創造力と闘争心だけではなく経済性に対するすぐれた感覚をもちあわせていたからである。加えて水辺の建築のファサードの緑化、護岸の緑化などが進められ、ビル所有者や担当の役所との折衝が続く。

緑のインスタレーション

安藤にとって緑の運動を進めるうえで二〇〇九年はエポックメーキングな年であった。「桜の通り抜け」プロジェクトの成功を踏まえ、この考え方をよりグローバルなものにしていく機会に恵まれたからである。ひとつは東京にもこの種のグリーンベルトの考え方を敷衍するということで、二〇一六年オリンピックへの東京の立候補に際して石原慎太郎知事から頼まれたオリンピック施設のマスタープランづくりのなかでこの考え方を展開する。ごみ処分のための埋め立て地を海の森公園となし、さらに都心に向けての「風の道」回廊が提案された。

大阪にはさらに注力をする必要があった。「通り抜け」の気運をさらに広げ、大阪の都市施設をいかにグリーン化し、大阪の潜在的な魅力を引きだすか、これが新たな課題として浮かびあがる。そのため五月にサントリーミュージアムで水の都に関する展覧会をおこない、大阪を国際基準で切ってみせる。「安藤忠雄建築展——対決水の都　大阪 vs ベニス」（五月二十三日—七月十二日）と題した展覧会は、そのころ手がけていたヴェネチアと大阪の比較から、緑が少ないといわれる大阪に新たなインプットをおこなう。

次なるターゲットは梅田北ヤード、通称「ウメキタ」と呼ばれるＪＲ大阪駅の北に広がる旧貨物駅一帯であった。貨物駅エリアが清算事業団によって民間に売却され、二〇〇五年から再開発が始まるが、その第一期として再開発地区の三分の一弱を占める複合商業地区「グランフロント大阪」が二〇一三年にオープンした。

安藤はこの北ヤードの再開発に際しては、むしろ環境運動家に徹している。梅田一帯は安藤の仕事場であり、一九六〇年代から継続的に見つづけているので、安藤なりのビジョンがある。事務所を始めた一九六九年には「大阪駅前プロジェクト」を発表して屋上緑化を提案したくらいで、緑化は一貫したテーマである。そこで打ちあげたのが御堂筋に倣った銀杏並木だ。新装なったＪＲ大阪駅の北側に楕円形の「うめきた広場」（二〇一三）を設け、そこから再開発地区を横断して銀杏のプロムナードが展開する。御堂筋の片側二列よりも多く、こちらは

「希望の壁」。奥は梅田スカイビル

片側三列となっている。安藤らしいのは、官民の区分をはっきりさせ、道路側の二列を官すなわち公共の予算で、内側の一列を民すなわち企業・個人の寄付で植樹することを明記している点だ。ただ緑であればよいのではなく、誰が責任をもって木を植えるのかを明らかにしてこそ環境運動の意味がある。

　大阪駅を挟んで南側と北側で、一風変わった緑のインスタレーションを試みた。壁面緑化がテーマであるが、安藤の「お節介」がここでも姿をあらわしてくる。相手となるのは大手ハウスメーカーで、ひとつは吉本ビルディングが所有していた大阪マルビル（一九七六）を購入した大和ハウス。もうひとつは梅田スカイビル（一九九三）を所有する積水ハウス。大阪マルビルは高さ一二四メートルの円形のビルで大阪駅前の名物となっているが、安藤はその下部をツタやカズラで覆って大きな木のようにできないかと提案する。大和側も安藤の話を聞いて興味は示すが、費用のことが気になるらしく、なかなか首を縦に振らない。「けっこうしぶとくて、私が設計料はいらないからといってはじめて、ああそうですか、と乗りだしてくるんですよ」といった具合であった。かくしてビルの下三分の一程度までが壁面緑化となり、「都市の大樹」と名づけた。

　梅田スカイビルの場合は北ヤードの西隣に位置しているが、その足元のオープンスペースに高さ九メートル、長さ八〇メートルの壁をつくり、そこにツツジ、ヤマブキなどあざやかな色彩の花卉と登攀性の植物（ツル）を絡ませて色彩豊かな緑の塊をつくるというものである。ランドスケープであると同時に緑の建築でもあり、アート・インスタレーションといってもよい。こちらは「希望の壁」と命名した。二〇一三年に完成し、一般に開放されている。壁面を彩る植物はいまも成長を続けている。

子ども図書館

子ども図書館は安藤忠雄の長年の夢でもある。絵本や童話、伝記、科学書などいろいろなジャンルの本が並べられ、活字や絵の世界に没入できるような環境が必要だ。受験勉強の本ばかり読んでいてもつまらない。そんな気持ちから、東京上野の国際子ども図書館の設置に際してはむかしからの友人でもある児童文学者の肥田美代子と一緒に動き、それなりに短い期間で実現にいたった。その後も、福島県いわき市で幼稚園に付属して絵本美術館「まどのそとのそのまたむこう」(二〇〇四)を開館させている。地元で幼稚園を営む巻レイ園長から届いた依頼の手紙にいたく共感して、早速いわきに赴き「夢のお手伝いをしましょう」と伝える。地形を利用してコンクリートとガラスの箱を交差させる手法であるが、それ以上に室内にしつらえられた書架の壁が印象的だ。

文化的な地盤沈下の著しい地元大阪に子どものための図書館が必要だと安藤は考えつづけてきた。大阪には子ども図書館はないのだろうか。じつはあった。一九八四年に吹田に大阪府児童文学館が開設され、当初は司馬遼太郎が理事長を務めていた。規模も東京の国際子ども図書館を凌ぐ蔵書数を誇っていた。ところが利用状況は悪くはなかったが、文化施設は費用がかかり、費用対効果が悪いというので、橋下徹知事の号令のもと二〇〇九年に廃止され、蔵書は東大阪の府立中央図書館に移管されてしまった。

こんな子ども図書館をめぐる地元大阪のドタバタ劇を横目に見ながら、安藤は苦虫を噛みつぶしていたにちがいない。子どもの図書館をつくるのは大人の責務である。それもみんなでつくり、みんなで運営していくものだというのが安藤の持論である。そこで考えたのが中之島方式である。現在の府立中之島図書館、かつての大阪図書館は住友家の当主住友吉左衛門友純から建物が寄付されたという事実を念頭に、いま新たに民の力で図書館をつくるのだ。自分が旗振り役になって寄付を集め、できた建築を市に寄贈する。商人の町大阪であれば、こういう努力が必要だ。

「山中先生、子ども図書館の名誉館長になってくれへんかな」。交流の深い山中伸弥にこう相談した。山中は京

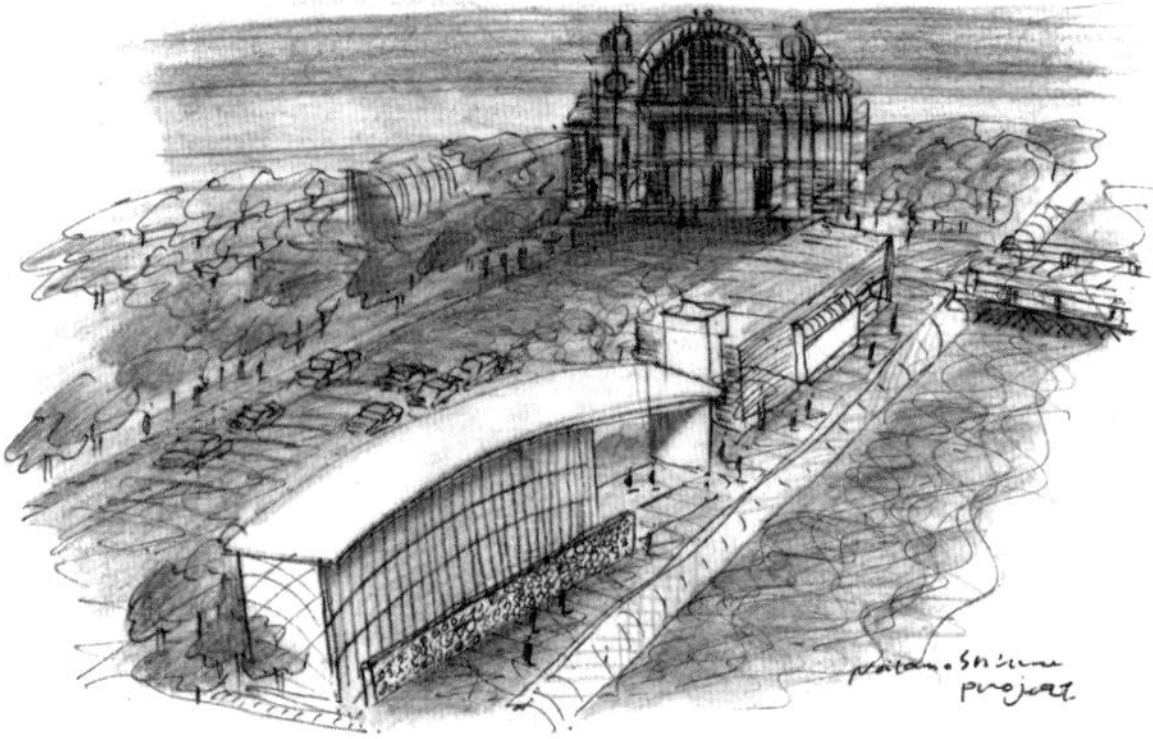

こども本の森 中之島（2019）スケッチ

都大学に籍を置きIPS細胞の研究でノーベル賞を受賞したが、もともと東大阪の出身であり、安藤としても気安く話せる間柄である。「山中先生は大阪生まれ、大阪育ち。いまも大阪城の近くにお住まいで、そこから京都に通われている。大阪人とも深く関わられているから、山中先生に名誉館長になってもらえたら」。何よりも大阪の子どもたちに対する安藤の深い想いに共感した山中は、即座にこの申し出を引き受けた。

名誉館長のめどが立つと次に安藤は具体的な計画を練って大阪市に提案した。大阪市の吉村洋文市長（当時、現在は大阪府知事）も賛同し、中之島の東洋陶磁美術館に隣接する大阪市の土地に子ども図書館をつくることが決まった。運営費は寄付金で賄い、蔵書の寄贈も呼びかけていく。安藤のなかで次々とアイデアが生まれた。ノーベル賞を受賞した化学者の野依《のより》良治や宇宙飛行士の毛利衛、アルピニストの野口健など交流のある人に子どものころに読んだ本を寄贈してもらおうと働きかけた。何よりも重要な運営資金の寄付についても、安藤本人が関西の大企業に一軒一軒協力を呼びかけ、年間三十万円ずつ五年間にわたり支援してくれる企業を募った。結果、六百十社が協賛に応じた。加えて個人の蔵書など二万冊以上の書籍も集まった。じつは大阪府は小中学生の全国学力テストに際して全国四十七都道府県でつねに下位に甘んじており、試験勉強なんか糞くらえと思っている安藤ですら「大阪人としてかっこ悪い」と感じているくらいだ。そんな安藤の危機感に共鳴するかたちで多くの財界人や文化人が賛同の声をあげた。

このようにして運営費九億円を集め、建設費は安藤みずからが寄付をするという前提で設計に入り、二〇一八年に着工、二〇一九年の十二月には完成し、翌二〇二〇年三月にはオープンを迎える。弓形になった図書館の平面は司馬遼太郎記念館を髣髴させる。地下一階、地上二階の比較的こぢんまりとした建築であるが、三層分を吹き抜ける書架の壁、水辺に開いたガラスの壁などが強い印象を与えている。ある意味では、三十年前に提案した中之島プロジェクトのささやかな実現といってもよいだろう。

中之島公会堂とのあいだには市立東洋陶磁美術館（一九八二）があるが、これは安宅コレクションを引き継いだ住友グループから建築ともども市に寄贈されたものである。中之島図書館から公会堂、美術館とそれぞれが民間からの寄付で成立した文化施設をともない、安藤の子ども図書館も大阪商人の心意気という伝統を継ぐものとなった。

正式名称は「こども本の森 中之島」と決まった。開館をめざして、工事が急ピッチで進んでいる。その間、安藤はもうひとつ子ども図書館のプロジェクトを発表した。神戸市役所の近く「慰霊と復興のモニュメント」に面したエリアで、大阪と同じスキームで建設にとりくむという。このようなメッセージを託している。「これからの時代を生きる子どもたちにはできるだけ多くの本に出合ってほしい。阪神・淡路大震災の記憶を風化させず、次代の子どもたちに伝えていくためにも、新しい図書館を役立ててほしい」（二〇一九年九月）

大言壮語を好まない安藤らしいメッセージである。過去の記憶を未来につなぐ存在として子どもたちに希望を見いだし、そのための場所を準備する。いま植えた植物が五十年後、百年後に真の姿をあらわしていくのと同様に、安藤の未来への布石も次の時代になってはじめてその真価を発揮することだろう。安藤忠雄は今日も未来に向けて走りつづける。

注

第1章　生い立ち

（1）　日経アーキテクチュア編『安藤忠雄の奇跡——50の建築×50の証言』日経BP社、二〇一七年、四〇ページ。

（2）　佐治敬三「なぜ安藤忠雄か——クライアント6人の証言」、「太陽」一九九五年五月号、三七ページ。

（3）　安藤忠雄『安藤忠雄とその記憶』講談社ビーシー、二〇一三年、二五ページ。

（4）　伊藤ていじ「すそ広がりビルの語るもの——施主も建築家も思想貧困」、朝日新聞一九七六年十月八日夕刊。

第2章　建築へ

（1）　「安藤忠雄　住宅2題——平岡邸、立見邸」、「建築文化」一九七四年四月号、八八ページ。

（2）　橋本健治「建築の存立性とかかわる風景との境界　あるいは建築的言語」、「商店建築」一九七一年十二月号、九六ページ。

（3）　安藤忠雄「商業ビルへの2試案」、「Japan Interior Design」一九七〇年三月号、四九ページ。

（4）　安藤忠雄「都市ゲリラ住居」、「都市住宅」一九七三年七月臨時増刊号（住宅第4集）、八七ページ。

（5）　安藤忠雄「建築家以前の安藤忠雄」、「太陽」一九九五年十月号、六九ページ。

第3章　長屋が世界を変える

（1）　安藤忠雄『連戦連敗』東京大学出版会、二〇〇一年、三一ページ。

（2）　西澤文隆「八瀬の家所感」、「建築文化」一九七三年九月号、一一八ページ。

（3）　同。

（4）　東孝光「町人の優しさと土性骨」、「建築文化」一九七四年四月号、八六―八七ページ。

（5）高橋靗一「安藤さんのこと」、「新建築」一九八一年九月号、二〇〇ページ。
（6）伊藤ていじ「すそ広がりビルの語るもの——施主も建築家も思想貧困」、朝日新聞一九七六年十月八日夕刊。
（7）南方熊楠「巨樹の翁の話」、『南方熊楠全集2』平凡社、一九七二年、四七ページ。

第4章　住宅の時代

（1）「二川幸夫との対談」、『安藤忠雄 住宅』ADAエディタトーキョー、増補普及版、二〇一七年、二六〇ページ。
（2）安藤忠雄「帝塚山の家」、「建築文化」一九七八年十一月号、五二ページ。
（3）Claude Parent "Béton, matière d'architecture", *Technique et Architecture*, mai 1991, p.67.
（4）安藤忠雄「領壁」、「新建築」一九七八年二月号、一四四ページ。
（5）コシノ・ヒロコ「マイ・ファッション、マイ・ライフ」、「宮十」第三号、一九九九年二月、四五ページ。
（6）安藤忠雄「抽象と具象の重ね合わせ」、「新建築 住宅特集」一九八七年十月号、三二ページ。
（7）「第13回吉田五十八賞発表」、「新建築」一九八八年六月号、一五〇ページ。

第5章　旅と文明

（1）和辻哲郎『妻 和辻照への手紙』下巻、講談社、一九九五年、一七〇—一七一ページ。

第6章　幾何学と光

（1）安藤忠雄『建築家 安藤忠雄』新潮社、二〇〇八年、三五八ページ。
（2）西和夫「組立て式仮設方式と反り橋にひそむ非日常性への仕掛け？——安藤忠雄の下町唐座を見て」、「建築文化」一九八八年七月号、四五ページ。
（3）Serge Salat "La grille et les signe", *L' Archtecture d'aujourd'hui*, avril 1987, p.39.

第7章　生まれ変わる商業施設

（1）安藤忠雄、堤清二「文化としての商業建築」、「建築雑誌」一九八八年四月号、一七ページ。
（2）西澤文隆「近頃の安藤さん」、「建築文化」一九七七年五月号、一五二ページ。
（3）「林同春さん——理解する心と心が平和を創る」、「燦KOBECCO」二〇〇二年冬号、三二ページ。
（4）「フェスティバル」、「建築文化」一九八四年十一月号、八二ページ。
（5）安藤忠雄「TIME'S」、「新建築」一九八五年二月号、一八一ページ。

第8章　宗教空間への洞察

（1）Francois Chaslin "Matière et réflection" in *Tadao Ando – minimalisme*, TecElecta Moniteur, 1982, p.9.
（2）打田祐善「なぜ安藤忠雄か——クライアント6人の証言」、「太陽」一九九五年十月号、二七ページ。

第9章　批判的地域主義の旗手として

（1）安藤忠雄「新建築住宅設計競技1985応募規定　課題・抵抗の砦」、「新建築」一九八五年二月号、九八ページ。

（2）ケネス・フランプトン「安藤忠雄の建築」隈研吾訳、「GAアーキテクト8　安藤忠雄1972-1987」、一九八七年九月、二七ページ。

（3）Augustin Berque "Preface" in Yann Nussaume, *Tadao Ando et la question du milieu*, Le Moniteur, 1999, p.10.

第10章　持続的な集合住宅を求めて

（1）「集棲体─岡本」、「建築文化」一九七七年二月号、一〇七─一一〇ページ。

（2）安藤忠雄『建築家 安藤忠雄』一七四─一七五ページ。

（3）「60度の急斜面への挑戦──六甲の集合住宅II」、「太陽」一九九五年十月号、九六ページ。

第11章　木の建築をめざす

（1）堺屋太一「思想の表現者」、「太陽」二〇〇〇年二月号、五六─五七ページ。

（2）ジョージ国広による月評、「新建築」一九九二年六月号、三七三ページ。

（3）内井昭蔵による月評、同、三七一ページ。

第12章　公害の島を生まれ変わらせる

（1）安藤忠雄『安藤忠雄とその記憶』一七四ページ。

（2）福武總一郎×滝川クリステル「直島メソッドとは？」、「GOETHEウェブ　情熱パーソン」二〇一八年五月十二日。

（3）福武總一郎「なぜ安藤忠雄か──クライアント6人の証言」、「太陽」一九九五年十月号、五七ページ。

第13章　ミュージアムの建築家として

（1）「Why Ando?　なぜ安藤忠雄は海外で人気なのか?」、「カーサ・ブルータス」一九九九年秋号、四五ページ。

（2）同。

（3）安藤忠雄「森の中に息づく美術館」、「新建築」二〇〇五年一月号、八三ページ。

第14章　阪神・淡路大震災をこえて

（1）松葉一清「「地の建築」と公共性」、「新建築」一九九五年三月号、一四〇ページ。

（2）安藤忠雄『建築家 安藤忠雄』三二四ページ。

（3）貝原俊民「「アルカディア─牧歌的な楽園」をつくる」、「燦KOBECCO」二〇〇二年夏号、六ページ。

第15章　東京大学教授として

（1）鈴木博之「安藤忠雄行基説序説」、『安藤忠雄の建築3　Inside Japan』TOTO出版、二〇〇八年、六二ページ。

（2）石山修武「単騎独行の実行家」、「日経クロステック」二〇一四年二月十三日（「日経アーキテクチュア」二〇一四年二月二十五日号掲載）

（3）『東京大学アクション・プランガイドブック2008』講談社、二〇〇七年、一六ページ。

（4）鈴木博之「安藤忠雄──ふたつの現在」、「新建築」二〇〇八年五月号、一一五ページ。

第17章　世界に対するメッセージ

（1）　François Chaslin "Brutaliser l'histoire et la terre – où va Tadao Ando," *L'Architecture d'aujourd'hui*, juin 1993, p.16.

（2）　フランチェスコ・ダル・コォ「パラディオの矛盾へのオマージュ」アマディ・リッカルド訳、「新建築」一九九五年四月号、一九五ページ。

第18章　書籍の空間

（1）　安藤忠雄「西田幾多郎記念哲学館」、「新建築」二〇〇三年十一月号、七六ページ。

（2）　安藤忠雄「〈本〉のための建築」、「新建築」二〇〇二年七月号、六六ページ。

第19章　フランソワ・ピノーとの仕事

（1）「フランソワ・ピノーが温めてきた現代美術館への夢」、「カーサ・ブルータス」二〇〇二年九月号、三七ページ。

（2）『安藤忠雄　都市と自然』ＡＤＡエディタトーキョー、二〇一一年、二〇一ページ。

第20章　上海へ

（1）「上海保利大劇院落戸 嘉定新城 安藤設計了個「萬花筒」」、毎日頭條二〇一四年六月二十五日。

第21章　大阪人として

（1）　"Tadao Ando à Osaka", *L'architecture d'aujourd'hui*, avril 1990, p.142–149.

あとがき

近年の安藤忠雄がおりにふれて語るのは、世界をにぎわせているウクライナ出身のプロボクサー、ワシル・ロマチェンコのことである。軽量級で世界を制し、二〇一四年以降、ずっと王座を守りつづけている。その特徴は抜群のフットワークによる圧倒的なスピード、そして相手を寄せつけないディフェンス力にある。相手がいくら打ちこんできても空振りに終わり、頃合いを見計らって決定的なパンチを喰らわす。このやり方を見て「何事も基本は防御力にある。これを見習わなければいけない」と会う人ごとに諭すように語っている。

ロマチェンコの圧倒的なディフェンス力こそ、日々の仕事のなかで見習わなければならない。事務所の経営、社会的な奉仕を含め、仕事のひとつひとつをていねいに基礎から固め、隙があってはいけない。質にこだわり、持続力をもってこそ、はじめてそのチームなり建築を守ることができる。日ごろの安藤がモットーとしていることであるが、ことボクシングの喩えが出てくると俄然燃えるのである。

前衛と呼ばれる建築家は新しいものを世に打ちだし、それを滔々と語ることは得意である。しかし、その急進性のためにクライアントともめ、職人たちからはそっぽを向かれて施工がなおざりにされ、二十年も経ってみると建築が無残な姿になっている例が後を絶たない。攻撃には強いが守りが弱い。これでは駄目である。建築を持続させ、質を担保させるためにも、いまを大事にして建築の領分を守り抜かなければならないのだ。

本書は、安藤忠雄というひとりの建築家に的を絞り、その生い立ちから現在にいたる建築歴を土地や人との関係の仕方を軸にして論じたものである。いまや何百という単位で世界中に建築作品がつくられ、直島やヴェネチアなどで作品めぐりができるスケールにまで広がって、「安藤忠雄」なるものは世界的な出来事として理解されている。アンドー・ウォール、アンドー・キューブといった語も昨今の建築語彙として定着しつつあるようだ。日本以上に海外では、ひとりの建築家の枠をこえ、ひとつの文化現象として理解されはじめている。

しかし、安藤忠雄をほんとうに理解するためには、その人に刷りこまれた信条や生き方、美学や土地に対する見方を十分に知らなければならない。メディアの上で生産され消費されている建築家像とは異なったレベルで安藤忠雄の実像に迫りたい。これが本書を執筆する動機であり、そのために各地をまわり、建築家本人からも詳しい話をうかがった。

安藤は人間関係をほんとうに大切にする。育った大阪という基盤の上に人との関わりあいを発展させ、グローバルな水準まで高めている。それゆえに本書でも、建築作品を単独で記すのではなく、それが生みだされ実現していくプロセスに焦点をあて、土地、人間、そして技が絡みあいながら、建築と環境を定位させていくさまがわかるよう心がけた。

それでも膨大な仕事をこなしてきたこの建築家について十全に記述するのは不可能に近い。なんといっても作品の数が多く、その全貌をきわめるのが大変だ。それに比例して資料類も多く、まだアーカイブも整理されていない段階で、それらを渉猟すること自体、至難の業である。本人そしてスタッフが描いたドローイングや図面は膨大な数におよび、いったいどれだけあるのかよくわかっていない。しかも彼の足跡は世界中におよび、交友関係を含めて、世界各地をまわらないかぎり、その詳細はわからない。

だから、本書はとても安藤忠雄の全記録と呼ばれるようなレベルには達していない。安藤に関わるテーマ群を設定して、それに関わる活動を抽出してつなげたもので、それゆえに建築家安藤忠雄のある側面というかたちで理解していただければさいわいである。

筆者自身が安藤忠雄の作品を訪れたのは「小篠邸」がはじめてであった。たしか一九八三年であったと思うが、建築雑誌の編集者に連れられ、安藤自身の案内で時間をかけて見てまわった。その後おりにつけて新しい作品を見る機会があり、批評文などを寄稿したりもしていたが、そのうち作品が海外に続々と建つにおよんで全体像を見極めるのがけっこう大変になってきた。それでも機会をとらえてヨーロッパやアメリカ、アジアの作品を訪れてみると、日本では想定できないようなスケールで安藤忠雄の空間が成立しており、「安藤さんの相手はいまや小さな日本ではなく世界そのものなんだ」と妙に実感したものだ。本書でも海外についてもなるべく多くの事例をふれるようにしたが、韓国など重要な作品がありながらも今回は入れることができなかった。

そういえば、筆者が大学で設計製図を教えるときに教材としていつも使っていたのが「住吉の長屋」の図面であった。設計演習を始めたばかりの低学年の学生にトレーズから始め、透視図、そして模型制作と順を追って作業を進めることができ、プロポーションがよいので学生にとっても模型の出来栄えに満足することができる。わかりやすく、建築のベーシックを知るうえで大変有用な教材である。他の大学に聞いてみると、けっこう「住吉の長屋」を使っているケースが多く、つまりは建築系の学生の多くが頭のなかにこの住宅が刷りこまれているということである。

喜寿を過ぎても安藤はたいそう忙しい。ふだんは事務所での設計活動、国内外の講演活動、そして植樹に代表されるボランティア活動と大きく三つに分けて時間を使っているという。あれだけの大きな仕事をこなしながら、外での活動ができるのも、事務所内にチーム体制が徹底させているためで、まさに守りの姿勢に徹した安藤の智慧といえるだろう。さらなる活躍を祈りたい。

本書を執筆するにあたって、本書の主人公として何度も繰り返しインタビューを受けていただくとともに貴重な資料の提供をいただいた安藤忠雄・由美子夫妻には大変お世話になった。本書が可能となったのはまさにこのおかげであり、深くお礼を申し上げたい。安藤忠雄建築研究所の方々、とりわけ森詩麻夫、十河完也、古平知沙都の三氏には資料収集整理などでひとかたならぬお世話になった。記して謝としたい。また、ひとりひとり名前を挙げることができないが、関係する多くの方々にインタビューやヒヤリングなどを受けていただき、この場を借りて心よりお礼の言葉としたい。最後に本書の編集作業にとりくんでいただいたみすず書房の遠藤敏之氏に感謝の言葉を述べたい。

二〇一九年十二月

三宅理一

写真・図版提供

安藤忠雄建築研究所　p.9, p.11, p.13, p.18, p.20, p.29, p.32, p.34, p.40, p.42, p.45-46, p.48, p.51, p.53-54, p.58, p.61, p.63-64, p.66-67, p.71上, p.74, p.84, p.86, p.89, p.92-93, p.95, p.100, p.104, p.107, p.110, p.112, p.114, p.116, p.122, p.124, p.127, p.135, p.137-138, p.144, p.146, p.150, p.152, p.155, p.162, p.175, p.178, p.181, p.184-185, p.192, p.195, p.197, p.206-207, p.210, p.217, p.220, p.224, p.228, p.234, p.241, p.246, p.248, p.252, p.255-256, p.258, p.265, p.269, p.271-272, p.275, p.284, p.301-302, p.308, p.310
松岡満男　p71下, p.120, p.123, p.129, p.157, p.160, p.164, p.170, p.203, p.213, p.254, p.260, p.262
大村高広　p.81
藤塚光政　p.167, p.172, p.179, p.244
大橋富夫　p.108, p.189
Robert Pettus　p.198
Thomas Riehle / arter　p.200
小川重雄　p.215, p.231, p.279, p.288-289, p.298, p.305
Palazzo Grassi S.p.A, ORCH orsenigo-chemollo　p.277
Ph. Guignard / Air-Images　p.281
Aurora Museum　p.291
Vanke　p.294
文築国際　p.296

写真・図版出典

『「具体」ってなんだ？——結成50周年の前衛美術グループ18年の記録』美術出版社、2004年　p.24
奥原哲志『琥珀色の記憶——時代を彩った喫茶店』河出書房新社、2002年　p.25

著者略歴

（みやけ・りいち）

1948年，東京に生まれる．東京大学工学部建築学科卒業，同大学院修士課程を経てパリ・エコール・デ・ボザール卒業．工学博士．芝浦工業大学，リエージュ大学，慶應義塾大学，パリ国立工芸院で教鞭をとり，藤女子大学副学長を経て現在，東京理科大学客員教授．建築史，デザイン理論，遺産学を専攻．ポンピドーセンター，ヴィトラ・デザインミュージアムなどで多くの国際展の企画をおこなう．瀋陽市ユネスコ世界遺産登録の業績に対して瀋陽市栄誉市民，日仏学術交流の業績に対してフランス政府より学術教育功労勲章（オフィシエ等級）を授かる．著書『フランス建築事情』（鹿島出版会1979）『ドイツ建築史』（全２巻，相模書房1981）『世紀末建築』（全６巻，講談社1983-84）『マニエリスム都市――シュトラスブルクの天文時計』（平凡社1988）『エピキュリアンたちの首都』（學藝書林1989）『江戸の外交都市――朝鮮通信使と町づくり』（鹿島出版会1990）『都市と建築コンペティション』（全７巻，講談社1990-92）『ヌルハチの都――満州遺産のなりたちと変遷』（武田ランダムハウスジャパン2009）『パリのグランド・デザイン――ルイ十四世が創った世界都市』（中公新書2010）『限界デザイン――人間の生存にむけた星の王子さまからの贈り物』（TOTO 出版2011）『デザインで読み解くフランス文化――クロニクル1950』（六耀社2012）『デザインで読み解くフランス文化――クロニクル1960』（六耀社2014），監著『境界線から考える都市と建築』（鹿島出版会2017），訳書『アルド・ロッシ自伝』（鹿島出版会1984）ほか．

三宅理一

安藤忠雄 建築を生きる

2019年12月24日 第1刷発行
2020年8月7日 第3刷発行

発行所 株式会社 みすず書房
〒113-0033 東京都文京区本郷2丁目20-7
電話 03-3814-0131(営業) 03-3815-9181(編集)
www.msz.co.jp

本文印刷所 精文堂印刷
扉・表紙・カバー印刷所 リヒトプランニング
製本所 松岳社
装丁 大倉真一郎

Printed in Japan
ISBN 978-4-622-08869-1
[あんどうただおけんちくをいきる]
落丁・乱丁本はお取替えいたします